SAHARA ALGÉRIEN ET TUNISIEN

JOURNAL DE ROUTE

DE

Henri DUVEYRIER

PUBLIÉ ET ANNOTÉ

PAR

Ch. MAUNOIR et H. SCHIRMER

PRÉCÉDÉ D'UNE BIOGRAPHIE DE H. DUVEYRIER

Par Ch. MAUNOIR

PARIS

AUGUSTIN CHALLAMEL, ÉDITEUR

RUE JACOB, 17

LIBRAIRIE MARITIME ET COLONIALE

1905

JOURNAL DE ROUTE

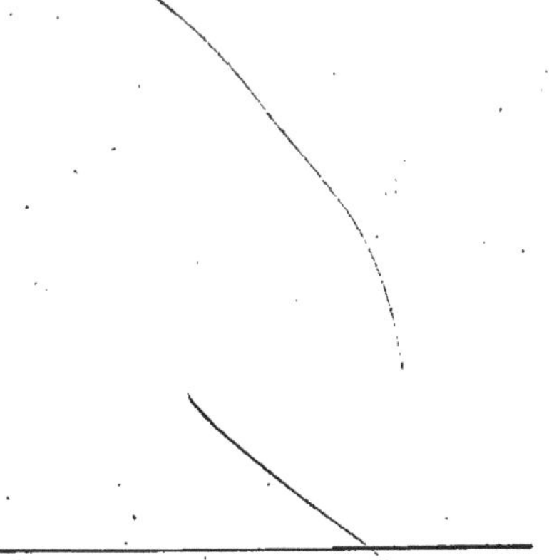

TYPOGRAPHIE FIRMIN-DIDOT ET Cie. — MESNIL (EURE).

SAHARA ALGÉRIEN ET TUNISIEN

JOURNAL DE ROUTE

DE

Henri DUVEYRIER

PUBLIÉ ET ANNOTÉ

PAR

Ch. MAUNOIR et H. SCHIRMER

PRÉCÉDÉ D'UNE BIOGRAPHIE DE H. DUVEYRIER

Par Ch. MAUNOIR

PARIS

AUGUSTIN CHALLAMEL, ÉDITEUR

RUE JACOB, 17

LIBRAIRIE MARITIME ET COLONIALE

1905

AVANT-PROPOS

Les journaux de route de Duveyrier, c'est-à-dire les volumes de notes d'où a été tiré le livre des *Touareg du Nord,* étaient restés inédits. Duveyrier lui-même, ses écrits l'attestent, avait eu l'intention de les publier quelque jour (1). L'irrémédiable atteinte portée à sa santé par les fièvres fezzaniennes ne lui en a sans doute pas laissé la force.

M. Charles Maunoir, dont la haute science avait, pendant trente ans, armé pour le succès tant de missions géographiques françaises, voulut faire revivre la profonde érudition, la noble conscience de celui dont il avait été l'ami le plus cher. Il publia, en 1902, le *Journal d'un voyage dans la province d'Alger*, que Duveyrier écrivit à dix-sept ans. On y trouve ces choses charmantes : un mérite naissant qui s'ignore et la première impression de la terre d'Afrique sur l'esprit d'un grand voyageur. M. Maunoir avait l'intention de compléter cette publication par celle d'un des principaux journaux de route : celui du 13 janvier-15 septembre 1860, dont le cadre s'écarte le plus de la région envisagée dans *Les Touareg du Nord*. En tête de ce volume devait paraître la biographie de son ami, que lui seul pouvait écrire, avec le souvenir de tant d'années qui les avaient étroitement unis. La mort a interrompu M. Maunoir avant qu'il eût terminé ces lignes, les dernières qu'ait rédigées ce grand travailleur.

(1) *Les Touareg du Nord*. Paris, 1864, in-8, Introduction, p. XII.

Mme Maunoir a eu la pieuse pensée de réaliser le dernier vœu de son mari. Elle a mené à bien cette publication, où l'on voit encore une fois les deux collaborateurs réunis dans ce culte de la science qui fut leur vie.

Le texte édité ici a été vu d'abord par M. et Mme Maunoir ; c'est leur goût très sûr qui a décidé du choix délicat des coupures à faire : passages et chiffres déjà reproduits dans *Les Touareg du Nord* ou le *Corpus Inscriptionum*, détails personnels, sans intérêt pour la géographie. Mme Maunoir m'a fait le grand honneur de me confier le manuscrit ainsi défini. Je me suis attaché à le respecter aussi scrupuleusement que possible, en ne corrigeant que des expressions évidemment défectueuses, lapsus inévitables d'une rédaction faite au courant de la plume. Lorsque, par exception, il m'est arrivé de supprimer une phrase entière, inintelligible, écrite pendant un accès de fièvre, une note en avertit le lecteur. Pour la transcription française des noms arabes, à l'exception de ceux consacrés par l'usage, j'ai adopté partout où cela a été possible celle à laquelle Duveyrier lui-même s'est arrêté dans *Les Touareg du Nord*. Dans les autres cas j'ai conservé la leçon manuscrite. Quant à l'orthographe et à la traduction des citations en caractères arabes, Mme Maunoir a obtenu le précieux concours de M. le professeur Houdas, qu'aucun service à rendre aux études africaines ne laisse indifférent (1).

L'extrême dispersion des renseignements est inévitable dans un ouvrage comme celui-ci. J'ai tâché d'en rendre la consultation plus facile par un index des noms géographiques et des principales matières. Les indications botaniques m'ont semblé mériter une attention particulière : elles seront une nouvelle addition au tableau de la répartition géographique des plantes sahariennes, dressé en 1881 par le professeur Ascherson (2). On en trouvera la liste dans un index spécial, avec la

(1) Toutes les notes et corrections de M. Houdas sont marquées des initiales (O. H.).

(2) En appendice dans Rohlfe, *Kufra*, Leipzig, 1881, in-8, p. 386-560.

synonymie botanique, d'après les catalogues existants et les rapports de mission ultérieurs.

Les notes que j'ai ajoutées au bas des pages ne représentent qu'un minimum indispensable de commentaire. Elles indiquent seulement les principaux documents anciens ou modernes qui m'ont semblé confirmer ou modifier, en quelque chose d'essentiel, les faits et théories énoncés par l'auteur. Une note additionnelle renvoie à quelques publications capitales, survenues au cours de l'impression. On n'en verra pas moins combien ces références présentent d'imperfections et de lacunes. Le lecteur compétent m'excusera peut-être, s'il songe que pour le mettre complètement au courant de toutes les questions touchées ici, il eût fallu ajouter un second volume et changer le caractère de l'ouvrage.

Ce caractère de journal quotidien, on devait le lui conserver au contraire, car c'est cette variété concise, ce langage plein de saveur qui en font le mérite et le charme. Duveyrier s'y révèle plus vivant que dans le cadre sévère des *Touareg du Nord*, plus personnel aussi que dans cette encyclopédie qu'il a écrite sous le contrôle d'un autre, et où l'on risque de trouver parfois l'écho d'une pensée qui n'est pas la sienne. Si riche que soit devenue la géographie de l'Afrique du Nord, la critique remerciera Mme Maunoir d'avoir poursuivi la publication d'un livre qui apporte encore du nouveau après 45 ans de découvertes; il fait honneur à la mémoire du savant qui l'a fait connaître comme au grand voyageur qui l'a écrit.

Henri Schirmer.

BIOGRAPHIE

Les Duveyrier ou Du Veyrier, issus d'une famille noble du Languedoc qui s'appela naguère Arnoux-Veyrier, se sont fixés à Aix en Provence depuis plusieurs générations.

A près de deux siècles en arrière, apparaissent un Duveyrier, procureur au Parlement de Provence, et son frère, chanoine à la collégiale de Pignans.

Le procureur eut trois fils dont l'aîné devint secrétaire de l'Académie d'Aix; le second succéda à son oncle comme chanoine de Pignans. Le troisième, Gaspard Duveyrier, fut d'épée. Le chevalier de Vertillac, ami de la famille, l'incorpora, sous le titre de *cadet de Vertillac*, dans le régiment d'Eu-infanterie. Blessé à la bataille de Parme (1732), où il se conduisit vaillamment; blessé, plus tard, d'une chute de cheval tandis qu'il galopait devant les carrosses du roi, il était nommé officier à l'Hôtel des Invalides à l'âge de 23 ans.

Par la suite, on obtenait pour lui une lieutenance dans une compagnie détachée sur les côtes de Provence.

Gaspard Duveyrier fut le père de Joseph-Martial Duveyrier qui, chargé comme lieutenant de la maréchaussée d'Aix de conduire Mirabeau au fort de Joux, accorda à son prisonnier huit jours de liberté sur parole, et n'eut pas à le regretter. Son frère, Honoré Duveyrier, avocat de mainte cause célèbre, choisi pour défenseur du duc d'Orléans à la suite des journées des 5 et 6 octobre, incarcéré par ordre de Robespierre et sauvé par Hérault de Séchelles, à la veille des massacres de la Terreur, devenait, dans le Tribunat, le collaborateur de Portalis, Siméon et Pascalis pour la préparation du Code civil.

La Restauration qui le trouva premier président de la cour impériale de Montpellier, ne le maintint pas dans ses fonctions, tout en lui donnant le titre de premier président honoraire.

Honoré Duveyrier laissa deux fils, dont l'un, Honoré, magistrat congédié aussi par la Restauration, s'achemina dans les voies de la littérature dramatique. Il y marcha longtemps, sous le nom de Mélesville, en compagnie d'Eugène Scribe. Le fils cadet de l'ancien tribun fut Charles Duveyrier. Esprit curieux, remueur d'idées, Charles Duveyrier fut chaudement saint-simonien et en souffrit, mais il conserva toujours les aspirations humanitaires qui l'avaient conduit vers le saint-simonisme. Par la suite, et tout en composant, lui aussi, comme son frère, des pièces de théâtre dont plusieurs sont restées au répertoire, il s'occupa de questions économiques, politiques et financières. Il y fit preuve de qualités d'initiative qui, toutefois, ne le conduisirent pas à la fortune. Doué d'une activité sans relâche et d'un savoir étendu, Sainte-Beuve a pu écrire de lui : « Je le comparais à un flambeau qui marchait toujours » (1).

Charles Duveyrier consacra la dernière période de sa vie à diriger les travaux d'une vaste Encyclopédie conçue sur un plan particulier, et à laquelle les grands financiers Péreire voulaient attacher leur nom.

Nous arrivons enfin à Henri Duveyrier, l'éminent voyageur au pays des Touareg, qui fut le fils de Charles Duveyrier.

(1) *Lettre à la Princesse* (1873), p. 245.

Pour ceux que de plus longs détails sur la famille Duveyrier intéresseraient, ils les trouveraient dans un ouvrage devenu rarissime : *Anecdotes historiques, par le baron* D. V., tiré à 100 exemplaires. Paris, 1837, in-8. Imprimerie de E. Duverger.

Les indications ci-dessus suffisent à établir que la famille Duveyrier a compté au moins une demi-douzaine d'hommes de mérite en deux cents ans, moyenne tout à fait honorable.

Henri Duveyrier est né à Paris, 48, rue de la Chaussée-d'Antin, le 28 février 1840.

La première école qu'il fréquenta fut celle de l'abbé Poiloup, à Vaugirard. Il la quitta pour le collège fondé à Auteuil par l'abbé Lévêque. Puis, son père, désireux de le préparer à une carrière commerciale, l'envoya poursuivre ses études, de la fin de septembre 1854 à la fin de l'année 1855, dans un pensionnat ecclésiastique établi à Lautrach, près Memmingen, en Bavière.

Pendant cette période, Henri Duveyrier tint un journal quotidien, pages naïves où, naturellement, apparaissent certains traits qui se retrouveront dans le caractère de l'homme, où s'accuse déjà une orientation marquée vers certaines études qui, en définitive, détermineront l'avenir de l'écolier.

Le microcosme où il entrait parmi des représentants de diverses nationalités a pu se trouver un peu déconcerté en présence du démenti donné par ce Parisien appliqué, studieux, réfléchi, à l'opinion accréditée sur la légèreté et la futilité des Français. Le Journal de Henri Duveyrier, à Lautrach, a de la gravité; l'enjouement, privilège ordinaire de la jeunesse, s'y fait peu sentir. Il laisse entrevoir aussi un esprit rebelle aux idées spéculatives et aux fantaisies de l'imagination. C'est ainsi que, habituellement respectueux du devoir et de ceux qui le prescrivaient, il se mit néanmoins en conflit avec un professeur à propos du sujet choisi pour une narration en allemand : « Pensées d'un jeune homme par un beau soir d'été ». Un autre sujet de composition : « La louange des passions », lui inspire cette phrase : « Je vais faire de mon mieux, mais ce sujet ne me plaît pas. Je n'aime écrire ni pour les vertus ni pour les passions ». Par un verdict qui semble empreint d'ironie, son discours fut choisi, « comme le meilleur pour être déclamé à la fête de Monsieur le Directeur » ; mais le lauréat ne se sentit pas le courage de le « déclamer » lui-même.

Élève laborieux, très bien noté, Henri Duveyrier ne se bornait cependant pas aux travaux prescrits par les programmes du pensionnat ; il était sollicité d'un autre côté.

Nous voyons, notées avec prédilection, les causeries dans lesquelles quelque camarade lui a cité des légendes régionales ; il a même commencé un recueil de légendes allemandes. Également empressé à recueillir des renseignements philologiques, il copie des chants en langue tudesque et en langue franque ; puis il se procure le *Pater* en goth, en allemand et en anglo-saxon. Enfin, il entreprend un petit vocabulaire gothique et tudesque, afin de se préparer à lire les *Eddas* ou la Bible d'Ulfilas.

L'élève Duveyrier consigne très fréquemment, dans ses notes, des indications relatives à l'histoire naturelle. Il signale l'époque d'éclosion et le nom des premières fleurs du printemps ; il enregistre la rencontre de papillons ou d'autres insectes, nouveaux pour lui. Des plantes recueillies pendant les promenades, il compose son herbier qu'il accompagne d'indications variées ; quelques feuillets consacrés à la faune et à la flore portent ce titre : *Commentarii in faunam floramque pagi Lautrach locorumque circumjunctorum, Lautrach, MDCCCLV*. La météorologie a sa part dans un Journal tenu de décembre 1854 à août 1855, et dans un calendrier météorologique précédé de remarques.

Ces études-là signalent nettement la direction dans laquelle Henri Duveyrier s'acheminait. Un passage des notes constate aussi que M. le Préfet de l'École lui a confisqué ses livres de latin et d'astronomie, afin qu'il s'occupe exclusivement de l'allemand.

Il n'avait pas encore atteint alors l'âge de seize ans et, déjà, d'après des indications autobiographiques rédigées dans l'âge mûr, il avait conçu le projet d'explorer quelque partie inconnue du continent africain.

De même que les réflexions et les jugements font presque absolument défaut dans ces cahiers d'un enfant de quinze ans, les menus faits de la vie quotidienne du pensionnat n'y sont enregistrés que fort laconiquement et sans artifice. Toutefois, on y sent comme le souffle d'une nature sincère, juste et bonne, ferme, d'ailleurs, à maintenir son droit.

Charles Duveyrier persistant à diriger son fils dans une voie qui, sans trop de préjudice pour la culture intellectuelle, le conduirait à l'indépendance plus rapidement que la filière universitaire, le fait alors entrer à l'École commerciale de Leipzig. Là, Henri Duveyrier voit s'élargir le champ de ses travaux, de ses idées et sent, en même temps, se préciser ses aspirations.

Il ne paraît pas avoir tenu un journal de son séjour à l'École de Leipzig, d'où il sortit avec d'excellentes notes, après y être resté de la fin de 1855 au commencement de 1857. C'est pendant cette période que, tout en suivant les cours de l'École, il prend des leçons d'arabe d'un orientaliste éminent, le docteur Fleischer, avec lequel il entretint de longues relations.

Plein de déférence pour les intentions de son père, il ébaucha, rentré en France, des études de langue chinoise, afin de se mettre en mesure d'aborder un terrain commercial relativement neuf. Mais il ne tarda pas à comprendre que, dominé par la suggestion des voyages ayant pour but la science, il ne cheminerait qu'à contre-cœur dans un autre sens (1). Il s'en ouvrit donc résolument à son père, qui finit par céder. Charles Duveyrier étant d'esprit entreprenant, enclin aux initiatives, cette capitulation, dictée surtout par l'affection, ne dut lui causer ni trop d'efforts, ni trop de regrets. Ancien disciple de Saint-Simon, il ne répudia pas la devise saint-simonienne : « A chacun suivant sa capacité ». — Or c'était, à coup sûr, une présomption de capacité de la part de son fils que d'avoir, de propos raisonné, choisi la route à prendre. Quant au reste de la doctrine, n'était-ce pas devenir aussi producteur, servir l'intérêt général, que d'aller, au prix d'un dangereux labeur, demander à des terres inconnues la révélation de nouveaux groupes humains, l'élargissement du champ d'activité de notre civilisation? (2)

Quoi qu'il en soit, H. Duveyrier échappa à la carrière commerciale. Sans aucun doute, il eût été un commerçant éclairé, laborieux et probe; mais ces qualités ne sont pas, dit-on, rigoureusement nécessaires et suffisantes pour mener à la for-

(1) Évidemment, ce n'était pas par un fugitif mouvement d'enthousiasme juvénile que H. Duveyrier avait conçu le dessein d'explorer l'Afrique. Dans l'introduction au Journal de son voyage chez les Touareg, il écrivait, le 23 juin 1859 : « Depuis l'âge où les idées commencent à prendre une tournure raisonnable, un attrait invincible m'a attiré vers le continent africain... »

(2) Cette hypothèse au sujet des idées de Ch. Duveyrier trouve confirmation dans une lettre qu'Arlès-Dufour, le grand financier saint-simonien, écrivait à Henri Duveyrier et dont Charles Duveyrier avait, lui-même, pris copie. On y lit le passage suivant : « Si, décidément, tes aptitudes ne se plient aux études commerciales que par violence et avec répugnance, il serait irréligieux à ton père et à moi d'abuser de ton obéissance pour te les faire poursuivre, et il faudrait y renoncer franchement pour te vouer sans réserve aux études auxquelles te poussent évidemment ta vocation, c'est-à-dire ta nature. Dieu est très avare de ces vocations évidentes qui ne permettent aucun doute, et c'est un devoir sacré de les respecter, de les favoriser même, quand on le peut. Si tu savais, mon enfant, combien d'existences manquées et malheureuses, combien de forces perdues pour la société, par suite de vocations méconnues et faussées!... »

tune, commun point de concours des commerçants. Elles doivent être renforcées d'ambitions d'un ordre spécial qui ne sont pas données à tous, et dont H. Duveyrier n'était pas doué. Peu désireux de briller, sans grand souci du bien-être matériel, il n'était pas séduit par le luxe. Les efforts tendus à d'autres fins que la recherche de la vérité sur les choses de la nature et l'étude de sciences libérales lui semblaient un peu oiseux.

Charles Duveyrier avait si largement adopté les projets formés par son fils qu'il le mit de suite à même de commencer à en préparer la réalisation.

Tous les ouvrages nécessaires furent achetés, et le candidat explorateur entreprit, dès ce moment, quelques études spéciales.

Au début de 1857, dans l'intention d'éprouver ses forces et ses aptitudes, il accomplissait un voyage en Algérie.

Débarqué à Alger le 26 février, il débute par une excursion à Kandouri (1), à une trentaine de kilomètres dans l'ouest d'Alger, non loin du lac Halloula. Kandouri était la résidence du Docteur Warnier, homme de grande valeur, qui devait, par la suite, exercer une influence considérable sur la vie et les travaux de Henri Duveyrier.

Le 8 mars, il partait pour une course plus longue : Djelfa et Laghouât, d'où il revint, dans le milieu d'avril, par Bou Zid et Caïd Djelloul.

Cette course, exécutée avec Oscar Mac-Carthy dont les connaissances variées furent précieuses à son compagnon de

(1) ... « Quand vous viendrez ici, je vous conduirai à Kandouri, un Versailles sauvage, un Versailles du bon Dieu, un vrai paradis terrestre. Là, vous verrez ce qu'était le monde quand il est sorti des mains du Créateur. Vous vous y trouverez au milieu d'Arabes qui vous traduiront la Bible en fait, beaucoup mieux que votre père et ses collègues de la Société des artistes dramatiques n'ont traduit, au théâtre, notre société moderne. »

(Lettre du Dr Warnier à Henri Duveyrier, Alger, le 14 juillet 1855.)

route, a été relevée dans un journal récemment imprimé (1) à l'intention de ceux qui avaient connu et aimé Henri Duveyrier. Ils ont assisté, ainsi, à ses premiers pas déjà très fermes, dans une carrière où il a conquis une juste célébrité.

Sa relation est empreinte d'une sincérité, d'une naïveté qui sont presque des mérites littéraires. Entre autres faits, elle mentionne la joie qu'inspira au futur voyageur la rencontre, à Laghouât, d'un Targui envoyé par Ikhenoukhen, et avec lequel il eut d'excellents rapports.

De là, peut-être, une prédisposition qui détermina le voyage de Henri Duveyrier chez les Touareg.

Voici en quels termes le jeune voyageur rapporte sa dernière entrevue avec le Targui fortuitement rencontré... « Mohammed-Ahmed promit que, lorsqu'il serait de retour dans son pays, il m'enverrait un livre en targui, et comme je voulais lui faire un cadeau capable de cimenter notre amitié, je crus n'avoir rien de mieux à faire que de lui donner mes pistolets et ma poire à poudre, ce que je fis immédiatement. Ce cadeau de ma part le rendit tout confus, et il dit à M. le Commandant (2) : « Ce jeune homme est si bon pour moi ; il m'a donné du tabac, du sucre, des foulards ; il me donne maintenant des pistolets. Je ne sais comment le lui rendre ; je vais faire chercher mon méhari et le lui donner. » Nous eûmes beaucoup de peine à lui faire comprendre que je ne voulais pas le priver de son chameau qui allait lui devenir nécessaire pour retourner à R'hât, et que, du reste, je serais fort embarrassé pour l'emmener dans mon pays ; que je le remerciais beaucoup de son offre et que j'en étais aussi content que si le méhari était devenu ma propriété. Il demanda

(1) *Journal d'un voyage dans la province d'Alger*, par Henri Duveyrier. Paris. Challamel.

Cet ouvrage n'est pas dans le commerce.

(2) Le commandant Margueritte, devenu le général Margueritte, tué à Sedan.

alors à M. le Commandant s'il n'y avait pas moyen de m'emmener avec lui dans son pays. On lui répondit, pour l'éprouver, qu'il n'aurait pas assez soin de moi ; mais le Targui prit cela au sérieux, et se mit à expliquer avec chaleur que, chez lui, c'était un devoir de prendre soin de son ami et que, sous sa protection, il ne m'arriverait aucun mal. Je lui dis alors qu'un jour peut-être, j'irais le voir. « In ch'Allah ! s'il plaît à Dieu, répondit-il, et il se retira satisfait.... »

A la suite de son voyage d'essai, H. Duveyrier publia, dans le recueil de la Société orientale de Berlin, une notice sur quatre tribus berbères (1) : les Beni-Menasser, les Zaouaoua, les Mzabites, les Touareg Azdjer. Il y résumait ce qu'il avait pu apprendre sur ces tribus « pendant son rapide et court voyage dans nos possessions algériennes ». Cette publication de début consiste surtout en un vocabulaire comparé des idiomes des quatre tribus. On y sent un auteur bien documenté et soigneux de l'exactitude.

L'année même où il faisait, en quelque sorte, ses premières armes, fut marquée par un incident qui exerça sur la suite de ses travaux une influence marquée.

Pendant un voyage à Londres, où habitait une branche de sa famille, il eut la bonne fortune d'être mis en relation avec Henri Barth, alors occupé à écrire la relation de ses voyages.

Dans une belle notice nécrologique consacrée au voyageur allemand, H. Duveyrier raconte l'accueil qu'il reçut de lui (2)... « M. le professeur Fleischer, de Leipzig, orientaliste éminent près duquel j'avais appris la langue arabe, et qui connaissait mes projets de voyages en Afrique, m'avait adressé et recom-

(1) Notizen über vier berberische Völkerschaften, während einer Reise in Algerien nach Hallûla-See und nach Laguât in Februar, März und April 1857, gesammelt von H. Duveyrier. — *Zeitschrift der deutschen morgenländischen Gesellschaft*, t. XII, 1858, p. 176-186.

(2) Henri Barth, ses voyages en Afrique et en Asie. *Revue contemporaine*, 1866, 4e livraison, 28 février.

mandé au Dr Barth, alors à Londres. Je le vis pour la première fois en 1857.

« Il essaya d'abord de me dissuader d'entreprendre si jeune ces durs labeurs ; mais n'ayant pu ébranler ma ferme résolution, il me prodigua, avec une bienveillante sollicitude, les instructions et les conseils. A peine mon arrivée dans le pays des Beni-Mzab lui était-elle connue, qu'il s'empressa de m'écrire. Par ses lettres, pleines d'affectueux conseils et de précieuses indications, il veillait de loin au succès de mon entreprise, m'ouvrant des points de vue nouveaux, me signalant les faits capitaux qui devaient appeler mon attention. Bientôt il m'envoyait une lettre circulaire, écrite en arabe, et adressée à tous ses amis du Sahara et du Soudan, pour me protéger en cas de besoin. En même temps, il me transmettait une lettre spéciale pour le cheikh El-Bakkây ; je parvins heureusement à la remettre à son neveu, dont les bons offices m'ont été très utiles. J'étais Français, cependant, mais l'esprit étroit de rivalité ne pouvait avoir accès près de ce grand cœur... »

Plusieurs lettres à Henri Duveyrier ou à son sujet, attestent, en effet, les sentiments d'estime et de sympathie de Henri Barth pour un émule dont il avait pressenti le mérite et avec lequel d'ailleurs, il resta, jusqu'à la fin de sa vie, en relations très affectueuses.

Quand mourut le Dr Barth (25 novembre 1865), la famille de l'illustre explorateur fit hommage d'une partie de ses papiers scientifiques à Henri Duveyrier qui avait si bien retenu ses leçons et si consciencieusement étudié son œuvre.

De retour d'Angleterre, vers le milieu de 1857, Henri Duveyrier se mit, avec ardeur, en mesure d'entreprendre un voyage de pénétration au cœur du Sahara. Il étudia, la plume à la main, ce que la géographie savait alors des contrées vers lesquelles il allait se diriger. A la vérité, pour le lointain

Sahara central, les seules sources d'informations précises étaient, outre la relation de Caillié, les ouvrages dans lesquels Richardson, Barth, Overweg et Vogel avaient consigné les importants résultats des missions anglaises accomplies par eux de 1850 à 1853.

Les itinéraires de ces missions partant de Tripoli pour se diriger vers le lac Tchad, traversaient, par Mourzouk et Rhât, les immensités sahariennes comprises entre la côte et le Soudan. Les papiers de Henri Duveyrier renferment des feuillets dans lesquels il avait commencé à décrire sommairement les pays qu'il se proposait d'explorer.

Dans d'autres pages il indiquait les grandes étapes de sa marche, les résultats principaux à atteindre aux points de vue politique, scientifique, commercial; il y énumérait, avec un soin qui révèle beaucoup de réflexion, les travaux à exécuter, les recherches à faire, les notes à prendre. On sent, en ces pages, l'homme qui entend être autre chose qu'un touriste audacieux, dominé par la seule pensée « d'être le premier à avoir vu ».

La jeunesse de l'auteur se révèle, toutefois, dans l'ampleur du projet primitif qui comprenait une reconnaissance du Touât et l'exploration du pays alpestre des Touareg Hoggar.

Il s'est aperçu, en face de la réalité, que l'imprévu n'abandonne jamais ses droits et que les projets les mieux étudiés comportent de grands mécomptes, quand il s'agit de pénétrer dans des contrées nouvelles, au milieu de populations méfiantes ou hostiles.

Tout en s'assimilant les données acquises par ses devanciers et, plus spécialement, par le docteur H. Barth, il travaillait avec ardeur à acquérir les notions si variées qu'exige une exploration scientifique largement comprise.

Il s'attacha, en particulier, à bien connaître les méthodes, comme le maniement des instruments de détermination des latitudes, longitudes et altitudes.

Cette préparation, qui est délicate, qui exige beaucoup d'application, de soin, de persévérance, est en quelque sorte, une pierre de touche de la vocation d'un candidat à la carrière d'explorateur. Les observations astronomiques en cours de route ajoutent, d'ailleurs, aux difficultés, parfois même aux dangers du voyage.

Henri Duveyrier eut la bonne fortune de rencontrer, comme professeurs, tout d'abord Lambert-Bey, l'un des ingénieurs que Méhémet-Ali avait envoyés en avant-garde dans sa marche vers le Haut Nil; puis un astronome hors de pair, Yvon Villarceau; enfin, M. Renou, membre de la commission scientifique de l'Algérie, constituée en 1837. Il avait commencé ses travaux scientifiques au milieu des combats livrés par les colonnes expéditionnaires chargées d'établir l'autorité de la France dans ce qui était alors le Sud-Algérien.

M. Renou initia aussi H. Duveyrier aux observations météorologiques (1) sans lesquelles il n'est pas d'exploration complète; le professeur, ici, se doubla d'un ami dont les lettres, pleines d'excellentes instructions, attestent aussi la plus affectueuse sollicitude pour son élève.

En histoire naturelle et en géologie, c'est au Muséum qu'il demanda le complément de l'instruction acquise dès sa jeunesse.

Le savant naturaliste A. Duméril lui apprit l'art de préparer les mammifères et les oiseaux pour les envoyer en Europe.

M. Hérincq, auteur de travaux estimés, qui fut l'un des derniers à porter le titre de « garde des Galeries de botanique au

(1) Nous avons une preuve du soin apporté par H. Duveyrier à sa préparation, dans le fait qu'en 1858, du 6 au 12 novembre, il avait fait, à la fenêtre de l'appartement que son père occupait, rue de Grenelle, n° 123, une série d'observations météorologiques dans le but de régler la marche d'un baromètre anéroïde.

Muséum », se chargea de l'initier aux soins faute desquels la formation d'un herbier est à peu près peine perdue.

Pour la géologie et la minéralogie, Henri Duveyrier eut les renseignements de M. Hugard, alors aide-naturaliste au Muséum sous la direction de l'éminent Dufrenoy.

On a vu précédemment que l'élève de l'école de Lautrach s'intéressait aux questions de linguistique et d'ethnographie; aussi, ne manqua-t-il pas demander à Léon Renier, à Ernest Renan, à son ancien professeur Fleischer les directions nécessaires pour accomplir convenablement cette partie de sa tâche.

La recherche, la copie, l'estampage des inscriptions lui furent tout spécialement recommandés, et nous savons qu'il a fait, dans cet ordre d'idées, des découvertes enregistrées par l'épigraphie et l'histoire.

H. Duveyrier savait trop combien il lui importait d'être bien compris des peuples au milieu desquels il devait vivre, surtout de les bien comprendre, pour ne pas chercher à se perfectionner dans la langue arabe qu'il avait apprise à Leipzig. Il le fit sous la direction du Dr Perron, de Reinaud, de Caussin de Perceval.

Ses facultés en pleine sève de jeunesse, stimulées par la perspective du voyage prochain, soutenues dans leur effort par une intense application au travail et une méthode excellente, furent, pendant plus d'une année, tendues sur l'accomplissement du programme d'études que H. Duveyrier s'était fixé à lui-même. Il l'a exposé dans un texte qui dénote la notion claire de tout ce qu'exige une exploration en pays nouveau. L'influence des conseils du docteur Barth ne fut probablement pas tout à fait étrangère à l'ampleur de ce programme.

On y discerne aussi une pensée de haute solidarité, une inspiration à servir les intérêts communs ; il y a là un reflet des théories du saint-simonisme.

En résumé, dans un ardent désir de réussite, H. Duveyrier s'était mis promptement à même de recueillir avec discernement des données sur l'histoire, la géographie physique et économique, l'ethnographie, la linguistique des contrées, en grande partie inexplorées, où il allait s'avancer. Sans doute, une initiation si rapide ne pouvait être ni développée ni profonde. H. Duveyrier qui s'en rendait compte, fit de constants efforts pour la compléter. M. Renou l'y encourageait en lui écrivant d'amicales remontrances sur sa façon d'observer, soit en astronomie, soit en météorologie.

Il est superflu d'ajouter que les préparatifs matériels furent à la hauteur de la préparation scientifique du voyage. On possède la liste des instruments d'observation et des objets variés qui devaient contribuer au succès de l'entreprise.

H. Duveyrier n'ignorait pas les risques au-devant desquels il marchait. — « Je sais très bien, écrivait-il dans l'un de ses carnets de notes, que le voyage que je vais entreprendre n'est pas sans dangers, mais je me sens plein de confiance en mes propres forces, et j'espère qu'avec beaucoup de prudence et de patience, et toute mon énergie, je parviendrai à les éviter, et que je mènerai ainsi mon expédition à bonne fin. L'événement prouvera si je me suis trompé. »

H. Duveyrier avait décidé de voyager ouvertement comme chrétien, au lieu d'adopter ou de feindre l'Islamisme qui lui aurait été une sorte de sauvegarde. Par respect pour lui-même et pour la croyance des autres, il lui eût répugné de se livrer aux manifestations d'une foi factice. Sa répulsion pour les voies tortueuses s'était doublée d'une confiance juvénile, robuste, dans le prestige de l'honnêteté et la puissance de la droiture. Ce furent là les éléments essentiels de sa résolution. Peut-être aussi, en y réfléchissant, fut-il amené à conclure qu'un vernis de religion musulmane pourrait ne pas suffire à protéger le voyageur *roumi* contre l'animadversion des Sahariens. En pareil cas, tout serait perdu, même l'honneur.

Quelque garantie qu'il vît dans l'honnêteté de ses intentions, Duveyrier se prémunit contre le danger auquel l'exposait sa qualité de chrétien. Recherchant les passages où le Coran prêche la tolérance envers les autres religions et le respect pour les hôtes, il se mit en mesure de discuter, de combattre les arguments qui seraient invoqués contre lui.

Il lui restait les risques auxquels pouvait l'exposer, en sa qualité de Français, quelque expédition militaire dans l'extrême-sud, coïncidant avec son voyage.

S'il s'interdisait de partager la foi des Arabes, il revêtit leur costume, autant par hygiène que pour s'identifier, s'assimiler le plus possible aux hommes dont il devait partager la vie. et auprès desquels il entendait se montrer juste avant tout. Sur ce dernier point, il était d'accord avec le Dr Barth qui lui écrivait, vers le milieu de 1859 : «... la meilleure arme pour le voyageur chrétien, dans ce pays, consiste en une probité impeccable vis-à-vis des indigènes... ».

Voilà de nobles principes, et dignes de respect, mais trop élevés peut-être pour émouvoir des gens à moitié barbares, habitués, par tradition, à ne subir d'autre ascendant que celui de la force. La justice et la probité ne sont, du reste, pas inconciliables avec la fermeté, la sévérité auxquelles le voyageur le plus endurant est, parfois, obligé de faire appel.

Comme nom de voyage, il adopta celui de Sid-Saad-ben-Doufiry ; le nom de Saad se traduit par notre nom de Félix, et ben-Doufiry signifie fils de Duveyrier, ce dernier nom étant accommodé à la prononciation arabe.

Charles MAUNOIR.

JOURNAL DE ROUTE

PREMIÈRE PARTIE

CHAPITRE PREMIER

DE BISKRA A L'OUED-RIGH ET AU SOUF

Biskra, 13 janvier 1860.

J'ai fait aujourd'hui une liste des peuplades *nègres* qui sont représentées dans la petite colonie de Biskra. Voici la liste de ces tribus ; je crois que, plus tard, elle devra être complétée. J'ai mis un astérisque devant les noms de peuplades dont nous ne connaissons la langue d'aucune manière : 1. Bornou. — 2. Haoussa. — 3. Bagirmi. — 4. Felata. — 5. Mboum (1). — 6. Mandara. — 7. Koenna (2). — 8. *Kanembou. — 9. Teda. — 10. Timbouktou (Zonghay). — 11. Mbāna. — 12. Ouaday. — 13. *Manga (3). — 14. *Doura. — 15. Katsena. — 16. Bambara. — 17. Logonē. — 18. Derge. — 19. Affadē. — 20. Ngāla. — 21. Kouri. — 22. Maggari (4). — 23. Margi. — 24. Kerrekerre. — 25. Ngouzzoum (5). — 26. Hadamoua (6).

Ces nègres ont formé un petit village de huttes en branches

(1) Peut-être la peuplade des Mbou, signalée au S.-E. du Baguirmi, ou plutôt celle des Mboumi, nègres païens des provinces de Ngaoundéré et de Tibati, Adamaoua. (Cf. Mizon, *les royaumes foulbé du Soudan Central*, *Annales de Géogr.*, 1894-95, IV, p. 355, et Nolte, *Bericht über einen Besuch beim Sultan von Tibati*, *Deutsches Kolonialblatt*, 1900, p. 285.)

(2) Les Koana de Barth (*Reisen*, t. II, p. 696).

(3) Nom d'une région du Kanem septentrional, et d'une tribu du Bornou occidental. Il s'agit sans doute de la première, car Barth (IV, p. 35) mentionne les affinités linguistiques de la seconde.

(4) Les Makari de Barth.

(5) Probablement les Nguizzem de la carte ethnographique de Nachtigal. (*Völkerkarte von Bornu, Sahara und Sudan*, t. II).

(6) Le rayon de ces importations d'esclaves s'étendait donc des pays bambaras jusqu'au S.-E. du Baguirmi et au Ouadai. Rien ne montre mieux le prodigieux mélange ethnique opéré par les ventes et reventes successives de nègres sur les routes du désert.

de palmiers, situé à l'origine des plantations, près du nouveau Biskra, dont il forme un petit faubourg. Les femmes portent des costumes de leur pays, tandis que les hommes ont choisi, dans les costumes de tous les peuples avec lesquels ils sont en relations, tous les oripeaux et les guenilles de couleurs voyantes qu'ils ont pu se procurer.

Je me promène dans l'oued Biskra; dans les terres d'alluvions qui renferment son lit, on trouve les coquilles d'une espèce de gastéropode assez curieuse par ses formes qui rappellent celles des coquilles marines. La bouche est formée par une échancrure, la forme générale est entre celle de la limnea et celle de l'oliva, le test est assez dur; les bords de l'ouverture sont tranchants; la couleur de la coquille est d'un noir olivâtre, mais passe par toutes les couleurs jusqu'au blanc, selon qu'elle est plus ou moins ancienne dans la couche d'alluvions. Ce mollusque vit actuellement dans certains ruisseaux de l'oued Biskra (1); on le trouve en masses considérables. — L'eau dans laquelle il vit ressemble, comme goût, à celle que l'on boit en ville, c'est-à-dire qu'elle est légèrement saumâtre. — Un mollusque herbivore se trouve ici en grand nombre sur les tiges de cannes, roseaux qui croissent dans l'eau.

Je prends ici l'occasion de faire remarquer que les eaux des ruisseaux en question renferment un second gastéropode, qui est turriculé et à tours de spire ornés de côtes. Ce mollusque vit dans la vase, où l'on a de la peine à le distinguer à cause de sa couleur cendrée. — Je crois qu'il est identique à celui des eaux artésiennes de l'oued Righ (2). Ce dernier vit dans les *saquias* des jardins de Tougourt, dans une espèce de plante fluviatile (acotylédone, je crois) qui forme une mousse verdâtre. J'en ai dans le flacon à alcool n° 2.

Biskra, 11 janvier.

J'emploie ma matinée à prendre l'heure exacte à une minute près, pour M. le colonel Séroka; je fais, par la même occasion, le calcul du lever du soleil pour cette année à Biskra; je trouve qu'il

(1) On sait que l'oued Biskra est ordinairement à sec, et que des sources, qui arrosent la ville, sourdent dans son lit.

(2) Voir *Mollusques terrestres et fluviatiles recueillis par M. Henri Duveyrier et décrits par M. J.-R. Bourguignat.* Supplément aux *Touaregs du Nord.* Paris, 1864.

faut retrancher 42 minutes du temps du lever à Paris. — L'horloge avançait de 38 minutes ! Les cadrans solaires ont, je crois, une erreur de quelques minutes, 7 minutes environ.

Dans l'après-midi, je vais avec ces Messieurs du télégraphe et M. Colombo pour lever le plan du petit hameau de El'Aliya dont on voit les hauts palmiers tout près de Biskra. — C'était pour montrer à ces Messieurs comment il fallait opérer.

El'Aliya touche d'un côté à l'oued dont les berges à pic s'éboulent à chaque crue; nous aperçûmes là des restes de fondations romaines et de vastes tubes de terre cuite superposés, le tout enchâssé dans les berges, et mis à nu par les eaux. Nous hésitons encore à déterminer quel était l'usage de ces constructions.

Près de là est un cimetière, que l'eau ronge aussi, laissant voir des squelettes à moitié découverts. Je prendrai là quelques crânes pour ma collection.

Dans le milieu de l'oued, près d'El'Aliya, est une construction carrée, évidemment romaine, remarquable en ce qu'elle n'a ni portes ni autres ouvertures. Actuellement elle est remplie de terre jusqu'au sommet. Les murs sont bien conservés, si ce n'est pour une ou deux petites brèches rondes qu'y fit Salah Raïs avec son artillerie. Il croyait, comme les Arabes aujourd'hui, que cette construction renferme un trésor.

Un peu plus loin encore se trouve la coubba de Sidi-Zurzour qui fut bâtie sur une construction analogue à celle dont je viens de parler.

Le cours de l'oued dans toute sa longueur, à part quelques bandes de terre végétale alluviale dont j'ai parlé plus haut, est couvert de galets et de pierres roulées, quelquefois énormes; la plupart sont de grès, d'autres de calcaire compact.

Biskra, 15 janvier.

Aujourd'hui j'ai fait avec M. Colombo une promenade à pied à la source thermale de Hammâm Salahîn. La direction est vers le nord, appuyant un peu à l'ouest, je crois, et à 6 kilomètres du fort Saint-Germain ; cependant je ne serais pas étonné que la distance fût un peu plus grande. Les bains sont entourés d'une construction, avec des chambres pour la commodité des baigneurs. Les eaux sont salées et ont, de plus, une forte odeur d'hydrogène sulfuré. La température de l'eau au bord du bassin, là où elle s'en échappe, était de :

44°, 8 thermomètre 186 de Baudin.
44°, 7 — 207 —

Au milieu, à l'endroit où elle jaillit en bouillonnant, la température prise par M. Colombo était de :

45°, 1 thermomètre 207 de Baudin (1).

M. Colombo entra dans le bain, mais, pour moi, je me contentai d'y mettre les pieds, qui me firent mal au bout de quelque temps.

La raison de cette excursion était mon désir de me procurer des poissons vivant dans la *saguia* qui sort de la source, et qui conserve encore assez longtemps sa température élevée et plus encore les sels dont elle est saturée. Ces poissons, dont je réussis à me procurer quelques exemplaires, ressemblent beaucoup à ceux des eaux artésiennes de l'oued Righ (2); ils vivent dans une eau qui peut avoir 30°. — Dans la même saguia croît une plante acotylédone خز (3), à feuilles filiformes très ténues, la même, je crois, qui est si commune dans les *saguiet* de Tougourt, et qui sert de nourriture aux coquillages turriculés et aux glyphisodons ou perches à dents fendues. J'en ai pris un échantillon, et un Arabe qui était là m'a dit que cette plante servait de remède pour les maux d'yeux. Sont-ce les sels dont elle doit être imprégnée qui lui donnent cette vertu? Je suis très porté à le croire. Autour de la source thermale, on voit de nombreux tufs calcaires, presque entièrement composés de débris végétaux. D'autres pierres s'y trouvent aussi; j'en ai recueilli. On trouve près de là un petit lac de forme circulaire, que j'ai visité à mon premier passage ici. L'eau en est remarquablement froide (4), et

(1) Température d'après M. Lahache : 45°,8. (*Étude hydrologique sur le Sahara français oriental.* Paris, 1900, p. 26.)

(2) Voir, sur ces poissons de l'oued Rir, *Documents relatifs à la mission Choisy. III. Hydrologie du Sahara algérien, par M. Rolland*, ch. III, p. 270-283. (Paris, 1895, in-4.)

(3) *khez.*

(4) Température au 22 mars 1864 : 18° C. (*Ville, Voyage d'exploration dans les bassins du Hodna et de Sahara.* Paris, 1868, p. 207.)

la profondeur m'en a été donnée (16 mètres) par M. Colombo qui l'a mesurée.

Voici la liste des plantes dont je me rappelle le nom et que nous avons rencontrées en revenant de la source : *Bageul, remeth, kelkha, methennân, rhardeg, sedra, gandoul* (bou choucha) (1).

Biskra, 16-17 janvier.

Visite au colonel Séroka. — Il me prête des calques superbes de cartes sur le Sahara; j'en copie un aujourd'hui même.

Je remarque un fait important pour mes observations. Mon baromètre n° 892 est dérangé. Mais il ne l'est que depuis mon départ pour Constantine, car à cette époque je réglai mon anéroïde qui, maintenant, suit à peu près la marche du Gay-Lussac de M. Colombo.

Biskra, 18-19 janvier.

M. Colombo dont j'ai déjà parlé est un ancien sous-officier. Il dirige l'école arabe française de Biskra. C'est une école où les jeunes Arabes peuvent apprendre le français et les éléments de nos sciences. Cette école est assez bien suivie, et j'ai pu me rendre compte des progrès intéressants qu'ont faits les élèves de M. Colombo. Leur maître est assez versé dans la connaissance de l'arabe, et il se perfectionne chaque jour dans la science par une étude diligente (2). Son traitement est de 1.800 fr. par an; il a un aide, Arabe de Constantine, élève de M. Cherbonneau, et qui, je crois, perçoit, un traitement de 100 fr. par an.

Le colonel Séroka me dit que l'on avait commencé un forage à 'Ain Baghdad, et qu'il fut interrompu lors de la guerre d'Italie.

1er février 1860.

Je quittai aujourd'hui Biskra; MM. Manaud, Colombo et Falques vinrent me dire adieu avant mon départ. J'avais dit adieu au colonel hier au soir.

Je suivis sur ma jument la marche lente des chameaux jus-

(1) Il semble y avoir ici une méprise; *bou choucha*, d'après le catalogue de M. F. Foureau, p. 10, n'est pas synonyme de *guendoul*, et désigne diverses espèces de sauge.

(2) M. Colombo fut le fidèle collaborateur du Bureau central météorologique de France pour la station de Biskra.

qu'à ce qu'étant enfin arrivés en vue des broussailles de tamarix que l'on a cru pouvoir nommer « forêt » de Saada, je fis partir ma monture au trot et j'arrivai au bordj de Taïr Rassou.

Le kaïd Si Khaled était absent, mais il revint bientôt; il avait été en cherche de sangliers et rentrait sans en avoir vu un seul. — Ce fut peut-être là la raison de son accueil froid; car il ne me fit servir qu'une *berboucha* qu'à la vérité il partagea avec moi. — Je n'avais du reste que quelques moments à lui consacrer, et je repartis de suite pour arriver à Chegga avant la nuit.

La route de Tougourt sur laquelle je marchais est assez bien tracée, surtout depuis que des voitures y sont allées. Aussi n'avais-je guère crainte de me perdre.

J'arrivai à Chegga après le coucher du soleil. J'y trouvai, outre M. Lehaut, des officiers du bataillon avec qui j'avais fait connaissance à Tougourt.

Les chameaux arrivèrent pendant la nuit.

Je dois noter que sur la route, un peu après la rivière, j'ai rencontré cinq ou six petits monuments en forme de pyramides et une tombe, le tout rassemblé sur un espace de quelques mètres carrés; c'est un monument élevé par les Oulad Moulet, pour éterniser le souvenir d'une défaite que leur a infligée en cet endroit le chérif.

2 février.

Je ne suis pas parti de bon matin. J'ai été voir, avec M. Lehaut (1), le quatrième puits qu'il est en train de finir, espérons-le.

Parti encore aujourd'hui en avant du bagage, j'arrivai d'assez bonne heure à Oumm-et-Tiour.

Oumm-et-Tiour est un petit village arabe, créé par les Français (2). Il compte aujourd'hui 28 maisons habitées et une mosquée remarquable à cause de son beau minaret. On y compte plusieurs centaines de palmiers âgés de deux à trois ans, qui vont

(1) Sur les campagnes de forages artésiens du lieutenant Lehaut, voir Rapport du colonel Séroka, *Revue algérienne et coloniale*, 1859, p. 354-372, et Ville, ouvr. cité, p. 295 et suiv. Les trois premiers sondages de Chegga fournissaient déjà environ 800 litres à la minute. Celui dont il est question ici fut poussé à 150 mètres et donna 100 litres à la minute. (*Rev. alg. et col.*, 1860, III, p. 548.)

(2) « Avant le percement des puits artésiens, la plaine présentait l'aspect désolant du désert; pas une goutte d'eau. » (Jus, Notes sur le Sahara, *Rev. alg. et col.*, 1859, p. 51.)

donc porter leurs fruits l'année prochaine. — Je crois que la plupart des habitants sont des Selmia.

Chegga, au contraire, qui doit aussi son existence aux puits artésiens de M. Lehaut, ne compte encore qu'une quinzaine de maisons au plus, en comptant celles qu'occupent les forges, les employés, etc... Chegga n'a pas de palmiers, et c'est la première année qu'on y ensemence.

3 février.

Aujourd'hui je me rendis à Merhaier, la première oasis de l'Oued-Righ, en venant du nord.

Le cheikh étant absent, je me vis sur le point de manquer de guides pour traverser le pays désert qui sépare ce point de l'Oued-Souf. Cependant, heureusement pour moi, le cheikh arriva dans la soirée, et, après avoir lu la lettre du colonel Séroka, il me dit que le lendemain je pourrais partir à l'heure qui me conviendrait, avec cinq hommes à pied comme escorte et un guide à cheval.

Les plantations de palmiers de Merhaier, arrosées par des sources artésiennes, sont, du moins dans cette saison, très pauvres en produits de potager. Les arbres fruitiers y sont même fort rares ; c'est à peine si on y voit un figuier et un pêcher égarés.

Les eaux des fossés abondent en grenouilles.

Les Rouâgha dont la race commence ici, sont remarquables par leur physique et surtout par leur teint, qui approche beaucoup du type nègre. Certains d'entre eux sont même plus noirs que les gens du nord du Haoussa (Madja, etc.). Les femmes se vêtissent de bleu. Elles ne mettent rien d'autre sur leur tête que leur vêtement ou haïk, absolument comme on peint la madone. — Mais combien peu d'entre elles pourraient laisser un doute à ce sujet et jouter de grâce et d'élégance de formes avec les portraits de Raphaël ! Les femmes me paraissent jouir de la liberté à laquelle elles ont droit.

4 février.

Après avoir écrit quelques lettres et rassemblé mon monde, je me mis en marche pour l'Oued-Souf.

Nous prîmes d'abord la direction de l'Oued-el-Khorouf, qui

n'a d'autre importance que celle d'un canal de décharge des eaux de l'oued Righ dans le chott Melghigh. Nous nous arrêtâmes à 'Ain ed 'Daouira, petit bassin circulaire occupé par des roseaux et autres plantes aquatiques. C'est probablement un « puits mort ». Nous fîmes là notre provision d'eau douce (?) et coupâmes l'Oued-el-Khorouf.

Nous nous rapprochâmes alors du chott, dont nous avions gardé la nappe brillante sur notre gauche, avec les petites oasis de palmiers de Choucha, Dindouga et de Wousli, cette dernière isolée au milieu des eaux du chott.

Nous continuâmes à travers un pays, qui tantôt apparaissait sous l'aspect du chott avec son terrain meuble, composé de sable quartzeux mélangé de sel et d'argiles, tantôt nous obligeait à traverser des lignes de franches dunes de sables.

Enfin nous nous arrêtons dans le Sif bou Delal.

5 février.

La direction générale de la crête des dunes du Sif bou Delal est de 147° magnétique; c'est-à-dire qu'elles ont été formées sous l'influence d'un vent du nord-ouest ou à peu près.

Ma caravane se compose de quatre Rouaghas commandés par un Arabe, tous à pied et armés de leur long fusil. Ils portent eux-mêmes leurs vivres, composés de farine et de dattes, avec une petite provision d'eau. Le guide, un « monsieur » boiteux, est en revanche monté sur un cheval qu'il ne peut gouverner, et qui adresse de temps en temps des compliments à ma jument. Mes deux Souafas ne quittent ni leurs fusils ni leurs chameaux, et lorsque leurs animaux veulent descendre la pente des dunes, ils se suspendent à leur queue pour faire le contrepoids des bagages.

Aujourd'hui nous atteignîmes, vers midi, les dunes de Gasbiya, du moins nous nous en arrêtâmes à 1 kilomètre, car je jugeai inutile de les gravir, l'*ógla* (1) qui existait autrefois au nord des dunes étant sèche depuis deux ans. Je pris des visées de boussole sur les dunes de Gasbiya et sur les sables de Retmaya, lesquels ne présentent pas de sommets.

Nous continuâmes ensuite notre route en prenant une nouvelle

(1) *Ogla*, *Oglat* : réunion de plusieurs puits en un seul point, où l'eau est très rapprochée du sol (F. Foureau).

direction, parce que la visite à Gasbiya nous avait obligés à nous détourner de la route du Souf pour appuyer au nord.

Je ne fais pas une description plus longue de notre route d'aujourd'hui dont les détails se trouveront dans l'itinéraire. Je me borne à dire que nous n'eûmes d'autre aventure que de rencontrer les traces de pas de deux hommes, ô miracle! dans cette solitude. — En revanche, les empreintes de pas de gazelles, de lièvres, de gerboises et de *djird* (1) étaient moins rares.

Presque toute la route dans les sables.

6 février.

Nous avons voyagé toute la journée dans une région de dunes désertes. Ce fut un travail pénible pour les bêtes et pour les hommes.

Ces dunes ne sont pas très hautes et affectent une forme allongée comme les vagues de la mer. Elles doivent évidemment leur existence à la prédominance des vents du nord-ouest; ce qui viendrait confirmer l'opinion de ceux qui veulent que les vents alizés règnent dans ces parages (2). — Les dunes se trouvent distribuées par zones assez larges, séparées entre elles par des espaces relativement unis qui prennent le nom d'oueds.

La végétation de cette région est composée principalement d'àlenda et de drin. L'*arta*, le *dhomran*, le *harmel*, etc., s'y trouvent aussi, mais en bien moins grand nombre.

Le vent soufflait avec violence, enlevant le sable et ajoutant un fort désagrément à celui du voyage dans un pays aussi désert, aussi monotone.

Après avoir traversé une zone de dunes appelée le Medheheb-el-Charguia, par opposition au Medheheb-el-Garbiya que nous laissions à droite, nous arrivâmes dans les dunes de Messelmi, qu'il nous fallut gravir et descendre pendant quelque temps jusqu'à ce que nous arrivâmes aux puits du même nom. — Ils sont tous comblés; les Arabes me disent dans leur langage expressif : « Le vent les a ensevelis ».

Quoique déjà bien épuisés, nous continuâmes notre route avec énergie, et, après avoir traversé un « oued », nous atteignîmes les

(1) Rat rayé (*Mus barbarus*).
(2) Duveyrier a vu plus tard que les vents variaient avec les saisons.

premières dunes de Medjigger. Ces dunes, quoique de la même nature que les précédentes, sont néanmoins plus élevées.

Nous arrivâmes enfin aux puits, peu de temps avant le coucher du soleil. Les puits de Medjigger sont entourés de maçonnerie.

J'écrivis ce soir trois lettres, entre autres au colonel Séroka et à mon père; je fis quelques observations, mais lorsque je voulus observer le passage de Jupiter au méridien, je m'aperçus que je m'y étais pris trop tard, l'astre commençait à baisser.

J'attends jusqu'à passé minuit pour observer la lune.

7 février.

Notre journée nous mena à travers une région couverte de zones de petites dunes allongées, séparées par des surfaces sablonneuses assez unies. La végétation resta à peu près la même que les jours précédents, si ce n'est que les àlenda devinrent plus communs. — Ce pays est semé de puits ou plutôt de noms de puits, d'endroits où il y avait autrefois des puits, lesquels ont été comblés par le vent.

Le plus remarquable de ces puits, celui qui est le plus connu, est celui de Moui-Tounsi, comblé depuis l'année où le chérif vint par ici.

En sortant des dunes Moui-Tounsi, on entre dans Areg-el-Miyet, sables dont le nom est dû à l'absence de végétation qui les caractérise. Ensuite on arrive sur les plantations de palmiers de Rhamra.

Rhamra était autrefois un village; aujourd'hui on n'en voit plus que les ruines, et les propriétaires des palmiers n'y viennent qu'à l'époque de la récolte des dattes.

Les plantations de l'Oued-Souf ont un caractère à part. Je vais parler de celles de Guemâr; si celles d'El-Oued en diffèrent, je les décrirai ensuite. — Les palmiers de Guemâr sont disséminés par petits bouquets dans les interstices des dunes. Ils ne m'ont pas semblé plantés dans une dépression artificielle. De nombreux puits à bascules (en arabe Khattâra) sont élevés dans le voisinage des palmiers pour en faciliter l'arrosage. En été, on les arrose deux fois par jour, matin et soir; en hiver, je crois qu'on ne le fait qu'une seule fois. A 2 heures de la nuit environ, les travailleurs quittent Guemâr à grand bruit et vont aux palmiers travailler à ôter les sables d'autour des troncs, car le sable empiète sans cesse sur les plantations. Ils choisissent pour cela la nuit, même en hiver, afin d'éviter la chaleur du jour. Malgré ces soins, les sables enterrent beaucoup de palmiers dont on voit les troncs dénudés et morts.

En approchant de la ville, nous entrâmes dans une plaine unie sans sable, un *sahen;* les puits devinrent beaucoup plus fréquents; nous avions, à la droite, de petits jardins carrés entourés d'une haie de branches de palmiers et possédant presque tous un puits à bascule, et souvent encore une petite cabane aussi en branches et troncs de palmiers. On y voyait surtout des cultures de tabac.

Enfin nous arrivâmes à Guemâr.

Je dois parler d'un petit incident amusant qui nous arriva avant que nous fussions arrivés à Moui-Tounsi. — Mes guides souafa avaient découvert des traces de pas et se montraient inquiets; enfin 'Oina, qui me précédait, se retourna vers moi et me dit d'une voix trop émue : « Regarde, voilà du monde là-bas vers le sud. » J'eus beau écarquiller mes yeux, je ne pus rien apercevoir Mon homme prit son fusil et se mit à délier la bande d'étoffe qui entourait la batterie. Je le priai de se tenir tranquille et de ne pas faire de préparatifs guerriers tant qu'il n'aurait pas vu autre chose qu'un chameau, car c'était là ce qu'il appelait « du monde ».

Nous finîmes par arriver sur deux chamelles, agenouillées derrière un buisson, et nous pûmes voir leur maître, effrayé, s'enfuir à toutes jambes. Nous le rappelâmes en lui faisant des signes de paix. Il revint. C'était un vieillard toroud, à belle barbe et belles moustaches blanches. Il gardait les troupeaux de moutons et de chèvres et les deux chamelles que nous avions découvertes. Ce brave homme n'avait qu'une *gandoura* un peu courte pour tout vêtement; il s'approcha à genoux de mes Souafa (pour ne pas se découvrir), fuma une pipe avec eux, et, après avoir échangé les nouvelles, nous reprîmes notre course vers Guemâr.

Je reviens donc à notre arrivée dans cette ville.

Je fus reçu avec un zèle prodigieux de la part des quatre cheikhs, qui remplacent les huit membres de l'ancienne Djemâa. On me gêna même par la persistance que l'on mit à me nourrir, à me tenir compagnie, etc., par les protestations nombreuses qu'on me fit. — La visite du Qadhi me fut bien agréable. C'est un homme instruit et civilisé, qui me donna de bons renseignements historiques, et me promit de me faire une copie d'un livre du cheikh el 'Adouâni, qu'il m'enverra à Biskra.

Je fus logé dans la maison du cheikh Abd-el-Kader qui est un gros vieux bonhomme de soixante-dix ans, à voix de stentor. — Il veut à toute force être mon ami.

Guemâr est une ville de 4.000 habitants environ. Les maisons sont presque à hauteur d'homme, et de maigre apparence. Cependant elles doivent être solides, étant bâties de pierres (1) et de chaux. Les toits, surmontés de petits dômes, sont d'un effet original. Les murs des maisons ne sont pas crépis ni égalisés, mais le tout paraît blanc. Il y a très peu de maisons réunies. La ville possède un petit marché, quelques boutiques et plusieurs mosquées, y compris une zaouia qui est le plus beau monument de Guemâr.

Les habitants de Guemâr sont une race paisible et laborieuse, je crois. Ils se couvrent la tête d'un haïk simple ou d'un petit turban blanc. Les cordes en poil de chameau ne sont pas ordinaires. Les femmes ont un type à part qui n'est ni celui des Arabes nomades, ni celui des femmes de l'Oued-Righ. — Les hommes m'ont paru avoir des physionomies rappelant celles des Béni-Mezab, et cela s'explique par les données historiques que je présenterai.

Les tribus de Guemâr sont : les Ouled-Bou'Afi, les Ouled-Abd-el-Kader, les Ouled-Abd-es-Sadiq avec la petite tribu des Ouled-Mousa, leurs frères, les Ouled-Hôwimen. Ces quatre tribus ont chacune leur chef.

La tradition rapporte que l'Oued-Souf était autrefois un véritable oued, dans un pays sans sables, que les premières plantations de palmiers étaient aussi dans ce pays avant que les dunes ne s'y fussent formées. — Les dunes arrivèrent ensuite, poussées par les vents de l'est qui dominent; on peut voir maintenant où elles sont parvenues.

Cette tradition confirmerait l'hypothèse de l'extension du Palus Tritonis. Les sables formaient le fond de la mer et, à mesure qu'elle recula, ils furent soumis à la force du vent (2).

(1) Les pierres sont des cristaux de chaux. H. D.

(2) C'est la première idée qui vienne à l'esprit lorsqu'on aborde le désert des sables. (Voir les théories analogues, Schirmer, *le Sahara*, p. 4.) Dans la suite de son voyage, Duveyrier devait changer de manière de voir : « la source de production des sables la plus considérable, si ce n'est l'unique, est la désagrégation des roches ». (*Les Touaregs du Nord*, p. 38.)

Les Ouled-Hamid sont les premiers Arabes qui s'établirent dans l'Oued-Souf; c'étaient des Qorcich; ils quittèrent la Syrie au temps de Sidna'Otman ben 'Affan.

Les Arabes aujourd'hui nommés Toroud (1) vinrent du Caire où ils s'étaient révoltés; ils allèrent jusqu'à Jiriga dans le Djérid, mais le souverain de Tunis les expulsa à cause des troubles qu'ils occasionnaient. — Ils prirent le nom de Toroud sur la route du Souf où ils rencontrèrent un vieillard de ce nom, qui consentit à devenir leur chef à cette condition. Ils eurent de longs combats à livrer aux 'Adouan pour s'établir dans le Souf où ils vécurent ensuite tous ensemble.

La population première du Souf était des Abadiâ (2). Les Zenata y eurent une ville, c'est 'Amich.

Les habitants de Guemâr suivent la secte du marabout de Tolga, dans les Zibân; quelques-uns sont Tedjinis.

8 février.

Aujourd'hui, je pris un plan grossier de la ville. En partant de Guemâr, nous arrivâmes bientôt devant Tarhzout, qui est bien plus petite. On voulut m'y retenir pour la nuit. Ensuite nous arrivâmes à Kouinin où les mêmes offres me furent faites. Kouinin est peut-être aussi grande que Tarhzout ou un peu plus.

Entre Guemâr et El-Oued, on a toujours sur la gauche des bouquets de palmiers disséminés dans les intervalles des dunes. A droite, des puits en assez grand nombre et quelques carrés de culture.

Entre Kouinin et El-Oued je rencontrai le khalifa qui était venu au-devant de moi avec trois cavaliers; je montai sur un de ses chevaux, un peu fringant, et nous atteignîmes bientôt El-Oued.

Le khalifa malheureusement a des appréhensions pour la sécurité des routes du Djérid.

9-10 février.

El-Oued est une ville d'environ 6.000 habitants, de même construction que Guemâr; seulement elle possède en plus une mosquée

(1) Ou Troud. Cf. Ibn-Khaldoun, *Hist. des Berbères*, I, p. 155-156, sur l'origine des Troud et des Adouan, branches de la tribu arabe des Soleïm.

(2) Les Abed d'Ibn-Khaldoun (*ibid.*, III, p. 145).

à minaret élevé, et un bordj pour le khalifa. Les maisons sont composées en grande partie, d'une cour dans laquelle est dressée une tente et qui contient encore une hutte ou un hangar de branches de palmiers. Les Ouled-Hamed habitent un quartier un peu à part, à l'est du bordj du khalifa.

Outre les habitants de la ville, El-Oued possède encore un petit nombre de tentes de nomades Harazlia et Nouail; il m'a été dit que, s'il se trouve quelques jeunes veuves parmi eux, elles n'ont aucune prétention à des mœurs sévères.

Le bordj du khalifa a été bâti d'après un dessin du capitaine Langlois; c'est un carré défendu à l'est et à l'ouest (à deux angles seulement) par un bastion carré, dont l'un renferme la prison, qui est plus belle que la plus belle maison de la ville.

Les vêtements sont les mêmes que dans le reste du Souf.

Les nègres ne se voient que très rarement.

Les Juifs sont au nombre de quarante-sept, répartis dans onze maisons. Ils font d'assez bonne anisette.

Il y a ici des communications fréquentes avec l'étranger, Ghadâmès, le Nefzaoua et le Djerid, Tunis même. Il y a aussi quelques marchands de Ghâdamès et plusieurs du Djerid.

Je me décide à aller à Ouarglă par la route directe.

Les plantations d'ici sont dans des cavités creusées entre les dunes; les arbres ne sont pas arrosés, leurs racines trempant dans l'eau de la couche souterraine. On prétend que les Souafa ont voulu m'en imposer en me disant qu'ils arrosaient leurs palmiers (1).

11 février.

J'ai enfin pu partir aujourd'hui.

Mais, avant de partir, je dois terminer mes notes sur El-Oued par la mention des prix des objets que le hasard m'a fait voir. Les cotonnades anglaises avec le nom de John Rose et qui viennent de Tunis se vendent 15 fr. la pièce de 75 draa (2). Le musc de la Mekke, venant de l'Inde, se vend, du moins j'en ai acheté à 1 fr.

(1) Ils arrosent cependant les jeunes plants (voir Vatonne, *Mission de Ghâdamès*, p. 303, etc.).

(2) Draa, mesure de longueur variant de 0m,47 à 0m,67. Ces mesures sont celles de Tunis. Le *draa-arbi*, en usage pour les tissus de coton, est de 0m,47; il s'agit donc ici d'une pièce de 35 mètres.

l'ouzena (1). Ordinairement il est plus cher. J'ai acheté à un prix ordinaire un haïk djeridi arrivé la veille, pour 47 fr. 50.

Les poules sont bon marché : j'en ai acheté sept à 1 fr. pièce, j'ai eu dix-huit œufs pour 50 centimes.

Le khalifa ne veut pas me laisser partir sans me donner des oranges venant de Tunisie et un œuf d'autruche.

En sortant d'El-Oued, nous avons suivi la route de Temassin pendant quelque temps jusqu'au puits situé dans la dépression de Haouad-Tounsi. Les dunes que nous avons à traverser, les plus hautes que j'aie vues dans cette partie du Sahara, sont dépourvues de végétation.

Du puits ci-dessus nommé, nous plongeâmes vers le sud. La caravane que je suivais et pour laquelle j'avais attendu un jour à El-Oued, voulut choisir la voie la plus courte par Bir-Righi et Matmata, mais comme j'avais intérêt à voir la route de Hassi-Omran, je fis route à part, menaçant de rendre compte au khalifa de ce que feraient les autres membres de la caravane. Néanmoins nous nous séparâmes.

Ce jour-là, nous n'allâmes guère plus loin ; après avoir voyagé quelque temps dans des dunes de peu d'importance, séparées par des oueds ou espaces de sables unis et plus garnis de végétation, nous campâmes pour coucher.

Déjà, ce soir, des députés de la caravane viennent pour parlementer. Je les renvoie sans rien changer à ce que j'ai dit hier.

12 février.

Toute la journée peut se résumer en ceci : nous avons traversé une succession de zones de dunes basses et d'oueds, comme je les ai décrits précédemment. La végétation est aussi celle des sables du nord de l'Oued-Souf : genêts *retem*, *Ephedra* et *drin*. Seulement je remarque quelques plantes nouvelles qui sont : *ezal*, *markh*, *arabia*, et le *lebin* que j'avais oublié de noter parmi les plantes du nord de l'oued.

J'ai monté à chameau hier et aujourd'hui. On conduit ma jument sans selle par la bride ; je veux qu'elle se fatigue le moins possible et que sa blessure se repose.

(1) 1/16e d'once de Tunis. Duveyrier l'a évaluée ailleurs à 31 grammes 8. (Notice sur le commerce du Souf dans le Sahara algérien, *Revue algérienne et coloniale*, novembre 1860.)

J'ai oublié de noter que j'ai trois chameaux, deux chameliers, dont l'un est le guide, et un domestique du khalifa, qui est bon cuisinier, et partant très précieux. — Les chameaux et leurs maîtres me coûtent en tout 45 fr. d'El-Oued à Ouarglâ.

13 février.

Nous n'avons fait qu'une très petite journée. J'ai voulu passer la nuit au puits de Sidi-el-Bachir pour en prendre la latitude.

Nous n'avons eu que peu de sables à traverser et cela seulement dans la Chara de Sidi-el-Bachir que nous avons longée longtemps et enfin traversée pour arriver au puits.

La végétation a été la même que précédemment, sauf l'apparition de *halma* et de *soufar* (graminées); le *drin* et le *markh* dominaient.

A notre arrivée au puits, nous y avons trouvé deux Touaregs avec leurs enfants et un esclave qui abreuvaient leurs chameaux. Ce sont des gens du Matmata, en route pour El-Oued où ils vont acheter du grain.

Ils nous donnent la nouvelle que, hier ou avant-hier, les Oulad'Amar (Oued-Righ) ont eu une querelle avec les Chaânba de Ouarglâ, à cause de leurs chameaux. Un des gens des Chaânba, un homme marquant, a été tué. Les deux tribus sont sur le point de s'attaquer.

Aujourd'hui j'ai vu, sur le sable, les traces d'un petit carnassier que nos guides appellent *sefchi* سفشي, qu'ils dépeignent comme tigré de blanc et de noir. C'est peut-être une espèce nouvelle.

Je suis tout à fait guéri de mes douleurs rhumatismales dans les épaules. Mais je subis le soir une diarrhée épouvantable. L'eau du puits a un plus mauvais goût que celle des précédents, mais elle est supérieure à celle de Tougourt.

14 février.

Nous avons quitté le puits ce matin et avons voyagé dans l'oued Sidi-el-Bachir, ayant pendant longtemps, à notre gauche, les sables du Ghourd de Saâdiya.

Nous traversâmes la Chouchet el 'Anz et continuâmes dans une région « d'oued » sans que la végétation donnât lieu à d'autre remarque que celle de l'apparition de l'*âlga*.

Je remarquai quelques affleurements de calcaire compact.

Nous nous arrêtons, ayant devant nous, à l'horizon, les sables de Sayyâl.

15 février.

Aujourd'hui une courte marche à travers une région assez sablonneuse, principalement couverte d'*àlenda*, de *drin* et de *hăd*, nous mena au puits de Oulad-Miloud ; quoique nous y fussions arrivés de bien bonne heure, je résolus de m'y arrêter jusqu'à minuit pour obtenir la latitude du lieu.

Après midi, nous continuâmes la marche pour arriver bientôt dans le voisinage du puits aujourd'hui comblé de Sayyâl, dont nous avions les dunes à une petite distance à droite. Nous vîmes à 5 ou 600 mètres à gauche le puits de Bey-Sâlah dont l'eau est salée et beaucoup moins bonne que celle du Hassi-Miloud.

Après avoir dépassé cette région vers la fin de la journée, je fus surpris de voir un changement notable dans la végétation, qui se composait de *băgeul*, *dhomràn*, *zeita*, *drin* et *sefâr*.

Je me couche presque sans rien manger, malade de fatigue, car la marche accélérée de nos chameaux m'avait beaucoup secoué, et, par suite, courbaturé.

16 février.

Une courte marche nous amena dans l'Oued-Sîdah, que j'avais soupçonné auparavant être le bas de l'Oued-Igharghar. Mais il ne peut en être ainsi, cet oued étant, comme tous les autres, une simple région délivrée des sables, sans pente régulière (1), etc

Nous y trouvâmes d'abord un petit nombre de chameaux conduits par un jeune garçon très gai, qui paraissait tuer le temps en chantant et qui répondit de bon cœur (chose rare) à toutes les questions que je lui fis adresser. Il menait ses chameaux à un puits nommé Rebahaya qu'il nous dit être à *moins* d'une demi-journée au sud, et il allait fort lentement.

Nous rencontrâmes plus loin deux voyageurs venant de Ouarglă avec deux chameaux. Ils nous apprirent que la ville était moins

(1) C'est, en réalité, un bras de l'ancienne zone d'épandage de l'Igharghar, devenu presque méconnaissable. Les progrès de la dénudation en ont fait une simple dépression allongée à sol de *reg*. (Cf. Foureau, *Au Sahara, mes missions de* 1892 *et* 1893, carte.)

éloignée que nous ne le pensions et que nous y arriverions facilement demain.

Nous entrâmes ensuite dans un bassin entouré de hauteurs de tous côtés, et, après l'avoir traversé, nous nous arrêtâmes pour déjeuner à El-Benib qui, comme le nom l'indique, n'est autre chose que l'endroit où l'on sort du bassin : c'est sa porte.

Là commence le terrain de Hamāda, remarquable surtout par la nature de sa végétation rare et rabougrie, réduite à quelques petites touffes de *bāguel* et de *sefâr*, et à son sol uni quoique en partie sablonneux.

Nous longeâmes, à une certaine distance, des chaînes de hauteurs que nous avions sur la gauche et nous nous arrêtâmes avant de les avoir dépassées. Cette plaine se nomme Sahan-er-Remâda.

La jument n'a plus de *drin* aujourd'hui; je lui ai fait ramasser un certain nombre de touffes de *sefâr*.

17 février.

Nous avons d'abord voyagé sur la hamāda, longeant la même chaîne de hauteurs que hier, puis nous sommes entrés dans une immense région unie, à sol dur, à maigre végétation de *bāguel* et coupé à de grandes distances par des chaînes de gour plus ou moins étendues (1).

Après avoir marché longtemps dans cette région, nous finîmes, vers le déclin du jour, par apercevoir une chaîne de hautes dunes que nous fûmes obligés de contourner, et, après l'avoir traversée à un endroit aisé, nous trouvâmes à notre droite une petite oasis de palmiers : nous venions d'entrer dans le bassin d'Ouarglă.

Cependant il fallut encore une longue marche dans un terrain totalement dépourvu de végétation, avant d'atteindre les palmiers d'Aïn Beidha à travers lesquels nous marchâmes quelque temps, ayant à notre droite la longue oasis de 'Ajāja (2). — Nous coupâmes ensuite la sebkha qui entoure Ouarglă et, après des détours le long

(1) C'est la zone des dépôts rouges tertiaires érodés et nivelés par les eaux quaternaires, celle que M. Flamand nomme *zone d'épandage* des oueds Igharghar et Mya, et qu'on appelle d'ordinaire *région des gour*, du nom des buttes (débris de plateau) qui en émergent.

(2) Une des forêts de palmiers d'Ouarglă. Le nom d'Aïn est réservé ici aux puits artésiens qui les arrosent.

des palmiers de la ville, nous y entrâmes par Bab es Soltan au coucher du soleil, lorsque le mueddin appelait à la prière.

On tarda assez longtemps à venir au-devant de moi, et j'en fis de graves reproches aux chefs de la ville, avec lesquels du reste j'ai été en relations très froides pendant le court séjour que j'ai fait à Ouarglă (1).

On me donna une maison dans une rue appartenant aux Mezabites. C'est une grande bâtisse un peu en ruines aujourd'hui, mais encore très habitable et parfaitement appropriée aux besoins d'une grande famille indigène. Elle a des arcades, mais en moins grand nombre que les maisons du Mezâb.

(1) Ceci ne doit pas surprendre. Ouarglă avait été à la dévotion du chérif Mohammed-ben-Abdallah; soumise une première fois en 1853, elle avait de nouveau fait accueil au chérif lorsqu'il avait reparu l'année suivante, si bien que, malgré la défaite et la disparition du chef insurgé (1854) on avait jugé bon d'y envoyer le général Desvaux avec une colonne en 1856. En somme, l'oasis obéissait aux nomades, qui, eux, obéissaient aux Ouled-Sidi-Cheikh, dont la fidélité — exception faite de Si-Hamza — restait toujours douteuse.

CHAPITRE II

OUARGLA ET TOUGOURT

18 février.

J'ai fait de longues promenades dans Ouarglă. J'ai d'abord visité le marché, très salement tenu; il avait à peine de la viande et du grain à vendre, et aussi un peu de goudron. Les vendeurs étaient des Chaànba et des gens d'El-Oued.

Ensuite mon faible d'antiquaire m'a fait diriger mes pas vers la kasba, c'est-à-dire vers le grand espace occupé par les ruines de l'ancien château des sultans. Cette kasba m'a paru faire une petite ville à part; elle avait une porte encore debout comme celles de la ville; la distribution des appartements était assez resserrée, et par conséquent il y en avait des quantités considérables. Tout cela est aujourd'hui inhabitable, mais peut-être pourrait-on encore en faire le plan.

Les rues d'Ouarglă sont étroites, bordées de maisons hautes comme celles de l'Oued-Mezāb, avec des portes surmontées et encadrées de grossiers dessins, ornées quelquefois d'un œuf d'autruche; enfin on y lit de petites inscriptions en caractères peu élégants, comme الا الله لا اله ou bien نصر صن الله. La ville possède de nombreux passages voûtés, qui présentent pour l'été d'agréables lieux de repos pendant la chaleur du jour.

Il y a deux mosquées avec leurs minarets; elles sont peu distantes l'une de l'autre.

Les trois tribus des Beni Sisin, des Beni Brahim et des Beni

Ouaggin se partagent la ville; une colonie importante de Beni Mezāb habite le quartier des Beni Sisin. Cette colonie a un intérêt historique très grand.

J'ai eu beau m'enquérir avec un soin tout particulier de documents historiques, partout on m'a répondu qu'il n'en existait aucun. Cette unanimité dans l'assertion, venant même d'ennemis réciproques, des exploitants et des exploités, me fait croire qu'elle n'est que trop vraie.

J'ai vu Mouley 'Abd-el-Kader, le fils du dernier Sultan d'Ouarglă; c'est un jeune homme incapable de gouverner et d'un caractère frisant l'inanité d'esprit.

Dans mes promenades, je me suis vu interpeller de but en blanc pour demander justice des exactions sans nombre des « marabouts (1) » secondés par les cheikhs et les kaïds qui partagent le profit. Ces désagréables discours m'ont été tenus plus d'une fois. On m'a, de plus, apporté deux écrits anonymes, contenant des plaintes formulées, en me priant de les faire parvenir au « maréchal (2) ».

La population d'Ouarglă est de couleur plus que basanée; les Khammâmès ou cultivateurs sont aussi noirs que des nègres du Haoussa; les gens de sang noble sont quelquefois plus blancs, mais pas toujours, car j'en ai vu qui ressemblaient presque à des nègres. Les Beni Ouarglă conviennent eux-mêmes que leur couleur vient des nombreuses négresses qu'ils ont prises autrefois et prennent même encore maintenant (3).

On me dit qu'il vient ici des caravanes de Rhât, de Goléâ, d'Insâlah.

Dernièrement (il y a peu de jours), les grands de Goléâ, entre autres Bel-Lechheb, sont venus auprès de Sidi-Zoubir. Maintenant le marabout est à Metlili; je serais curieux de savoir pourquoi.

Il paraît que Sidi-Zoubir (4) « mange » le pays, exige des im-

(1) Les Ouled-Sidi-Cheikh.

(2) Le maréchal Randon, gouverneur de l'Algérie de 1852 à 1858.

(3) Duveyrier n'a donc discerné, à cette époque, aucun type spécial à cette population. L'idée d'une race autochtone foncée, dite « garamantique », ne lui est venue que plus tard. (Voir *les Touaregs du Nord*.)

(4) Si-Zoubir-bou-Bekr, le plus jeune frère de Si-Hamza, chef des Ouled-Sidi-Cheikh. D'abord partisan du chérif, il s'était rallié à son frère (décembre 1853) et avait été investi (février 1854) du khalifalik d'Ouarglă (comprenant les cinq caïdats d'Ouarglă-Ngoussa, des Mekhadma, des Saïd Otba et des Chambba-bou-Rouba), sous la suzeraineté

pôts extraordinaires et une dîme sur tous les produits du pays. Ces différentes contributions sont, bien entendu, pour son propre compte. Plusieurs familles d'Ouarglă ont émigré à Tunis, pour ce motif.

19 février.

Nous avons quitté Ouarglă dans la matinée avancée, parce que j'ai employé plusieurs heures à écrire des lettres.

En quittant la ville et après avoir traversé la sebkha, moins grande et moins déterminée de ce côté que de celui où nous étions arrivés, nous prîmes notre direction à travers une plaine légèrement accidentée, avec végétation de *zeita*, et nous longeâmes, à 4 ou 6 kilomètres de distance, un grand drâ (1) qui va jusqu'à Negousa.

La nature du pays traversé ne changea qu'en ce que le sol s'aplanit et que la végétation cessa presque entièrement.

Arrivé à Negousa, j'appris d'abord du kaïd, fils du dernier sultan et sultan lui-même, que les chroniques de la ville avaient été emportées lors de la destruction de la ville, il y a cinq ans, par Mohammed ben Abd Allah (2).

Pendant que l'on dressait les tentes, j'ai fait un tour dans la ville, qui est presque entourée de ruines. On rencontre, presque en entrant, des ruines remarquables d'une mosquée, dont toute une partie, avec de hautes colonnes, est encore debout. Je traversai un grand nombre de rues, presque toutes soutenues par des arcs-boutants.

Je vis la kasba, où l'on travaillait à crépir les murs. Elle renferme dans des constructions antérieures plusieurs maisons dont se sert le kaïd. — Du reste, elle est assez bien tenue et appropriée à la grandeur de la ville.

Je vis de loin une zaouia à minaret et dôme blanchis, d'un effet fort élégant. Ce soir, on y fait de la musique, ou, pour

de Si-Hamza, nommé commandant du Sud. (*Mémoires du maréchal Randon*, Paris, 1875, I, p. 163-173). Mais Si-Hamza était loin, et Si-Zoubir le vrai maître du pays.

(1) Drâ, « chaîne de collines et surtout de dunes, peu épaisse, assez longue ». (Foureau.)

(2) Sur les origines du Chérif, voir les *Lettres familières sur l'Algérie* (2e édit. Alger, 1893, p. 214-242) du colonel Pein, qui fut lui-même un des plus vaillants acteurs de la conquête de l'Extrême-Sud.

parler plus net, on répète deux notes sur une timbale, depuis au moins deux heures.

Les grands de la ville m'ont paru assez convenables.

A mon retour ici, je me livrerai à des études de détail.

J'ai trouvé, à Negousa, deux choses agréables : d'abord un cheval déjà âgé, mais plein de feu et de fantasia, et très haut de taille; je l'ai échangé contre ma jument en ajoutant 75 fr. Ensuite j'ai trouvé un Chaànba qui connaît le désert entre Ouarglâ et Insalah, comme je devrais connaître Paris et qui s'offre à me mener à Insalah moyennant 50 à 60 douros. Nous n'irions que sur le Baten (1), et de là, avec ma lunette, je pourrais voir Zaouïa (2), le premier village du Tidikelt, qui n'en est éloigné que de deux journées.

21 février.

Ce matin, le kaïd vint me rendre visite; il me fit apporter de nouveau du lait, des dattes et deux poulets. Je le congédiai avant mon départ, craignant de faire sur mon nouveau cheval un peu plus de fantasia que je ne le voulais.

Tout se passa heureusement. Je partis de Negousa un peu tard, et fis d'abord route dans un vaste espace de terrain sablonneux, parsemé de palmiers isolés et de petites plantations. Nous entrâmes ensuite dans un terrain alternant de la *heicha* ou petit bois taillis, à sol solide légèrement sablonneux, à la *sebkha* ou marais salant à sec, avec végétation de broussailles isolées.

Les plantes dominantes furent : la *zeita*, le *dhomrân*, le *tarfa* et le *belbâl*.

Nous avions, à une certaine distance à gauche, les chaînes d'élévations qui séparent cette région de la hamâda; je pus distinguer à peine, vers la fin du jour, les embouchures de l'Oued-Mezâb et de l'Oued-Nesa qui viennent aboutir ensemble dans une sebkha qui nous apparaissait blanchissante en deçà des collines (3). Le brouillard causé par le vent qui soulevait le sable et la poussière dans cette direction ne me per-

(1) Faîte du plateau de Tademayt.

(2) Zaouïa Moulaï Heïba.

(3) La sebkha Safioun, partie de la zone d'épandage de l'Oued-Mya (Rolland, Rapport hydrologique, *Documents relatifs à la mission Choisy*, t. III, p. 18).

mit pas de bien comprendre le détail de ce point intéressant.

Nous arrivâmes, vers 3 heures de l'après-midi, au puits de 'Araïfdji (1), où nous campâmes ayant devant nous la zone de dunes qui portent le même nom que le puits.

J'appris de mes guides que l'on ne perçait plus de puits artésiens à Negousa et à Ouarglă, à cause de la dureté du sol à une certaine profondeur (2). Les sources existantes sont fort anciennes, on se contente de les nettoyer. D'un autre côté, on me disait à Ouarglă qu'un des tributs qu'exigeait Sidi-Zoubir était le forage d'une source chaque année.

Un de mes guides fut envoyé, il y a quelques années, par Sidi-Hamza à Insalah. Le maréchal Randon avait désiré avoir des Touaregs à Alger (3), et on envoyait une lettre de Sidi-Hamza pour faire les invitations chez les Touaregs Hogar. La lettre fut portée par quelques Chaànba d'Ouarglă. Ils suivirent le cours de l'oued Miya, trouvant de l'eau en quantité dans les *rhedir*. C'était à l'époque de la maturité des dattes. A Insalah ils furent reçus par les deux grands de la ville, le hadj Abd-el-Kader et le hadj Mohammed, qui leur demandèrent s'ils étaient venus comme *mîâd* (en ambassade) ou comme marchands. Ils répondirent qu'ils étaient venus pour faire du commerce. Mais lorsqu'ils montrèrent leur lettre, hadj Mohammed entra dans une violente colère, menaça de tuer Sidi-Hamza si jamais il venait à Insalah, « parce qu'il avait osé lui envoyer une lettre des Français »; il finit par dire qu'il tuerait les six Chaànba qui avaient apporté la lettre. Les Chaànba s'excusèrent habilement, en Arabes, et

(1) Profondeur, 2 mètres. — Température, 15°,2 à 15°,25 (Note de H. Duveyrier). C'est l'Arefigi de M. Lahache. (Voir l'analyse des eaux, *Étude hydrologique du Sahara français*. Paris, 1900, p. 103.)

(2) Sur l'outillage incroyablement primitif des indigènes voir le colonel Pein (ouv. cité, p. 29-38) qui en parle comme témoin oculaire.

(3) Les mémoires du maréchal Randon ne signalent pas cette tentative. Ils mentionnent seulement les négociations plus heureuses de Si-Hamza avec les Touaregs Azdjer, qui furent la cause première de l'envoi du capitaine de Bonnemain à Ghadamès et de l'interprète Bou-Derba à Ghât. Ces négociations remontent à 1855-1856; l'idée première de nouer des relations avec les Touaregs remonte à 1853. (Randon, *Mémoires*, I, p. 250-255, 448.) Le maréchal se promettait beaucoup du commerce du Sud. Voir, comme contre-partie, le récit humoristique du colonel Pein, ouv. cité, p. 484-488. Sur Si-Hamza lui-même, voir A. Bernard et N. Lacroix (*Historique de la pénétration saharienne*, Alger, 1900, p. 21, 37), qui citent une lettre inédite du général Durrieu relative au projet de mission à Insalah.

dirent qu'ils n'étaient que porteurs d'une lettre dont ils ignoraient le contenu. Ils échappèrent ainsi.

Je rapporte ce fait pour prouver quels sont les sentiments des gens d'Insalah à notre égard.

21 février.

Nous traversâmes d'abord la zone des dunes d'Araïfdji, à sa pointe orientale, puis nous entrâmes dans une région passant de la *heicha* à la *hamâda*, avec végétation de *halhâl, âlenda* et *dhomrân*. Cette plaine, assez unie d'abord, était coupée de chaînes de hauteurs (*drà*, *gour*, etc.); le brouillard intense qui cachait tout à peu de distance de nous, à cause du sable et de la poussière que le vent soulevait, a peut-être nui à l'exactitude de mes notes topographiques pour ce qui concerne les hauteurs un peu éloignées.

Nous rencontrâmes de nombreux affleurements circulaires de calcaire blanc, absolument semblables à ceux qui m'avaient frappé à mon entrée dans le Sahara, sur la route de Biskra à l'Oued-Mezâb. — Nous dépassons deux témoins (*gour*) presque entièrement composés de pierre à Jésus feuilletée; le sol au bas est jonché de calcaire blanc et noir et de morceaux de silex, ou plutôt de quartz compact ou pétro-silex.

Nous voulions passer le puits de Mâmar pour camper plus en avant, mais un des chameaux qui boitait considérablement depuis le matin, s'accroupit ici et on vit bien qu'il ne pouvait guère aller plus loin. Nous restâmes donc au Hassi-Mâmar, près duquel croissaient des tamarix d'une espèce à petites fleurs roses et blanches charmantes. Un des guides partit pour voir s'il ne trouverait pas des Arabes qui lui prêteraient un autre chameau.

Nous campons par un vent terrible dans du sable, de sorte que tous les objets sous la tente en sont couverts en moins de rien. Pour la première fois, on est obligé de faire la cuisine dans la tente.

22 février.

Je résolus aujourd'hui d'atteindre Blidet-Amar à quelque prix que ce fût. Nous partîmes de bonne heure avec un nouveau chameau qu'un des Chaànba avait été chercher. Nous voyageâmes rapidement dans une contrée alternativement de sable et de sebkha. Nous arrivâmes après une courte marche au Hassi-Sidi-Messaoud, mais ne nous y arrêtâmes pas.

Nous longeâmes ensuite de loin des hauteurs nommées Merguet, du nom d'une petite sebkha toute blanche de sel qui apparut bientôt sur la gauche.

Nous vîmes de même, sans nous y arrêter, le petit pâté de dunes nommé Areg-ed-Demm.

Notre marche fut très longue, et le pays parcouru n'offrit qu'un intérêt médiocre. La végétation alternait toujours du *zeita* au *bel-bâl,* au *drin* et aux autres plantes des sables ou de sebkha que nous avions rencontrées auparavant.

Enfin, vers la fin du jour, nous aperçûmes au loin sur la gauche les hauteurs appelées El-'Anât que j'ai relevées sur ma route de Guerâra à Tougourt. Ce ne fut qu'après le coucher du soleil que nous touchâmes les plantations de l'oasis de Berrâri et lorsque nous arrivâmes aux murs de Blidet-Amar la nuit était déjà venue.

Le cheikh que je fis venir dans ma tente ne me parut pas plus zélé qu'il ne fallait, mais j'avais peu besoin de lui. Cependant il m'apporta, sur ma demande, des œufs, du lait et de la paille pour mon cheval.

Je remarquai pendant le court séjour que je fis à Blidet-Amar (je ne suis pas entré dans la ville), que les murs en « toub (1) » des maisons isolées, situées hors des murs pour recevoir les Arabes nomades à l'époque de la récolte des dattes, sont remplis de coquilles des deux espèces de petits gastéropodes que j'ai déjà observés dans les eaux artésiennes de Tougourt et du nord de l'Oued-Righ.

23 février.

Aujourd'hui, à mon grand désespoir, je trouve la montre de M. Colombo arrêtée et tout à fait dérangée.

Je partis de bonne heure tout seul, laissant ma tente et mes effets en arrière; quoique le soleil fût déjà à une certaine hauteur au-dessus de l'horizon, je fis tant galoper et trotter mon cheval que j'arrivai à Tougourt une heure avant le déjeuner, c'est-à-dire vers 9 h. du matin.

(1) Briques simplement séchées au soleil.

Mon cheval était tout couvert d'écume, et le kaïd qui fut, avec M. Guillemot, la première personne que je rencontrai, me mena tout de suite dans sa maison ; il fit mettre le cheval à l'écurie et me présenta au capitaine Canat.

Mon courrier est assez considérable et très bon en somme. Je reçois entre autres une lettre de mon excellent maître et ami le Dr Fleischer qui me requiert formellement de comparer les différents dialectes berbères avec les langues égyptiennes. Je ne manquerai pas de le faire (1) ; cela aura deux résultats : 1° de m'indiquer des faits pour la classification des langues berbères ; 2° des faits pour déterminer l'âge relatif des différents dialectes.

Je reçois de M. de Dalmas, chef du cabinet de l'empereur, des lettres de recommandation du Bey de Tunis pour les différents kaïds et aghas de son gouvernement. Comme, d'autre part, je ne puis espérer recevoir mon chronomètre que vers le commencement d'avril, époque du retour du capitaine Langlois à Biskra, je me décide à entreprendre dans le sud de la Tunisie, un voyage de vingt jours à un mois.

Mon bagage arrive, et je fais planter ma tente à la porte de la kasba.

24 février.

Nous employâmes notre après-midi, M. Auer, un lieutenant de la légion, et moi, à faire une partie de chasse *dans* la Chemorra. — La Chemorra est une vaste dépression couverte de marécages qui s'étend à l'est des plantations de Tougourt et vers le nord.

Nous parcourûmes un des marais de la Chemorra ; nous avions, par endroits, de l'eau jusqu'à mi-jambe, dans d'autres nous marchions presque à sec ; enfin, lorsqu'il fallait traverser de nombreux fossés profonds qui sillonnent les marais en divers sens, c'est à peine si de vigoureux élans pouvaient nous les faire franchir ; nous échouâmes chacun à notre tour, de manière à nous mettre dans l'eau jusqu'à la ceinture.

Je dirai d'abord que notre chasse eut peu de succès ; les canards de Barbarie qui étaient le but de notre course, se levèrent à un kilomètre environ et ne revinrent plus. Les chiens furent mis en défaut

(1) Duveyrier, atteint d'une grave maladie à son retour, n'a pu s'acquitter de cette partie de sa tâche.

par deux chats sauvages qui nous échappèrent. Ces animaux sont gris avec des raies noires; ils sont un peu plus gros qu'un chat domestique et ont établi leur fort dans les touffes de broussailles et de roseaux des marais; ils ne craignent pas l'eau, à en juger par leurs retraites quelquefois entourées de fossés qu'ils sont obligés de traverser, et par les nombreuses flaques d'eau qui les environnent. Ces chats viennent la nuit dans les jardins; ils cherchent leur pâture dans les basses-cours, et en automne, dans les couches de melons et de pastèques. — J'espère pouvoir m'en procurer un avant mon départ de ces contrées.

Les autres animaux des marais sont des flamants de deux espèces, me dit M. Auer; des bécassines, des sarcelles, des alouettes, des hérons, des bergeronnettes, enfin un tout petit oiseau qui a la langue prodigieusement longue.

Il y a des poissons dans les fossés et dans les mousses aquatiques et conferves vivent les deux espèces de petits gastéropodes de Tougourt; les mélanies y sont aussi, dit Auer, mais je ne les ai pas trouvées. — Il y a aussi quelques coléoptères d'eau et des libellules. J'oubliais les cousins et les moustiques. Les cousins font une piqûre douloureuse, les boutons qui en résultent enflent prodigieusement et gênent beaucoup. Je suis revenu couvert de leurs piqûres au front, aux yeux, aux joues, aux mains, jusqu'aux mollets. Le tout a été traité à l'eau sédative.

Le sol des marécages se couvre, lorsqu'il se dessèche, de concrétions de sels, dans le genre des pétrifications qui entourent les sources à dépôts calcaires.

La végétation du sol se compose de tamarix, quoiqu'en petit nombre, et d'une quantité de plantes dans le genre du *baguel* et du *belbāl*, mais beaucoup plus grosses et juteuses; ce sont des plantes grasses articulées. — Il y a, en grandes quantités aussi, des joncs qui arrivent aux genoux et qui se terminent par une pointe qui abîme les jambes dans la marche. — L'eau contient un assez grand nombre de mousses aquatiques et de conferves (?).

Pour ce qui concerne les fièvres si renommées de Tougourt, elles arrivent deux fois par an et durent chaque fois un mois; les moments du fléau sont les mois de mai et d'octobre. Déjà, dans le mois d'avril, il y a sept jours de fièvre (1). A l'époque des fièvres,

(1) D'après le Dr Sériziat, dès les premiers jours d'avril. (Histoire médico-chirurgicale de la colonne du Sud, *Bull. de la Soc. Algérienne de Climatologie*, 1871, p. 41.)

les fossés qui entourent la ville et toutes les eaux stagnantes des oasis prennent une couleur chocolat qui approche même de la couleur sang (1). C'est le signal de l'arrivée de la fièvre. Alors on lâche deux fois par semaine les eaux des saguias dans les fossés qui entourent Tougourt, les habitants préfèrent renouveler ainsi l'eau de ces fossés et laisser leurs palmiers manquer un peu d'eau. Si on ne prenait pas cette précaution, les fièvres seraient beaucoup plus graves (2).

Depuis trois mois que les hommes de la légion et du génie sont à Tougourt, les santés se sont maintenues bonnes; il n'y a eu qu'un petit nombre de diarrhées aisées à guérir. Ces diarrhées tiennent du reste aux eaux du pays (3); moi-même j'en ressens l'effet toutes les fois que je passe ici, et Auer, qui est cependant le doyen de l'endroit, me dit être dévoyé à état permanent. Lorsqu'il éprouve des échauffements (relativement parlant), sa santé s'en ressent.

25 février.

Aujourd'hui le courrier est arrivé. Je suis resté à la kasba pour l'attendre, et j'ai profité de ce repos pour écrire toutes mes lettres. La seule chose intéressante de la journée est que, vers le milieu du jour, le caporal Dhem vint me trouver me disant qu'il y avait sur la terrasse une négresse qui donnait des coups de couteau sur la tête de son enfant.

Je montai et trouvai en effet une des négresses qui se sont réfugiées chez Auer, tenant son enfant d'un mois devant elle et le dorlotant pour l'empêcher de crier; il avait le long du front, à la naissance des cheveux, cinq ou six incisions qui lui couvraient la tête de sang. Je demandai à la mère ce qu'elle lui faisait, elle me dit que c'était un préservatif contre les maux d'yeux. Elle se

(1) M. Lahache a donné l'explication de cette teinte sanguine. (*Étude hydrologique sur le Sahara français oriental*. Paris, 1900, p. 54.)

(2) Il est démontré aujourd'hui que l'insalubrité est en raison directe de l'étendue des bas-fonds alternativement remplis d'eau saumâtre et asséchés. A Tougourt, où les fossés ont été presque tous comblés par l'administration française. « le nombre des cas de fièvre a beaucoup diminué ». (Dr Weisgerber, Observations sur les conditions sanitaires, *Doc. Mission Choisy*, t. III, p. 473-475.)

(3) Presque toutes les eaux du Sahara algérien sont chargées de sulfates de chaux et de magnésie; celles des puits artésiens de Tougourt, qui ont donné à l'analyse de 3 à 4 grammes de sels anhydres par litre, ne sont ni les plus minéralisées, ni les plus nocives, mais contiennent toutefois une forte proportion de sulfate de chaux. (Voir Weisgerber, rapport cité, p. 480, et Lahache, ouv. cité, p. 48, 71.)

préparait à faire encore deux incisions au bas des reins, mais je m'y opposai et j'emportai le rasoir.

26 février.

Encore aujourd'hui je suis resté à la kasba, à faire des observations pour corriger celles d'Auer, et à finir ma correspondance.

Ce n'est que vers le soir que nous sommes partis pour la chasse, nous trois chasseurs; il s'agissait d'abattre quelques courlis (?), oiseaux qui se tiennent dans les sables aux environs de la ville et qui courent avec une vitesse extraordinaire. Nous ne pûmes pas les approcher; de mon côté, je tuai deux petits oiseaux (alouettes du Sahara), sans huppe, à couleur pâle, une raie noire près du bord des ailes lorsqu'elles les étendent; le bec est fort long.

Je cause avec un Targui des Kelrhela (Hogar) de qui j'obtiens des documents itinéraires.

27-28 février.

J'ai été dans les jardins pour observer la température des puits (1).

J'entends parler aujourd'hui pour la première fois d'une singulière maladie des nègres. Il paraît que certains d'entre eux sont sujets à des jours de folie ou de lunatisme, pendant lesquels ils font toutes sortes d'excentricités (2). On appelle cela Moulâ Râs en Haoussa, « bŏri ou bŏli » et encore « ébĕlîs ». J'apprends encore que les musulmans y sont sujets. Même ceux de ce pays-ci.

Nous faisons une grande promenade à cheval en tournant les plantations au nord et redescendant de l'autre côté de la Chemorra. Nous sommes obligés pour cela de traverser une partie de l'oued Righ, dépression qui à cet endroit a le caractère de sebkha, mais de sebkha peu saline. Les cartes du bureau arabe ont été assez bien faites à cet endroit; il faut absolument représenter cette dépression sur la carte, mais ne pas la laisser confondre avec un lac.

Nous voyons de nombreux canards, même un flamant isolé.

29 février.

Je reste la matinée à Tougourt et déjeune encore avec Auer et la compagnie, mais j'avais eu la précaution de faire mes adieux

(1) Ces observations ont été publiées dans *les Touaregs du Nord*, p. 113.
(2) Voir *Touaregs du Nord*, p. 436.

la veille. Cependant le kaïd vient à cheval au moment du départ et veut à toutes forces m'accompagner un peu. Je lui dis adieu à la porte de la ville. Cette fois, il paraît avoir fait de grands frais de recommandations à mon sujet. Il s'est mis entièrement à ma disposition.

Nous partons, et laissant un peu à droite deux des villages qui entourent Tougourt, nous passons entre les *deux* forêts de palmiers, et traversons les marais de la Chemorra dans leur largeur. Peu après, nous entrâmes dans une zone de dunes peu élevées, qui nous conduisit dans un « oued » ou plaine assez unie appelée Oued-es-Sédiri. Comme nous étions partis tard et que cette plaine est assez vaste, je me décidai à planter la tente de bonne heure pour donner le temps à la viande de bœuf de cuire.

La plante qui couvre les endroits à sec de la Chemorra se nomme *rhodhdhâm* (1); elle fleurit au printemps, et j'attends mon retour pour en prendre un échantillon.

Ce matin, j'ai sorti mon thermomètre étalon, et j'ai fait des comparaisons avec mon thermomètre fronde 207 et le thermomètre à alcool d'Auer.

(1) Nom inconnu. Faut-il lire Gueddâm, *Salsola vermiculata?*

CHAPITRE III

DE TOUGOURT AU DJERID PAR LE SOUF

1er mars 1860.

A peine voulions-nous partir ce matin, que le chameau qui portait les cantines, et qui est très timide, effrayé par quelque chose, prit tout à coup le galop, et après quelques instants de résistance, les cantines volèrent en l'air, une des chaînes s'étant cassée. Les caisses retombèrent sens dessus dessous à mon grand crève-cœur. — Après avoir procédé à l'ouverture des cantines, je trouvai deux flacons vides cassés, une bouteille de vin et un grand flacon d'eau sédative dans le même état. Le dégât causé par cet accident est assez grave, mon sucre est presque entièrement perdu, et beaucoup de linges et de livres sont plus ou moins tachés. De plus, je perds deux flacons précieux pour mettre des objets d'histoire naturelle.

Le chamelier à qui appartient le chameau, et qui avait insisté pour qu'on lui confiât les cantines malgré les observations d'Ahmed, aura une bonne amende en arrivant au Souf.

Après ce retard, nous nous mîmes en marche, et traversâmes alternativement des zones de dunes et des *oueds*. La végétation se composait d'*alenda, zeïta, sefâr, drîn, lebin* et *arta*.

Nous arrivâmes dans l'après-midi aux puits de Mouia Ferdjân (1). Ils sont au nombre de trois et entourés chacun d'un petit mur en maçonnerie pour empêcher que les sables ne les comblent. L'eau de ces puits, de celui de l'est en particulier, est très bonne et a une température assez basse.

(1) Profondeur, 5 mètres. — Température, 17°,30. (Note de H. Duveyrier.)

Nous ne nous arrêtâmes aux puits que le temps d'abreuver mon cheval et de remplir les outres, et nous continuâmes encore un peu dans un pays semblable à celui que nous avions laissé derrière nous. — Nous campâmes de bonne heure, pour les mêmes raisons culinaires que la veille.

2 mars.

Nous continuâmes de voyager dans une contrée alternant de l'oued aux dunes, et passâmes notamment plusieurs de ces dernières, comme Sif Soltan, Sif er Retem et Sif el Lehoudi. Nous déjeunâmes dans l'oued Nâïma.

Ensuite nous traversâmes un pays où les dunes devenaient de plus en plus hautes. En route nous rencontrâmes trois spahis venus d'El-Oued et se rendant à Tougourt; ils vinrent tous me serrer la main, nous échangeâmes les nouvelles et partîmes chacun de notre côté. Nous rencontrâmes ensuite des gens du Souf venus avec des chameaux pour ramasser du bois et du drin, ces deux objets manquant dans les dunes plus près de leur pays, là où la consommation en était facile.

Nous arrivâmes enfin à Ourmâs, plantations de palmiers et jardins *creusés* dans les sables. On y voit un assez bon nombre de maisons et nous y remarquâmes quelques habitants, quoique ce ne soit guère qu'en automne que cet endroit soit habité à cause des fruits et des dattes. Au moment de quitter Ourmas, Ahmed me fit remarquer trois petits dômes de maçonnerie émergeant du sable; il me dit que c'était le toit d'une maison qu'il avait vue avant que les sables ne l'eussent ensevelie.

De là, après avoir traversé une zone de hautes dunes, nous entrâmes dans un terrain plus aisé, et atteignîmes bientôt Kouinin.

Le cheikh nous reçut bien, nous donna sa maison, et comme j'y entrai avant que la famille ne l'eût quittée, je pus voir deux dames d'une beauté incontestable et une négresse toute réjouie qui n'avait probablement jamais rien vu d'aussi extraordinaire que ma personne et mon bagage. Le tout annonçait une certaine civilisation et un vrai bien-être. La maison et le mobilier répondaient parfaitement à la figure des femmes et à leur habillement.

Après un bon dîner, je me mets en poste d'observation avec l'intention de faire de bonnes observations astronomiques. — Le vent qui avait cessé au coucher du soleil et qui a repris depuis me gênera probablement.

Je vois, à mon grand regret, que la lunette de mon sextant est insuffisante pour me permettre d'observer des occultations, du moins quand la lune est aussi brillante (1).

3 mars.

Kouinin est bâti tout à fait comme Guémār; c'est-à-dire que les cours des maisons sont entourées d'appartements réels, et qu'on n'y voit pas de tente au milieu comme à El-Oued, c'est-à-dire le nomadisme luttant contre l'état sédentaire. Les murs varient de hauteur depuis l'épaule d'un homme jusqu'à sa tête; les dômes, etc., ne sont ni égalisés ni crépis, de sorte que le tout n'offre pas un spectacle de propreté ni d'élégance.

Au moment du départ, on cria que le khalifa était arrivé et, en effet, je vis déboucher au bout de la rue plusieurs cavaliers. Nous allâmes au-devant les uns des autres, et mîmes pied à terre à distance respectueuse pour venir nous prendre la main et nous informer de nos précieuses santés. Car telle est la règle.

Ceci fit que je fus obligé de partir pour El-Oued sans faire le levé de la route, car à cheval et du pas où nous allions, il ne fallait pas y penser.

J'appris que le khalifa retenait une caravane très nombreuse pour me faire passer au Djérid en bonne compagnie.

Je passe la journée à écrire des lettres qui partent aujourd'hui même pour Tougourt. Je mets mes itinéraires au courant; dessine un peu et fais des observations.

4 mars.

Ma journée n'a pas été heureuse. J'ai eu le malheur de casser mon dernier baromètre Fortin, cependant je pourrai le raccommoder dès que j'aurai des tubes. Cela n'en est pas moins très fâcheux, vu que les notes barométriques devaient être un des résultats les plus intéressants de mon voyage (2).

(1) Le détail des observations astronomiques de Duveyrier a été publié dans les *Les Touaregs du Nord*, p. 134-140.

(2) Duveyrier n'en continua pas moins à observer à l'aide de l'anéroïde. « J'ai pu, dit-il, en faire usage concurremment avec les Fortin et pendant assez de temps, avant que ces instruments aient été brisés, pour bien étudier les dilatations de l'anéroïde et le corriger de ses erreurs. » (*Les Touaregs du Nord*, p. 123.)

Je passe la matinée à finir de copier au net l'itinéraire de l'Oued-Righ ici.

Il arrive une caravane du Djérid qui donne les meilleures nouvelles; il en était venu une hier encore.

Je fais encore acheter par Ahmed différentes choses qui me manquent, et je m'amuse à décrasser un certain nombre de monnaies romaines et semblables que je me suis procurées ici. Elles courent comme les « felous (1) » de Tunis.

Presque toutes sont très petites. Les principales sont de Constantin; d'autres portent des figures de souverains avec une couronne ressemblant aux couronnes les plus primitives du moyen âge; enfin j'en ai où l'on reconnaît l'éléphant et le palmier et qui doivent venir de Carthage. Outre cela, il y a des médailles avec des figures de saints, des anges ailés, etc., etc., qui doivent avoir une origine chrétienne, et étaient frappées pour accomplir un vœu, comme l'une d'elles paraît me le prouver.

Ces médailles sont trouvées dans les ruines de Besseriani (2) et de *Hēdra* (3) principalement.

Le soir, je vais voir trois noces. La première était à une tente dans les sables à l'ouest de la ville. La mère du marié vint nous faire ses excuses en nous disant que ce n'était qu'une petite fille et que, par conséquent, on n'avait pas voulu avoir une grande fète. Cette petite fille venait de se sauver de chez ses parents pour se réfugier dans la tente de l'homme qu'elle aimait. On dit que demain elle sera donnée légalement. C'est bien le moins lorsqu'il n'est plus possible de la reprendre.

Les autres noces avaient plus d'apparat, je veux dire de bruit. Les femmes sont rassemblées dans une cour, quelquefois en cercle et tournant le dos, d'autres fois la figure découverte et de face. Elles bredouillent quelques chants presque inintelligibles et font you-you aux jeunes gens qui viennent avec beaucoup d'embarras tirer un coup de fusil dans le sable à côté d'elles. Quelquefois les Messieurs se préparent à la décharge par une sorte de pas (de danse) tout à fait curieux, et qui imite le pas de la danse arabe au commencement de l'exercice.

(1) Nom donné à la petite monnaie de cuivre en Tunisie et au Maroc.

(2) *Ad Majores*, au nord du chott Rharsa, à 4 kilomètres au S.-E. de l'oasis actuelle de Négrine. (V. Masqueray, *Ruines anciennes de Khenchela à Besseriani*, *Revue Africaine*, 1879, p. 68.)

(3) Haïdra, au N.-E. de Tébessa?

Du reste, les femmes et les hommes ne se parlent pas. Si (et cela arrive) une des femmes invitées a un *amant*, celui-ci vient à la fête faire le plus de bruit qu'il peut pour se montrer dans son plus beau jour. En revenant, je rencontrai des bandes de jeunes gens chantant en chœur toujours la même complainte et le plus fort qu'ils pouvaient, pour être entendus des femmes dans les maisons. — Je remarquai que ceux qui se distinguaient le plus à la noce étaient pour la plupart de fort jeunes gens.

Le puits est ici l'endroit des intrigues et des amours. Quand un homme va au puits pour abreuver son cheval, et il choisit alors un puits d'eau excellente situé dans les dunes hors de la ville, son amie choisit aussi ce moment pour aller y puiser l'eau et ils se voient de cette manière. Du reste, l'amant choisit toute occasion opportune. Son amie est-elle mariée? il saisit le moment où le mari va au marché, aux plantations, etc... Les amants de ce pays ne peuvent pas manger l'un devant l'autre : ils doivent paraître fuir la nourriture.

mars.

Comme tous les jours de départ, ce matin ne fut pas très gai à passer; c'étaient des oublis, des ordres, des contre-ordres à n'en plus finir.

Enfin, lorsque tout fut prêt de mon côté, on s'aperçut que la caravane d'El-Oued n'était pas encore tout à fait prête à partir. Je n'en voulus pas moins partir immédiatement, et le khalifa ainsi que deux ou trois autres notables montèrent à cheval pour me faire un peu la conduite.

Nous partîmes par le quartier des Oulad Hamed et entrâmes immédiatement dans les dunes et les « Ghitan », c'est-à-dire jardins de palmiers creusés dans le sable. Quelques-uns de ces « ghitan » étaient tellement profonds, que le faîte des palmiers hauts de 15 à 20 mètres n'atteignait que la hauteur de mon épaule ou de ma tête (moi étant sur la route).

Le vieux cheikh qui accompagnait le khalifa, proposa au moment de la séparation de réciter la « fâtîha », mais le khalifa fit semblant de ne pas comprendre ou espéra peut-être que je n'avais pas fait attention à la proposition. Du reste, je tiens peu aux *fâtîha* et aux bénédictions, mais, si j'y tenais, j'aurais peut-être préféré celle-là à d'autres.

Après nous être quittés, nous entrâmes dans un océan de dunes dépourvues de toute végétation, nous avions laissé les jardins derrière nous. — Nous touchâmes bientôt à un four à chaux primitif; on extrait la pierre à chaux sur place. C'est le même type de plâtre ou de calcaire friable, saccharoïde, que j'ai observé la première fois à Chegga du Sud.

Près de là je trouvai un peu de *lebbīn*, euphorbiacée qui croît volontiers dans les intervalles des dunes. Je fus surpris de rencontrer aussi deux ou trois papillons, qu'il fallut renoncer à attraper.

Après une marche assez longue dans les sables, nous entrâmes dans un terrain uni et arrivâmes bientôt au puits de Tērfaoui au nord duquel il y a une petite ligne de jardins où l'on cultive principalement des oignons, mais où l'on paraissait tenter la culture du palmier. Deux individus étaient en train de ramasser les crottes de chameaux pour les enfouir autour du pied des jeunes plants.

De là nous reprîmes les dunes et eûmes de nouveau une longue et ennuyeuse marche à fournir avant d'arriver au Sahēn, sorte de plaine unie au milieu de laquelle est situé le puits du même nom où devait se réunir la caravane. Nous trouvâmes déjà campés depuis hier au soir de nombreux voyageurs comptant 60 fusils; plus tard, dans la soirée, la caravane d'El-Oued nous rejoignit. Je plantai ma tente près du puits entre les deux caravanes. Un cheikh de Kouinin et un domestique du khalifa attendaient mon arrivée; aussitôt qu'ils se furent assurés que j'avais rejoint la caravane, ils repartirent pour coucher à Djebīla (1).

Cette caravane est la première que j'aie vue aussi grande et aussi complète. Il y a des Souāfa, des gens du Djérid, des Ghadamsia (2), etc....; les bêtes de somme sont très variées, depuis le cheval jusqu'au chameau et aux bourricots. Une vieille de l'Ouest (Ouled Naïl?) s'est adjointe à mon petit camp; elle se rend au Djérid où sa fille est mariée. Elle invoque tous les quarts d'heure Sidi Mohammed el'Aïd, le saint vivant de Temassin (3). — Je fais porter à un de mes chameaux son modeste bagage.

(1) Djebīla (« la Grasse »), un des villages du Souf, à 22 km. N.-E. d'El-Oued.
(2) Gens de Ghadamès.
(3) Zaouïa des Tidjaniya.

Ce soir, nous entendons des Khouan (1) de Sidi Moustapha qui chantent leur prière avec accompagnement de musique. Ceci est dans la caravane campée au nord. Au sud nous avons une musique moins monotone, c'est le chant et la voix des femmes qui y sont en nombre.

Je remarque que, dans les jardins au milieu des dunes, l'on a soin de garnir la crête de ces dernières d'une haie de palmes presque entièrement enterrées pour que les sables ne soient pas portés par le vent dans le jardin, et, d'un autre côté, pour que les sables que l'on déblaye ne retombent pas dans le « ghoût » (2).

6 mars.

Je fus malade toute la nuit, ayant une indigestion très douloureuse. Aussi ce matin me fallut-il une bonne dose d'énergie pour ordonner le départ comme d'habitude et monter en selle.

Au moment de partir, je reçus mon courrier de Tougourt, qui malheureusement ne renfermait qu'une lettre de mon père et une d'Auer. Je reçois la lettre du Ministre des affaires étrangères pour M. Botta.

Les gens de la caravane parurent mettre plus de soin qu'hier à se rassembler en un seul bloc, mais les peines furent vaines, au bout de quelque temps, les pelotons de la caravane étaient séparés par plusieurs kilomètres. — On voulut aussi m'effrayer, je ne sais quel intérêt avaient ces hommes à ne pas aller par la route orientale que j'avais choisie. On voulut me faire croire qu'à un des puits nous allions trouver 1.200 cavaliers de Nemēmcha insoumis. Je me bornai à leur demander comment le puits pouvait abreuver tant de monde et tant de chevaux.

Pendant que je marchais avec mes chameaux isolés, un homme assez drôle se joignit à nous. Il était coiffé d'un turban vert et d'une calotte rouge. Son vêtement consistait en deux burnous assez sales, et comme arme il portait, jeté sur son dos, un immense sabre. Cet homme avait des manières très européennes, celles d'un homme peu distingué, bien entendu, et il parlait beaucoup. Il nous dit qu'il était depuis quarante ans « policeman » à Tunis, que sur trois nuits il en passait une de garde. Les police-

(1) « Frères », disciples du marabout de Nefta dont il est question plus loin.
(2) Entonnoir.

men ne sont pas payés à Tunis et il nous raconta qu'il ne s'était fait inscrire comme tel que pour avoir l'avantage de sortir le soir après le couvre-feu, et d'aller dans telle et telle maison qui lui plaisait, chez les jolies femmes qui lui convenaient, beaucoup même, à l'en croire. Ensuite, si la police n'est pas payée, elle se fait plus d'argent sans cela, car elle permet toutes débauches nocturnes pourvu qu'on lui graisse la main. — Mon homme avait aussi un faible pour les spiritueux et il avait emporté de la *mahia* avec lui.

Pendant que nous causions ainsi, un pèlerin marocain qui nous suivait tout couvert de guenilles nous cria : « Voilà un mouton » ; en effet, il y avait à quelques pas de nous une brebis perdue et boiteuse. Ahmed et le policeman tunisien fondirent dessus et, après un débat où la probité de chacun se fit jour, l'animal fut égorgé par le policeman, qui le considéra de bonne prise.

Le soir, on la dépèce et la distribue.

Quant au pays que nous traversâmes, ce fut une plaine uniforme, à sol sablonneux et à végétation de *ălenda, semhari, arta, drīn* et *baguel*. De temps en temps une petite traînée de dunes en interrompait la monotonie.

Nous touchâmes à un puits nommé Wourrāda ; actuellement il est comblé. Voilà l'histoire de cet événement. Le puits ayant été rempli de *drīn* pour une cause ou une autre, un pasteur y descendit dans l'intention de le nettoyer. Comme il ne revenait pas, le frère de cet homme y descendit aussi, mais y trouva la mort par asphyxie (1) ; enfin l'oncle des deux jeunes gens voulut leur porter secours et faillit périr ; cependant il put sortir. On combla le puits, qui sert de tombeau aux deux pasteurs.

Vers la fin de la marche, un habitant du Djérid, monté sur son chameau, prit un tambour de basque et commença une longue improvisation sur un marabout vivant de Nefta, Moustapha ben Azoūz. Il jouait admirablement bien de son instrument, et improvisait avec tant de facilité que je crus qu'il récitait une litanie. Les couplets, composés de quatre vers, étaient tous terminés par la même rime, et se terminaient par le refrain que

(1) Beaucoup de puits dégagent de l'hydrogène sulfuré, provenant de la décomposition, dans l'eau chargée de sulfate de chaux, des nombreuses matières organiques, tombées par l'orifice presque toujours dépourvu de margelle.

répétaient en chœur des jeunes gens de la caravane. Malheureusement le chant m'empêchait de juger du sens des vers. — Cela m'arrive pour les chœurs chantés à l'Opéra dans ma langue maternelle.

Nous nous arrêtons au puits de Guettâra Ahmed ben 'Amara (1). Je suis dans un grand état d'épuisement et j'ai un peu de fièvre. Ce matin, j'avais pris un peu d'huile de ricin, je prends ce soir une dose de quinine dans du café et deux petites tasses de vin. — Une heure après je me sens beaucoup mieux.

7 mars.

Hier au soir, après que j'avais fini de rédiger mes notes, les principaux membres de la caravane du Souf (Kouinin, Tarhzout et Guémâr) vinrent me visiter pour m'annoncer comme une chose arrangée qu'ils ne partiraient pas le lendemain parce qu'ils venaient de recevoir la nouvelle que nous allions passer au milieu des douars des Hamamma. Ce n'étaient pas les hommes que ces « braves » redoutaient, mais bien les femmes, les enfants et les chiens. On allait envoyer un homme au cheikh Moustapha, le marabout de Nefta et, selon qu'il dirait ou non d'arriver sans crainte, on irait plus loin ou l'on s'en retournerait. Je m'opposai net à une telle mesure, et fis demander dans la caravane quels étaient ceux qui voulaient partir demain avec moi. La division fut très nette; les gens du Djérid, de Ghadâmès, ne voulaient pas rester, ceux d'El-Oued, du Souf seuls étaient de l'avis contraire. Je décidai le départ. Toute la nuit fut passée à se disputer dans le camp, mais quand le jour parut, tout le monde était du même avis, qui était de me suivre.

Nous rencontrâmes beaucoup de douars, de troupeaux des Oulad Sidi 'Abid de la Régence de Tunis, mais ils ne firent que nous donner des nouvelles, certes peu rassurantes.

Vers le milieu de la journée, avant d'atteindre le puits d'El-Khofch (2), toute la caravane résolut de ne pas passer par Nakhlet-el-Mengoub, comme l'avait ordonné le kaïd. Moi, de mon côté, je m'obstinai à prendre ce chemin, et nous nous séparâmes de très mauvaise humeur, ayant à peine six ou sept hommes avec moi. Cependant, comme hier, mon attitude déterminée

(1) Profondeur 6m,20. — Température 20°, 2 (H. Duv.).
(2) Profondeur 5m,50. — Température 21° (H. Duv.).

leur fit accepter mon choix et ils nous rejoignirent tous, sauf les Djéridiya, qui du reste ne nous étaient pas du tout obligés.

Nous continuâmes donc notre marche dans un sol de *heicha*, avec la végétation de *dhomrān* (1), *zeita, souid*, etc., qui caractérise la contrée de Chegga du Sud et la *heicha* de l'Oued-Righ. Nous étions très inquiets, les Hammama ne se trouvaient pas campés aux palmiers d'El-Mengoub, et nous devions nous rapprocher sans cesse de leurs douars.

Vers la fin du jour, nous aperçûmes les palmiers de Nafta et plus loin, vers l'ouest, les montagnes de Negrîn et de Tamerza. Lorsque nous voulûmes camper quelques instants avant le coucher du soleil, nous tombâmes sur les troupeaux des Hammama, et pûmes nous assurer que la tribu n'était pas loin. Les bergers vinrent dans le camp demander différentes choses, ci du feu, là de l'eau, plus loin des dattes. Ils vinrent jusqu'à mon feu où j'étais assis et demandèrent à boire à Ahmed.

Nous entendîmes, le soir, les chants de leurs femmes, les cris des enfants et les bêlements des troupeaux.

Cette nuit ne fut pas très agréable à passer, plusieurs hommes de la caravane la passèrent à veiller, le « policeman » tunisien entre autres. Je veillai, pour ma part, la moitié de la nuit, et fis de longues rondes dedans et hors du camp, que nous avions établi en demi-cercle, mon lit et mon bagage en formant le centre. Aujourd'hui nous n'avons pas cru devoir dresser la tente.

J'entendis, vers le matin, le cri cadencé d'un chacal en chasse, auquel répondit bientôt le chien d'un des troupeaux.

8 mars.

Nous partîmes aujourd'hui avant la pointe du jour et commençâmes à marcher vigoureusement dans l'espoir de dépasser la « nedjă » du Hammama avant qu'elle ne prît notre route.

Cependant, lorsque le soleil eut un peu monté à l'horizon, les yeux perçants de mon guide découvrirent la nedjă s'avançant de notre côté sur le sommet des *gour* des Beni Mezab. A partir de ce moment, nous n'eûmes pas une minute de repos. Chaque ondulation de cette immense ligne de chameaux, de troupeaux et

(1) Autre forme du mot ذمران

d'hommes était interprétée par mes trop timides Souafa comme un signal d'attaque.

Ce ne fut guère que lorsque nous fûmes entrés dans le chott (1) que nous pûmes bien nous rendre compte du nombre des ennemis et de leurs mouvements. Lorsque la « nedjă », qui jusqu'alors s'était tenue sur les hauteurs, commença à se rapprocher du chott, les fantassins souafa s'assirent par terre, tournant le dos aux Hammama; Mohammed le guide, qui à cet instant aperçut les cavaliers en avant des troupeaux, s'élança à la tête des chameaux en criant d'arrêter. Il y eut là un mouvement rapide qui me montra qu'en cas d'attaque, je ne pouvais compter que sur bien peu de monde. Ahmed sauta à bas du chameau qu'il montait; ôta son burnous et arma son fusil, d'autres suivirent son exemple. Enfin l'incertitude dura quelques instants, et l'on crut remarquer que les cavaliers reprenaient la direction, je fis remettre les chameaux en marche, mais ne pus pas empêcher quelques coups de feu de fantazia de partir, la chose la plus inconsidérée dans notre position.

J'eus là l'émotion de celui qui va être entraîné dans un combat pour son droit, mais qui n'avait cherché de querelle à personne. Armé de mon revolver, j'étais décidé à mesurer mes cinq coups et à démonter au moins deux ou trois cavaliers. La lutte aurait été déplorable; des guerriers consommés, en nombre considérable, auraient certainement eu le dessus sur quelques hommes déterminés mais embarrassés par une foule timorée et inutile, par des femmes, des enfants et des chameaux chargés de sommes considérables.

Bientôt la « nedjă » se trouva à notre hauteur; nous voyions cette foule de cavaliers; les quinze douars peuvent, d'après des renseignements précis, mettre sur pied mille hommes. Ce n'était cependant là qu'une des neuf fractions des Hammama qui, ayant eu à se plaindre de son kaïd, avait envoyé une plainte au bey, mais se sauvait sans attendre la réponse, décidée à revenir si le bey lui accordait sa demande, et à quitter son gouvernement pour toujours si on ne faisait pas attention à son grief.

Nous marchions très vite et arrivâmes enfin près des palmiers de Ghîtān ed Cherfā, où nous rencontrâmes deux cavaliers ham-

(1) Le chott El-Djérid.

mama attardés, que nous saluâmes en passant. Ils sont bien montés, ont d'énormes étriers, et sont surtout remarquables par leur manière de s'envelopper dans leur haouli, ne laissant voir que le milieu du visage ; leur chachià est enfoncée jusqu'aux sourcils; enfin ils n'ont pas de corde de poil de chameau. Ahmed me dit qu'ils revêtent quelquefois des haïks de coton bleu, comme les femmes du Souf.

Nous déjeunâmes à côté des plantations de Nafta, où nous rencontrâmes un dernier Ḥammami et nous empressâmes ensuite d'entrer dans la ville ; je descendis à la maison du Bey.

CHAPITRE IV

AU DJÉRID

En traversant la rivière, ayant devant moi d'une part les constructions pittoresques de la ville et de l'autre les beaux jardins de palmiers, je fus frappé par le charme du site, qui me soulagea de l'appréhension du danger et du dépit que m'avait causé le manque de courage de mes compagnons de route.

Nafta compte 3.000 hommes (1); il faut ajouter à cela les femmes et les enfants non pubères. Les Juifs y sont 54 hommes avec les mêmes additions. Les hommes s'habillent de fines jaquettes et pantalons d'étoffes venus de Tunis, et s'enveloppent des beaux burnous si renommés du Djérid; ils ne portent pas de corde en poil de chameau. Les femmes, dont plusieurs m'ont paru assez bien, mettent un pardessus d'étoffe bleue foncée, comme au Souf, seulement elles sont plus propres et ont des vêtements de dessous mieux arrangés. La population est du reste tout à fait » beldiya »; on y trouve pas mal d'embonpoint. Du reste, il y a ici tout ce qui caractérise une grande ville arabe, des cafetiers en vestes de soie brodée, des boutiques bien fournies, etc., etc. N'y avait-il pas jusqu'à un fou, qui, comme celui d'El-Goléâ, paraît attacher un intérêt particulier à mon humble personne, et est revenu jusqu'à trois fois m'accabler de ses malédictions. On le chasse assez rudement pour un fou musulman.

Les Juifs se distinguent par un turban noir. Les femmes se voilent occasionnellement dans la rue en ramenant leur haïk sur leur figure.

La ville de Nafta paie actuellement un impôt qui s'élève à

(1) Chiffres donnés par les kaïds (H. Duv.).

350.000 francs ou 70.000 douros, parmi lesquels il faut compter 30.000 douros d'exactions de la part des employés du gouvernement. Ces chiffres sont énormes, comparés à ce qui existe en Algérie. Chaque homme, petit ou vieux, paie 23 francs annuellement; le reste de l'impôt est sur les palmiers.

Les maisons de Nafta sont construites fort élevées, en briques minces, je dirais presque en tuiles jaunes et rouges, unies par du mortier de glaise; elles ont un aspect fort élégant à l'extérieur et sont encore ornées par divers dessins que forment les briques au-dessus des portes et quelquefois tout le long des frontons. Certains quartiers de la ville sont un peu ruinés; vers le côté est on voit une tour assez élevée. Les boutiques, sur le marché, sont disposées de la même manière économique et simple qu'à Tougourt.

Mais ce qui frappe le plus à Nafta, c'est sa rivière impétueuse, qui coule auprès des palmiers, c'était la première fois que je voyais cela. A l'endroit où elle se divise en deux branches, au moyen de constructions en bois très solides et ingénieuses, pour aller arroser les plantations, l'eau a 27° (à 4 h. p. m.). Le matin, on voit de la vapeur ou du brouillard à sa surface (1). L'eau renferme quelques mousses aquatiques et les mêmes coquilles noires (2) que j'ai récoltées dans l'oued Biskra, plus une variété cannelée des mêmes.

Les jardins renferment, outre de magnifiques palmiers, des figuiers, des citronniers, des limoniers, des orangers, des pêchers. On n'y trouve ni oliviers ni pruniers, deux arbres qui se trouvent à Tözer. Le *tarfa* croît aux environs des plantations.

Les deux kaïds, le frère de Si'Ali Saci et Sid el 'Abid sont fort aimables et me font beaucoup de politesses. Nous allons nous promener ensemble et nous déjeunons et dînons ensemble. La cuisine qu'on nous fait est exquise, dans le goût européen même. Il n'y a pas de ruines romaines à Nafta.

Un fait curieux est ici la même progression des sables de l'est à l'ouest dont on se plaignait tant à Guémār. J'ai vu en effet les sables amoncelés en dunes près de l'endroit d'où part la route de Tözer;

(1) M. Dru a précisé la température des sources : « 26°,2 au milieu du bassin, 28° sur les bords aux points où l'eau sort de terre, et 30° sous les cabanes en troncs de palmiers qui vont chercher l'eau un peu plus profondément dans l'argile ». (Note sur l'hydrologie, la géologie et la paléontologie du bassin des chotts, *in* Roudaire, *Rapport sur la dernière expédition des Chotts*. Paris, 1891, p. 43.)

(2) *Melanopsis Maroccana*. (Bourguignat, Appendice aux *Touaregs du Nord*, p. 21.)

ils pénètrent dans les plantations, enterrent les palmiers, les maisons et font que la ville s'élève progressivement (1). Ainsi s'il n'y a pas de ruines romaines aujourd'hui, on ne peut pas affirmer qu'il n'y en a jamais eu ; elles ont pu être enterrées depuis longtemps.

Tous les Souafa de la caravane se sont empressés d'aller voir leur cheikh et marabout Sidi Moustapha, chanter de nombreux « la illah ! » et jouer de la « bendîr ».

Les rues de Nafta sont spacieuses, mais non d'une propreté exemplaire, quoiqu'on ne puisse pas non plus les accuser du contraire.

Les gens de Nafta hébergent les Hammama, leur donnent la diffa et de l'orge pour leurs chevaux lorsqu'ils viennent en ville, pour qu'en revanche ceux-ci les épargnent lorsqu'ils les rencontrent en voyage !

9 mars.

Je décide de ne partir pour Tōzer que demain matin.

Le matin, je vais voir les sources de l'oued Nafta ; cela me donne l'occasion de voir dans les jardins le « *nebqa* », un *Rhamnus* (2) qui atteint 20 mètres de haut et de grandes dimensions ; son fruit est gros comme une grosse cerise, atteint même la grosseur d'une prune.

Les sources qui forment l'oued sont assez chaudes, elles sortent de dessous une couche de marnes très épaisse, qui par exemple au Ras-el'Aioun (3) atteint une hauteur d'environ 30 mètres. Ces marnes varient de structure, de couleur et de friabilité. Le reste du terrain de Nafta se compose de grès très friables, si l'on peut appeler ainsi un conglomérat de sables quartzeux renfermant de petites veines de glaise, et des rognons atteignant quelquefois un volume considérable de grès véritable renfermant quelquefois de la marne.

(1) En 1887, l'envahissement continuait et affectait surtout le sud de l'oasis. La cause principale de la progression des sables est la destruction de la végétation aux alentours de l'oasis. (Voir l'enquête de M. Baraban, *A travers la Tunisie*. Paris, 1887, p. 120 et suiv.).

(2) C'est le *Zizyphus Spina Christi*, qu'on appelle zegzeg en Algérie. Il est remarquable, au point de vue des anciennes relations du Djérid avec l'Orient, que le nom donné ici, nebqa, nabq, soit celui usité en Égypte. (V. Duveyrier, *les Touaregs du Nord*, p. 159 ; Ascherson dit qu'en Égypte le nom de nebeq s'applique au fruit (Pflanzen des mittlern Nord-Afrika, dans Rohlfs, *Kufra*, p. 471).

(3) « Tête des sources. »

Les eaux de l'Oued renferment des poissons qui vivent surtout dans les endroits où l'eau est le plus chaude. Ils ont des taches rougeâtres ou orangées, quelques-unes prenant 1/5e du dos. — Les flaques d'eau formées par les sources nombreuses renferment des coquilles différentes de celles de l'Oued.

Les animaux de Nafta à noter sont les bœufs (en petit nombre), les lapins (!), les chiens de races variées, les chèvres de race européenne.

Je vais voir le soir le marabout Sid'Moustapha ben Azoûz, qui me reçoit d'une façon fort civile, et s'efforce de me faire comprendre que tous, musulmans, chrétiens et juifs sont ses enfants, tous ceux que Dieu a créés (1); il approuve mes études. Nous mangeons sa « bénédiction », pour rendre la parole arabe. — Sa zaouiya était remplie de monde, surtout de pèlerins venus du Souf avec moi.

Je suis obligé de donner de longs détails sur l'électricité, la vapeur et beaucoup de choses semblables.

Pendant que je dessinais la zaouiya de Sidi et Tabăi, de nombreux curieux s'étaient rassemblés et parmi eux des tolba (2) : on montra beaucoup de mauvais vouloir, et lorsque je demandai le nom de la zaouiya, on refusa de me le donner; c'est Sidel'Abĭdi qui la reconnait sur le dessin et m'en donne le nom. Je me plains de cela, et on me donne un mokhazeni (3) pour écarter la foule. Je finis la journée très bien.

Les nuages qui ont occupé le ciel tout le temps de mon séjour m'ont empêché de faire des observations astronomiques. A midi le soleil était visible par intervalles, j'essayai de le prendre au méridien, mais mon observation est, je le crains, peu concordante, parce que les deux kaïds étaient à mes côtés et m'ennuyaient de questions.

10 mars.

Nous sommes partis de Nefta d'assez bonne heure par un ouragan épouvantable, le vent venant du nord-est avec beaucoup de force. Nous étions gelés, quoique la température de l'air ne fût

(1) Cela rappelle la paternité du Père Enfantin (H. Duv.).

(2) Lettrés. Les zaouiyas de Nafta sont nombreuses, et les fanatiques faillirent faire un mauvais parti à la mission Roudaire.

(3) Cavalier du Makhzen.

pas très basse. La route de Nafta à Tōzer est très insignifiante, elle longe le chott à une petite distance; on est sur un terrain élevé, presque dénué de végétation et très peu accidenté. Un peu avant d'arriver, on voit le Djebel Tarfaouï.

Tōzer a moins de population que Nafta (1.900 hommes), mais possède des plantations beaucoup plus considérables : 300.000 palmiers. Les constructions sont ici les mêmes qu'à Nafta; la ville possède aussi une rivière qui prend sa source au bout ouest des plantations et qui est aussi considérable que celle de Nafta; après avoir traversé les plantations, elle va encore se perdre dans le chott.

Je trouve ici le vice-consul Si Mohammed ben Rabah, à peine installé depuis vingt jours; nous nous embrassons en nous rencontrant, et je suis charmé de trouver une perle d'homme dans ce personnage. Il possède beaucoup de biens dans la ville et à Nafta, mais de crainte qu'on ne lui reproche de la fantasia depuis son installation comme consul *français*, il affecte une mise très simple.

Les autorités me souhaitent la bienvenue, mais sont très occupées à recueillir le reste de l'impôt que va venir prendre la *mahalla*.

Je vais à cheval et le vice-consul sur sa mule à Beled el Hadar (1) voir des restes de constructions romaines (2) qui servent de fondation à un minaret isolé. La grande mosquée est à côté; on m'avait dit qu'elle renfermait des inscriptions, mais y étant entré, je n'y reconnus qu'un inscription arabe, sculptée et peut-être intéressante comme monument de culture architecturale. Mon habit me permet d'entrer dans une mosquée sans faire trop de scandale. Quelqu'un ayant demandé dans le temple qui j'étais, le vice-consul se contenta de répondre : « Un homme de l'Ouest. — Quelqu'un qui cherche des inscriptions hébraïques? — Oui. »

Les fondations du minaret sont très solides, en pierres carrées; plus haut, des tronçons de colonnes et d'autres pierres ont été installées dans la construction arabe; enfin au-dessus de la porte

(1) Un des villages de l'oasis, l'emplacement de l'antique Tuzurus?

(2) Duveyrier écrit ailleurs : « La distribution d'eau se fait encore au moyen d'ouvrages en pierres de taille que les Romains ont laissés. » (Excursion dans le Djérid, *Revue algérienne et coloniale*, 1860, II, p. 346.)

on voit deux pierres sculptées grossièrement. D'inscriptions, point.

Mon cheval fit des sauts à n'en plus finir jusqu'à notre retour en ville. Il y a des tentes des Hammāma auprès de la ville. J'ai pu voir leur intérieur, qui ressemble en tout à celui des autres Arabes.

Le vice-consul me fait apporter une table et une chaise.

Tōzer compte 1.900 hommes depuis l'âge de puberté jusqu'aux vieillards. L'impôt s'élève à 542.000 réals tounsi en comptant les exactions. Le réal tounsi vaut 75 centimes. Ici on m'indique comme impôt de Nafta la somme de 588.000 réals tounsi; donc encore plus que Sid el'Abīdi n'avait dit. On prétend encore que l'air de ce pays vaut mieux que celui de Nafta, qui est déjà très bon (1).

11 mars.

Malgré toutes les précautions que je croyais avoir prises, je ne pus partir que dans la soirée. Si Mohammed ben Rabah et deux « mokhazeni » m'accompagnèrent jusqu'à Degach. Cette fois, j'avais abandonné le chameau et mis mon bagage sur deux mulets que j'ai loués 40 francs d'ici à Gabès et retour. Outre Ahmed, j'ai cru devoir prendre encore un domestique qui aura pour gages 13 francs.

La route qui sépare Tōzer de Degach est très insignifiante; on verra dans l'itinéraire les traits principaux qui la caractérisent. Je dois cependant remarquer que dans l'oued à sec qui sépare en deux la ville de Degach, la constitution géologique des berges consiste en forts lits de conglomérat de sables quartzeux séparés par de minces couches d'argile, le tout ayant une position légèrement inclinée (2).

Dans tout le cercle d'el Ouidīān ou de Tāgiroūs, dans lequel nous venons d'entrer, il n'y a que 1.600 hommes et les biens de la terre se réduisent à 188.000 palmiers ou oliviers, car cet arbre qui

(1) Cette salubrité est très relative. En réalité, toutes ces oasis ombreuses respirent la fièvre (voir Vuillemin, *Étude médicale sur le Djérid*, *Archives de médecine militaire*, 1884, IV, p. 7, et sur les conditions sanitaires des oasis en général, les témoignages réunis par Schirmer, *le Sahara*, chap. XIII).

(2) L'inclinaison des couches, par suite de failles diverses, est un fait général sur les bords du chott Djérid. « Partout on constate des formations redressées sous les angles les plus divers. » (Dru, dans Rapport Roudaire cité p. 47.)

commence à Tōzer, mais y est peu commun, se trouve ici en plus grand nombre.

Dans ce pays, on considère Tōzer et Gafsa comme ayant le climat le plus sain; ensuite viennent Nafta et Degăch avec un bon climat encore, mais Kĕrīz est malsain; les fièvres s'y montrent. El-Hamma près d'ici de même; l'autre Hamma près de Gabès encore de même, enfin le Nefzāoua compte pour le plus mauvais climat.

Les maisons ici sont construites en tōb, et sont loin d'égaler les contructions de Nafta et de Tōzer.

Je suis reçu par le khalifa et attends inutilement un ciel étoilé, et presque avec autant de succès mon dîner. Cependant ce dernier arrive très tard, et je me couche. La nuit, toutes les bêtes de somme font une cohue générale, on peut à peine les séparer; mon cheval est fortement mordu en deux endroits.

12 mars.

Ce matin, nous sommes partis de bonne heure et une courte marche nous mena aux deux villages de Zorgān et d'Oulad Madjed. Dans ce dernier endroit je m'arrêtai au minaret, isolé comme celui de Belīdet el Hadar, et comme lui bâti sur des fondations romaines; je le gravis à travers différents casse-cou; il est bâti en briques et de construction solide. On m'avait dit que je devais trouver là une inscription latine, mais il n'y en a aucune. Il fut question alors de la mosquée, j'y entrai et trouvai une inscription arabe entourant le dôme de la niche de l'imān, de même qu'à Belīdet el Hadar.

Désappointés, nous continuâmes notre marche et entrâmes dans les palmiers; nous ne tardâmes pas à arriver aux ruines romaines du Guebba qui sont au milieu de la *ghaba* (1). Un indigène instruit me dit que cette ville, car ce devait en être une, se nommait alors « Tagiānoūs (2) ». Les ruines, presque partout se réduisant à des fondations, car je suis persuadé que le reste était bâti en briques, s'étendent sur un grand espace; on reconnaît les plans des maisons; et çà et là, parmi les pierres dispersées, on rencontre un tronçon de colonne ou une autre pierre travaillée. Deux monu-

(1) « Forêt » (de palmiers).

(2) Probablement la Takious du moyen âge, la Thiges de la Table de Peutinger. Cf. Tissot, II, p. 683.

ments sont encore assez apparents. C'est d'abord une petite construction carrée, évidemment enterrée de beaucoup, qui me frappa par ce fait que les pierres de taille sont surmontées d'un reste de construction en briques, identiques à celles des maisons de Tōzer.

Portion de muraille (Guebba). Ruines romaines. — La niche dans la muraille est évidemment une écluse bouchée.

L'autre ruine consiste en un long mur ou sommet de muraille, entièrement en pierre de taille avec une sorte de fausse porte voûtée, qui pourrait être encore une écluse pour les eaux ; de même que le mur pouvait faire partie d'un réservoir ; mais les indigènes rapportent eux-mêmes que les sables, la terre elle-même s'exhausse toujours par suite des vents qui l'amènent, et me disaient que, s'il y avait des inscriptions à Guebba, le vent les aurait ensevelies. Aujourd'hui les palmiers croissent au milieu des enceintes des maisons de l'ancienne ville romaine, ce qui prouve que cette partie des plantations est postérieure à l'occupation romaine.

En quittant Guebba, nous atteignîmes bientôt Kēriz, petite ville bâtie en terre et en vase sur une élévation. En attendant le déjeuner, je partis pour aller voir une inscription latine dans la montagne.

Avant d'entrer dans les rochers, nous découvrîmes dans l'embouchure d'un ravin un petit douār de 5 à 6 misérables tentes de Hammāma. Nous gravîmes la montagne, et environ aux trois quarts de sa hauteur, nous nous arrêtâmes à un rocher plat, très raviné par la pluie, et formant une table inclinée. Là se trouve une inscription écrite très grossièrement et à la légère, en lettres de

50 centimètres de hauteur; elle se compose de trois lignes; à côté il y en a une seconde de deux lignes et beaucoup plus petite, qui, plus facile à restaurer que l'autre, indique que cet endroit était consacré à Mercure et avait le privilège d'asile. La nature de cette inscription et surtout sa position dans un endroit peu accessible et isolé est digne de remarque.

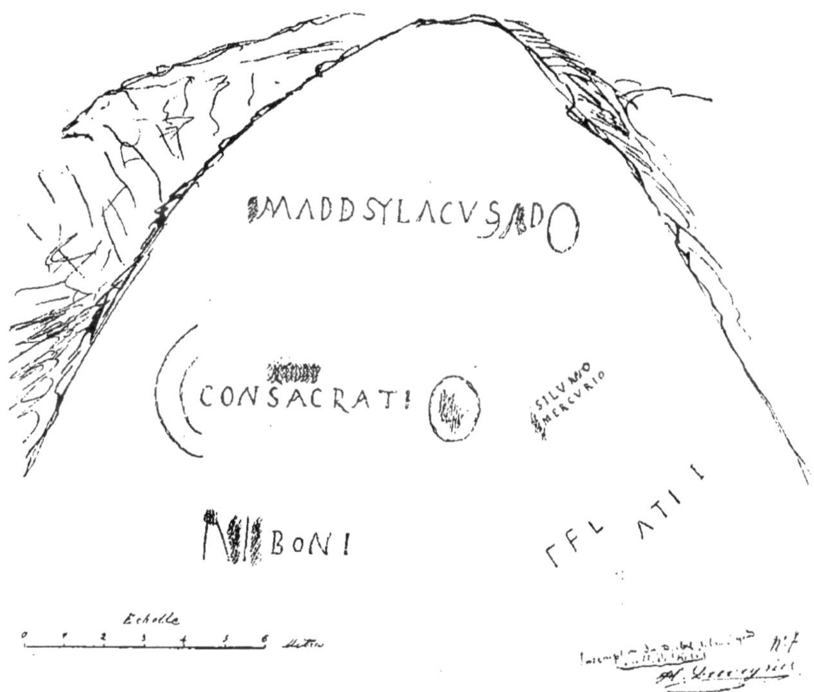

Inscription du Djébel-Sebaa Regoûd au nord de Kerîz (1).

La nature géologique de la montagne de Sebaa Regoûd est un calcaire coquillier marin. Il contient beaucoup de fossiles (2), notamment des oursins. Je trouve sur la route plusieurs plantes et fleurs nouvelles pour moi, toutes très humbles.

Nous retournons, et à la hauteur du douar, deux femmes habillées de bleu viennent demander qui je suis; il leur est répondu : « Un Occidental de l'Occident ».

De Kērīz une très courte marche nous amena à Sedāda, qui lui ressemble beaucoup. Les habitants de cette ville ne sont pas aussi civilisés que ceux des autres; ils m'ennuient même beaucoup. On fait déjà des difficultés pour me montrer des ruines romaines; nous

(1) Cf. dans Tissot, II, p. 684, note de M. S. Reinach.
(2) Voir Dru et Munier-Chalmas, rapport cité, p. 57 et suiv.

allons à Tamezrarit, petite *ghaba* de palmiers, oliviers et autres cultures qui se trouve un peu à l'est; là je me fâche contre le cheikh qui me paraît très soupçonneux et je fais tourner bride. Je reviendrai si les ruines en valent la peine (1).

De retour à la maison qui m'est destinée, je la fais évacuer par tout le monde, et comme quelques Arabes Hammāma et autres va-nu-pieds semblent trouver drôle qu'on les empêche *de voir* un roumi qui cherche des pierres romaines, et que ces Messieurs se disputent avec Ahmed pour ne pas s'en aller, je fais venir le cheikh, et exécute une scène éloquente où je qualifie de chiens les susdits Arabes; le cheikh tâche de me surpasser de colère et me propose de les mettre tous en prison.

Le ciel s'éclaircit le soir et je puis prendre la latitude des lieux. Les cartes ont une erreur énorme pour tout le sud de la Tunisie.

13 mars.

Ce matin, en m'éveillant, je trouvai la pluie, et le ciel menaçant de ne pas s'éclaircir de toute la journée, je profitai de ce que le second « mokhazeni » n'était pas encore arrivé pour accéder à la demande de mes gens qui ne se souciaient pas outre mesure de partir.

J'eus lieu d'être très mécontent de la conduite du cheikh et de ses administrés; comme il était une heure et que le *déjeuner* ne semblait pas devoir paraître, je fis appeler le cheikh et lui adressai des reproches très vifs sur toute sa conduite; je fis venir un des cavaliers, lui ordonnai de monter à cheval, d'aller avertir le vice-consul de mes tracas, et en même temps d'apporter des vivres de Tōzer.

Dans l'intervalle, le second mokhazeni était venu avec deux officiers du Makhzen, portant titres de chaouchs; ceux-ci, voyant cela, se fâchèrent tout de bon, et firent sentir au cheikh combien sa manière d'agir était déplacée envers quelqu'un muni de passeports de leur seigneur. Le cheikh me pria instamment de faire rappeler le cavalier, mais je tins ferme, le menaçant de plus de parler de tout cela à Hammouda Bey. Enfin le chaouch le plus civilisé me

(1) Il ne faut pas oublier, pour apprécier ces recherches de Duveyrier, qu'on savait alors peu de chose de ces ruines du Djérid. Il n'y a guère à citer avant lui que Shaw, Desfontaines, Pellissier et Berbrugger. Les études de Tissot, qui avait passé au Djérid en 1853 et 1857, étaient encore inédites.

vainquit et me fit envoyer 'Amar chercher le mokhāzeni. A partir de ce moment, tout rentra dans l'ordre.

Dans la soirée, on vint me dire qu'il y avait des ruines près de Tamezrarīt; je montai à cheval et m'y rendis avec le cheikh, Ahmed et un guide; nous suivîmes la route frayée qui mène à Zitouna, etc., et arrivâmes à un emplacement appelé par les indigènes Kesár Bent el 'Abrī. C'est un espace assez vaste, occupé par des fondations de très vastes enceintes. En fait de pierres travaillées, on n'y remarque qu'un moulin à huile. Ces fondations sont en pierres de petites dimensions, et, si je ne me trompe, on y distingue des briques; l'alignement des murailles est irréprochable, l'épaisseur des murs peut être de 40 centimètres.

Chemin faisant, j'appris du cheikh qui est très bavard, que dans le Djérid il n'y avait autrefois que deux sultans : celui de Guebba et celui de Belīdet el Hadar ; que chacun avait son minaret : celui de Belīdet el Hadar existe encore entier; celui de Guebba (dont j'ai décrit plus haut la base) a été détruit par le propriétaire de la plantation où sont les ruines.

D'autres renseignements, venant de la même source, montrent combien les Hammāma sont des gens terribles. A la saison des dattes, toutes les nuits il y a des coups de feu tirés entre les habitants de Sédāda et les Hammāma campés au sud qui veulent obtenir des dattes de force. L'automne dernier, des gens de cette tribu rencontrèrent sur le chott un troupeau conduit par un berger des leurs ; ils lui volèrent un mouton; le berger les poursuivit et les atteignit aux plantations; ils se disputèrent, et les voleurs égorgèrent (littéralement) le malheureux. — Il y a un défilé dans la montagne qui conduit à Gafsa; chaque jour, on peut être sûr qu'il y a une cinquantaine de Hammāma embusqués; un des leurs fait vigie sur un rocher, et quand ils aperçoivent une faible compagnie de trois ou quatre voyageurs, ils tombent dessus, tuent les hommes et emportent tout. — C'est déplorable (1).

Personne ne sort dans ce pays sans être armé; ceci est à la lettre, on ne peut pas s'éloigner de 4 à 500 mètres des villes sans avoir à craindre quelque guet-apens.

(1) Cette région n'a pas cessé d'être mal famée jusqu'à l'occupation française. Lors de la dernière mission Roudaire, les indigènes fréquentaient le moins possible cette rive nord du chott Djérid. (Rapport cité, p. 17.)

CHAPITRE V

NEFZAOUA ET GABÈS

14 mars.

Nous partîmes après le lever du soleil, et entrâmes de suite dans le chott, cependant la végétation nous suivit encore quelque temps; nous notâmes en particulier quelques *tarfa,* du *zeita* et le *bougriba.*

Ensuite nous entrâmes dans le chott véritable dont la surface variait de la terre glaise solide et glissante aux terres noirâtres détrempées et à une surface de sol très solide. Cette dernière se trouvait couverte de dessins circulaires en forme de damier, absolument semblables aux dessins en relief que présentent les affleurements calcaires depuis Biskra jusqu'à El-Guerāra.

Je pus prendre des directions de boussole vers différents points du Djébel-Chāreb (1), qui correspondent à des points qui m'ont été indiqués comme possédant des ruines romaines.

Le voyage sur le chott n'eut rien de remarquable jusqu'au moment où nous arrivâmes à un puits romain, ou du moins à ce que je prends pour un puits romain comblé. Ce sont de grandes pierres plates rangées en rayonnant. On appelle cet endroit Oumel Goreīnat; une minute avant d'y arriver, nous avions coupé une flaque d'eau formant le bas de l'oued Zitouna (2).

(1) Appelé aussi Cherb-el-Dakhlania.

(2) Ce serait une variante de la voie méridionale de Thélepte à Tacapé de la Table de Peutinger; d'après Tissot, elle passait par Nefta et la rive méridionale du chott Djérid. (Voir *Géog. comparée de la province romaine d'Afrique*, II, p. 686 et la note additionnelle de M. Salomon Reinach.)

Ensuite nous continuâmes notre longue route à travers cette mer desséchée. Nous revîmes, avant d'arriver dans le Nefzäoua, la même gradation de la végétation que nous avions remarquée en quittant le Djérid. Les *tarfa* se montrèrent encore.

Lorsque nous entrâmes dans le Nefzāoua, la végétation se montra excessivement variée, et surtout nouvelle pour moi; quantité de roseaux et de graminées.

La première ville ou plutôt le premier village que nous y rencontrâmes fut celui de Zaouïyēt ed Debabkha. Celui-ci et tous les autres du Nefzäoua sont tout petits et enfoncés dans des plantations de palmiers; souvent ils en sont tout à fait entourés. On voit à côté des villages de petites oasis de palmiers, qui autrefois avaient chacune leur village, mais ils furent alternativement détruits et changèrent de place ou furent tout à fait oubliés.

Nous n'arrivâmes que fort tard au bordj situé tout près du village de Mansoura et non loin de Tellimīn. Le bordj est ce qui reste de l'ancienne Tŏrra, nom qui est resté à la source qui coule au bas du bordj.

Je suis reçu par le kaïd Si Mohammed es Saïs. A l'entrée du bordj, un vieux « zouäoui » se mit à me fouiller pour voir si j'avais des armes, mais je l'envoyai à tous les diables, et Ahmed ne manqua pas de lui administrer une poussade. Je trouvai dans le kaïd un homme comme il faut, et je prévis de suite que je n'aurais aucun désagrément dans le Nefzäoua. Je trouvai là un juif faisant fonction de receveur des impôts. Le kaïd ne passe dans le Nefzaoua que peu de mois avant l'arrivée de la colonne dans le Djérid. Puis il revient à Tunis avec elle. Outre que le séjour est peu agréable pour ce grand seigneur, il est probable que sa vie n'y serait pas toujours sûre; aussi prend-on même pour le court moment de son séjour de grandes précautions; il n'est pas permis d'entrer dans le bordj avec des armes. On a bien soin d'étaler devant la porte un vieux canon de fer, et il y en a un autre qui passe sa gueule à une petite fenêtre sur la façade. — La petite garnison de zouaves passe toute l'année ici; les hommes sont établis dans le pays.

Je dois remarquer que, sur le chott, nous trouvâmes les traces de la voiture de Si Ali Sari; outre que cette voiture probablement légère peut y passer sans difficultés, le chott dans son état actuel supporterait la plus grosse artillerie. Ceci est un fait intéressant à comparer avec ce que disaient les voyageurs arabes du moyen âge. Le chott a probablement changé, comme bien d'autres sebkhas de ces contrées (1).

Le bordj est bâti en grande partie avec des matériaux de constructions romaines; sur la façade, on voit même une pierre ornée de sculptures, mais il n'y a pas d'inscriptions. La porte du petit village de Mansoura est supportée par des pierres romaines.

15 mars.

Avant de déjeuner, nous allâmes voir Tellimīn; en descendant du bordj, on me fit remarquer à la prise d'eau une pierre écrite « en hébreu », que je trouvai être une inscription en bon arabe; comme elle est vieille de 96 ans, je pris la peine dans la soirée d'en prendre un estampage.

Avant d'arriver à Tellimīn, nous eûmes à tourner une assez grande mare, qui est au moins aussi grande que la moitié de la ville.

Je suis entré dans une quantité de maisons, et je puis donner quelques détails sur l'intérieur, quoique mon séjour y ait été peu long. La ville est bâtie en matériaux de constructions romaines, puis en petites pierres, le tout uni au moyen de glaise. Les maisons ne sont pas plus hautes que celles de Tougourt et présentent un intérieur au moins aussi sale et misérable. Les rues ne sont ni très étroites, ni trop larges, et tout la ville est remplie d'immondices et d'ordures. La mosquée, à moitié en plein air, est bâtie sur l'emplacement de l'ancienne église chrétienne. Le plafond est supporté par des colonnes qui sont au nombre de neuf dans la longueur et de trois dans la largeur. Toutes ont des chapiteaux de dessins différents, dont j'ai essayé de représenter trois échantillons (pl.).

J'ai trouvé deux inscriptions latines dans l'intérieur des maisons de la ville; la première doit se lire : « Sexto Cocceio Vibiano proconsuli provinciæ Africæ, patrono municipii dedicavit perpetuus populus » (ou pecuniâ publicâ).

(1) Le degré d'humidité des chotts varie pourtant d'année en année, selon l'abondance des pluies et l'élévation du niveau des nappes souterraines, qui affleurent et font équilibre à l'évaporation dans les parties basses. C'est ainsi que la mission Roudaire a trouvé sur le même trajet du Kriz au Nefzaoua un sol fangeux et détrempé (rapport cité, p. 41). Ici, comme dans le reste du Sahara, il y a bien dessèchement progressif, mais ce dessèchement est infiniment lent.

La seconde se rétablit aisément par : « Hadriano conditori municipii dedicavit populus perpetuus ».

Ces inscriptions enseignent qu'Hadrien fut le fondateur de la ville, et que cette ville était assez importante pour former un « municipium » (1).

La légende rapporte qu'autrefois le sultan de Tellimīn ne sortait pas sans être accompagné de 5.000 cavaliers tous montés sur des chevaux mâles; aujourd'hui malheureusement la ville est loin de posséder autant de forces. C'est encore d'ici, d'après une autre tradition, que seraient sortis les habitants de Tougourt, qui auraient émigré sous la conduite de leur chef, chassés par un conquérant. Je dois dire à ce sujet que les vêtements, la coiffure, même le type des femmes du Nefzāoua ressemblent beaucoup à tout ce que nous connaissons dans l'Oued-Righ. Elles s'habillent de coton bleu et gardent sur le devant de la tête une mèche de cheveux laineux qui sont tressés en mille petites tresses dans les grandes occasions. Les hommes, au contraire, ont plutôt le type arabe et, à l'exception de quelques rares sujets, donnent encore un exemple de plus de cette singulière loi des races croisées, que les femmes conservent plutôt le type de la race inférieure. — La langue parlée dans le Nefzāoua est l'arabe, le berbère y est aujourd'hui inconnu.

Après notre excursion de Tellimīn, nous allâmes à Kébilli (2), qui est une ville importante et digne de beaucoup d'attention. J'ai encore ici à faire les mêmes remarques anthropologiques qu'à Tellimīn, mais en ajoutant que la ville et ses habitants annoncent un bien plus haut degré d'aisance et de civilisation. On voit encore dans la ville de nombreuses pierres romaines qui ont servi de matériaux à la construction des maisons. Cependant la ville actuelle n'est pas très ancienne, Rhōma (3) ayant détruit au moins en

(1) Ces deux inscriptions ont été reproduites par Tissot (*Géog. comparée*, II, p. 702-703) et dans le *Corpus*, I. (L. VIII, 84 et 83) d'après les copies de G. Temple et de Tissot lui-même. M. S. Reinach a signalé de légères différences entre ces reproductions et le dessin, dont le fac-similé est donné ici. On sait que Tissot a identifié Tellimīn avec le Limes Thamallensis de la Notitia Dignitatum, le Turris Tamallensis de l'Itinéraire d'Antonin. Voir aussi, sur l'occupation romaine de la région au sud des chotts, Cagnat, *L'armée romaine d'Afrique*, p. 561, 753 et suiv. et le chap. VIII du mémoire du regretté P. Blanchet : *Mission archéologique dans le centre et le sud de la Tunisie*, avril-août 1895, *Nouv. Archives des Missions scient. et litt.*, IX, 1899.

(2) L'Ad Templum des cartes.

(3) Rhoma ou Rhouma, chef insurgé du Djébel Tripolitain, où il brava successive-

N° 1

SEX·COCCEIO·VIBIANO
PROCOS·PROVINCIAE·AF
PATRONO·M·DDPP

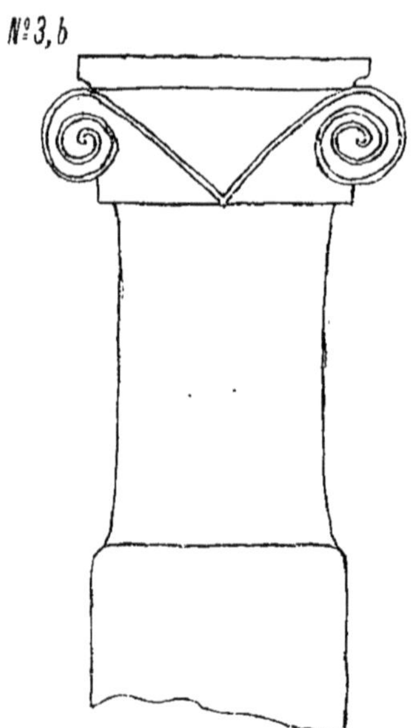

N°s 1 et 2. — Inscriptions dans des murs de maisons à Tillimīn.
N° 3, *a b c*. — Chapiteaux de colonnes dans l'ancienne église, aujourd'hui mosquée de Tillimīn. — *a b*, de face; *c*, de profil.

partie le Kébilli ancien. On compte cinq mosquées, et les trois que j'ai visitées sont évidemment sur l'emplacement d'églises, comme le témoignent les colonnes qui en supportent le toit. Ici je n'ai pas trouvé d'inscriptions.

En revenant, je vis par la porte de la prison un homme aux fers, qui, je le crains, n'a commis d'autre crime que de refuser de donner au kaïd une grosse somme d'argent qu'on lui demandait par exaction. Cet homme me supplie d'intercéder pour lui, mais je ne vois pas trop ce que je puis faire. Il est de toutes façons très digne de pitié.

16 mars.

Nous partîmes du bordj. J'avais une escorte de quatre cavaliers, et le kaïd lui-même, accompagné de deux piétons, me fit la conduite quelque temps.

Nous nous dirigeâmes vers la chaîne de collines, qui commence avec le Nefzāoua, et qui dans cet endroit augmente beaucoup de proportions; nous la coupâmes et entrâmes dans un pays de plaine, aboutissant au chott; nous avons d'un côté la chaîne lointaine du Djébel-Chāreb et de l'autre les hauteurs du Djébel-Nefzāoua (1).

Après une marche assez longue, nous arrivâmes à la dernière ville du Nefzāoua; c'est Lemmāguès, ville aujourd'hui ruinée et habitée, je crois, par une seule famille, outre les gens de la zaouiya, dont le marabout, drôle de nègre armé d'une pioche et en costume de travail, vint nous demander le prix de sa bénédiction. Je le menaçai du bâton pour toute réponse; là se termina notre entretien. Dans les constructions de la ville, je remarque encore bon nombre de pierres romaines, voire même des tronçons de colonnes.

Avant d'arriver à la ville, nous touchâmes à la source qui se trouve au commencement des plantations de palmiers; là nous trouvâmes un groupe de jeunes filles des Hammāma occupées à remplir des outres qu'elles chargeaient à mesure sur des ânes. Elles étaient gardées par un chien. Ces filles arabes étaient vêtues de bleu et coiffées avec une certaine grâce, leurs oreilles et leurs

ment les armées des Karamanli de Tripoli, puis des Turcs. Il fut attiré à Tripoli et pris par trahison en 1843.

(1) Appelé aussi Djébel-Tebaga.

cheveux étaient ornées d'anneaux de cuivre qui étaient d'un joli effet. Mais ces demoiselles n'avaient rien de virginal, ni leur timbre de voix, ni surtout leur langage; il choqua jusqu'à mes guides, qui les appelèrent en moquerie « chiennes de Hammâmiât ». Leur visage n'avait rien de joli ni d'intéressant, et leurs poitrines étaient un peu plus décolletées que ne le comportent nos idées.

Nous partîmes de Lemmaguès où nous ne fîmes qu'une courte halte pour déjeuner et continuâmes notre route dans un pays qui n'était interrompu que par quelques ravines descendant des montagnes et allant au chott. La végétation était remarquable en ce qu'on y voyait associés le *zeita,* le *souid,* le *tarfa,* plantes qui croissent de préférence dans les lieux bas et près de l'eau, et le *halfa* du pays, qui, s'il est semblable à son frère des hauts plateaux algériens (1), ne vient ordinairement que sur les endroits élevés et exposés aux vents.

Nous fîmes lever trois outardes, qu'un de mes cavaliers chercha en vain à atteindre à balles. Nous vîmes aussi une petite troupe de gazelles.

Nous atteignîmes enfin l'endroit où était la veille la zmala du khalifa des Aărād, avec une partie des Beni-Zid, mais à mon grand désappointement, nous trouvâmes la place vide. Les tentes avaient été plantées plus loin, et le guide fut d'avis qu'ils avaient pris la direction du Djébel-Chāreb. Je fis néanmoins arrêter ma petite troupe et me décidai à passer la nuit où nous étions. Nous avions pour nourriture des dattes, du pain et des œufs, mais les bêtes de somme eurent à jeûner; mon cheval seul eut environ la moitié de sa ration habituelle du soir. Le cheikh Săīd de Kébilli partit à cheval pour explorer le pays en avant; il revint disant qu'il n'avait rien trouvé sinon une tache noirâtre dans le lointain et qui pouvait aussi bien être des arbres que des tentes. Nous nous établîmes donc de notre mieux sur la frontière des Hammāma et des Beni-Zīd, deux tribus puissantes qui ont la plus mauvaise renommée comme pillards et qui, de plus, sont ennemies l'un de l'autre.

Notre repos ne fut interrompu que par les cris d'un chameau égaré. Nous crûmes qu'il était chassé par des maraudeurs et

(1) Cette remarque n'est pas inutile, car les Tripolitains donnent le nom d'halfa à une autre graminée, *Lygeum Spartum* L. et appellent l'alfa algérien *guedim* ou *bechna* (*Les Touaregs du Nord,* p. 203). L'alfa algérien est ici près de sa limite sud.

préparâmes nos armes, mais nous nous étions trompés, c'était tout simplement un jeune chameau qui cherchait sa mère.

17 mars.

Nous nous mîmes en marche d'assez bonne heure, continuant à traverser le pays plat et ayant à notre droite les montagnes du Nefzâoua. Nous voyions à gauche le Djébel-Châreb se réunir au Hadifa, pic élevé que j'ai visé à la boussole plusieurs fois pour en déterminer la position. Nous traversâmes de nombreux oueds; la végétation se montra la même qu'hier.

Peu de temps après le départ, nous rencontrâmes deux ou trois voyageurs qui nous apprirent que la smalah avait campé un peu plus en avant, et bientôt en effet nous l'aperçûmes au pied de la montagne. Le cheikh Saïd fut encore détaché pour aller porter une lettre au khalifa et il nous rejoignit plus tard avec un ordre écrit d'un chef à son remplaçant à Hâmma.

Nous arrivâmes à Aïn el Magroun (1), source qui sort de rochers de grès friables et qui a de petits dépôts calcaires; il y a là un rassemblement de beaucoup d'eau, mais elle est un peu salie. Dans les berges de grès qui entourent la source, je remarquai des morceaux de bois fossiles passant quelquefois à une couleur et une forme presque charbonneuse; ces morceaux de bois me frappèrent d'autant plus que leurs dimensions dépassaient de beaucoup tout ce que la plaine renfermait de gros troncs ou de grosses racines.

Nous continuâmes notre voyage et arrivâmes bientôt à la fin des montagnes du Nefzâoua, et aperçûmes alors à l'horizon les hauteurs des Matmata, puis les plantations d'El-Hamma au pied d'une chaîne de hauteurs nommées El-Kheneg. Sur l'un des dernier pitons des montagnes du Nefzaoua, on me dit qu'il y a les ruines d'une petite ville peut-être romaine, perchée comme un nid d'aigle : on l'appelle Belîd Oulad Mehanna.

Il ne nous fallut pas longtemps pour atteindre la petite ville de Hamma. Elle est entourée de plantations et se trouve divisée en deux villages, celui d'El-Hamma, puis celui de Kessâr par environ 40", à 1 kilomètre de là; entre les deux villages se trouve le bordj

(1) Sans doute l'oued Magroun de la mission Roudaire, ruisseau permanent issu d'une des nombreuses sources qui jaillissent au pied du massif crétacé du Tébaga. (Dru, rapport cité, p. 39.)

de construction arabe ou turque, où logent des soldats zouaoua. Près du bordj sont les sources thermales qui ont donné son nom à la ville.

Il y en a trois principales :

'Aïn-Hamma	l'eau dans les bains	44°,4
	dans le petit canal près du bassin.	43°,95
'Aïn-el-Bordj	Dans les bains	46°,45
	dans le bain, à l'ouest.	45°,95
'Aïn-Mejada		45°

C'est cette dernière, je crois, qui alimente les bains des femmes.

Les deux bains dont j'ai parlé sont de construction romaine, au moins quant aux fondations, tout entières en fortes pierres de taille; je dois mentionner qu'au plafond d'une des chambres de bains d'Aïn-Hamma, il y a une pierre, ornée de sculptures et d'une inscription arabe, aujourd'hui trop effacée pour que j'aie pu en tirer un sens. — Il y a là des travaux de bassins, de canaux, etc., qui sont fort intéressants.

La ville de Hamma (1) est bâtie peu élevée, les maisons sont crépies, du moins en partie, et on a mis encore là à contribution pour leur édification de nombreuses pierres romaines et des tronçons de colonnes. L'ancienne ville romaine était près du bordj. Les citadins de Hamma sont très sévères pour la réclusion de leurs femmes. Elles se cachent la figure lorsqu'elles sont obligées de sortir; leurs vêtements ne diffèrent pas, autant que j'ai pu le voir de ceux des Nefzâoua. Mais j'ai pu voir des visages de petites filles très mignons et promettant de jeunes beautés. Les femmes des Benî-Zîd que je rencontre allant au bain, sont remarquables au moins par leurs coiffures ornées d'une ligne de pièces d'or sur le front. Elles prennent un soin particulier de leurs personnes, et sont plus attrayantes que les femmes des pays que je viens de quitter. Ayant eu l'indiscrétion de jeter un coup d'œil furtif sur le « bain des dames », je pus voir une d'entre elles exécuter devant ses compagnes un pas assez gracieux.

Quant aux hommes de Hamma, ils s'enveloppent dans un haïk grossier souvent de couleur brune et orné au bas d'une frange de cordonnets. Je serais presque tenté de les croire encore plus fanatiques et méfiants que les habitants du Djérid. C'est étonnant. Il y a quelques juifs à Kessâr.

(1) *Aquae Tacapitanae.* Cf. Tissot, II, p. 654.

18 mars.

Nous partîmes ce matin pour Gabès, et y arrivâmes après une demi-journée de marche. Le pays traversé est assez fortement accidenté, surtout sur la droite ; c'est l'influence des hauteurs des Matmata qui se fait sentir, et peut-être ce système de montagnes a-t-il une grande part dans le soulèvement qui a fait un lac du Palus Tritonis (1).

Nous rencontrâmes beaucoup de troupeaux et d'Arabes s'en allant au désert. C'étaient des Benî-Zîd et des Mehadeba (Zaouiya).

Nous eûmes à traverser de larges plantations avant d'entrer à Gabès, et nous coupâmes enfin l'oued qui forme une petite rivière; là je vis plusieurs juives assez bien vêtues qui étaient en train de laver leur linge. Je remarquerai à cette occasion que le costume des juives et des musulmanes ne diffère pas à Gabès.

Nous descendîmes à la porte du kaïd qui était en train de rendre la justice, et je n'y restai que quelques instants, car le bruit des plaintes arabes m'est insupportable. Le chef est un homme assez arrondi, et déjà un peu âgé : il me reçut bien et me dit que, ces jours derniers, il était venu ici un Français, voyageant à ses frais avec des spahis de Tunis. Il était en ce moment à Djerba, et devait revenir incessamment.

On me logea dans une belle maison juive, où était aussi le bagage du Français, une de ses mules et un domestique. La maîtresse de la maison, une vieille juive de Tripoli, fit une sortie en poussant des cris épouvantables sur une note qui ferait envie à tous les sopranos possibles en apercevant le monde qui avait envahi son domicile; elle ne voulut pas croire que je fusse Européen; il fallut cependant bien qu'elle s'apaisât, et je pus m'établir assez confortablement. — Bientôt il y eut bonnes relations entre les dames de la maison et moi.

(1) Duveyrier était parti avec cette idée. Il s'en est expliqué dans une lettre au Dr Barth, datée de Biskra, 19 déc. 1859, dont le brouillon en allemand se retrouve dans ses papiers : « Je regarde comme très probable la connexion du Chott Melrir avec le Palus Tritonis des géographes anciens. Je me représente cette grande dépression reliée jadis aux sebkhas du Djérid, et celles-ci unies à la Méditerranée. Il suffirait d'admettre un soulèvement progressif du sol... » Il ajoutait, il est vrai : « Je me suis arrêté trop longtemps à ces indications incomplètes, et je manque ici à mon principe, qu'un voyageur en route doit bâtir aussi peu d'hypothèses que possible. » — Sur le seuil de Gabès et sa formation, voir notamment L. Dru, *Rapport sur la dernière expédition des chotts*, Paris, 1881, p. 49-51 et coupe. Sur la région des Matmata, voir P. Blanchet, *Le Djébel-Demmer* (*Annales de Géogr.*, 1897, p. 239-254) et commandant Rebillet, *le Sud de la Tunisie*, Gabès, 1886.

Gabès ou plutôt El-Menzel (1), celle des deux villes de Gabès où je suis, est assez bien bâtie. Les maisons sont hautes et blanchies à la chaux ; les pierres des constructions viennent pour la plupart de l'ancienne ville romaine. Il y a un marché et un petit bazar couvert; quantité de boutiques et ateliers tenus pour la plupart par des juifs, qui sont ici en très grand nombre. Les vêtements des hommes (musulmans) sont les mêmes que ceux d'El-Hamma ; ils sont du reste très variés. Les musulmanes s'habillent comme les juives, à ce qu'on me dit du moins, car elles sont séquestrées avec une grande sévérité. Le costume des juives est assez élégant quoique primitif; le bleu y domine. Quant aux juifs, ils s'habillent comme ceux d'Alger, avec des culottes noires, turbans, etc., des couleurs et des modes les plus diverses. La population juive peut atteindre 1.000 âmes.

Je trouvai à Gabès une borne milliaire, qui a été apportée d'une ruine romaine près de la mer, à l'est de Ketana et de Zerig-el-Berraniya. — Voici l'inscription (2) :

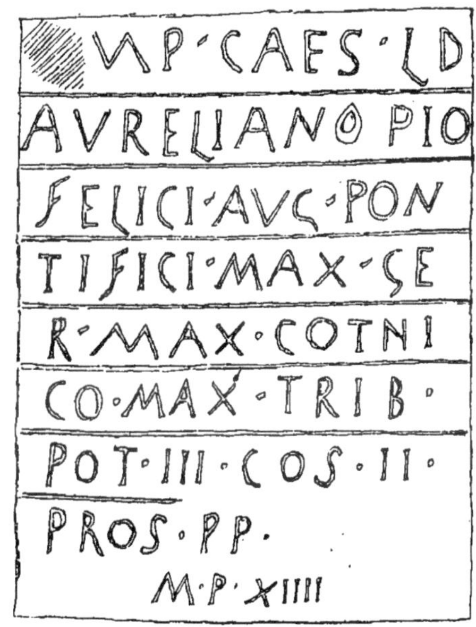

Fac-similé de l'inscription de la borne milliaire de Henchir Aichou (de la carte de Sainte-Marie), à l'est de Ketana et au bord de la mer, sur la route du pèlerinage. — Pierre aujourd'hui à Gabès où je l'ai trouvée.

(1) L'ancien Menzel a été en partie détruit lors de la prise de Gabès en 1881.

(2) Reproduite dans Tissot (II, p. 199, 811) et dans Guérin (*Voyage archéologique dans la Régence de Tunis*, II, p. 191) qui la croyait apportée de Henchir Lemtou.

J'en ai pris du reste un estampage pour être bien sûr de la lecture.

19 mars.

J'ai été ce matin faire une promenade au bord de la mer, qui est à 3 kil. de la ville. Nous passâmes d'abord le bordj, et laissant Djärra (1) à notre gauche, nous nous dirigeâmes vers la rivière. Arrivés à l'endroit où sont construits d'assez grands magasins pour les approvisionnements de l'armée, je vis quatre ou cinq felouques, ou embarcations pontées ou demi-pontées à voiles latines. C'est là toute la flotte commerçante du port de Gabès, si l'on peut appeler port le bord de la rivière où viennent aborder les bâtiments. Le peu de profondeur de cette rivière, et le manque de port véritable empêchent les bâtiments même d'un faible tonnage de venir toucher ici. Tout le commerce, d'après ce qu'on me dit, est un commerce de cabotage, avec Djerba et Tripoli. — Auprès du magasin, sont étalés par terre plusieurs canons de fer, les uns sans culasse, les autres sans bouche, les derniers enfin tout rongés par la rouille.

Sur la plage qui est très basse (de sorte que j'estime à 2 mètres environ l'altitude de Gabès), je trouvai les mêmes coquillages que je m'amusais à recueillir autrefois à Toulon, et en partie aussi à Trouville. — D'ici j'eus devant les yeux un spectacle que je voyais pour la première fois; la mer et des plantations de palmiers se touchant presque; mais la verdure des palmiers qui, au sortir d'un désert, me paraissait si fraîche, me semblait terne et brûlée, comparée avec la belle couleur foncée de la mer.

Je m'assis pour jouir quelques instants de ce bon air et du beau spectacle de la mer qui a toujours eu tant d'attraits pour moi.

Nous nous en retournâmes ensuite, et je remarquai la végétation du rivage où le *harmel*, le *zeita* et la plante grasse articulée des marais de la Chemorra (Tougourt) se trouvaient réunis.

Je passe la journée à me reposer, à écrire quelques lettres et à lire un peu.

20 mars.

J'ai été au bord de la mer, et je n'ai pas pu résister à la tentation de prendre un bain, court il est vrai, mais qui, je l'espère, me

(1) L'autre ville de l'oasis de Gabès.

fera du bien ; l'eau avait environ 15° de même que l'air vers 2 heures et demie de l'après-midi. Les mariniers me disent qu'à l'entrée de l'oued la plus grande profondeur d'eau que l'on trouve à marée haute ne dépasse pas 5 à 6 pieds, une hauteur d'homme.

Je mesure au pas métrique un sas au bord de la mer, pour donner quelque sûreté à mon plan de la rivière de Gabès, qui est tout à recommencer.

J'apprends que le Bey a donné les ordres les plus sévères aux kaïds des villes maritimes de la régence pour qu'ils ne commettent pas d'exactions; le kadhi est responsable sur sa tête s'il n'avertit pas le Bey le cas échéant.

On me parle beaucoup des montagnes de Ghomerâçen (1), etc. Les tribus arabes qui y habitent (outre les habitants des villes qui sont berbères) sont les plus pillardes et brigandes que j'aie jamais entendu mentionner; elles ne s'épargnent même pas entre elles. Les hommes ont écrit sur le canon de leur fusil les noms de ceux qu'ils ont tué, et celui qui en a le plus est le plus respecté. On m'en cite qui ont leurs canons de fusils tout couverts de ces marques. Il y a quelque temps, le chef de l'armée des Aàrâd (2) vint à Gabès et, pour une raison ou une autre, il voulut soumettre la montagne, en particulier le ksar Mouddenin. Il partit de Gabès, jurant de rapporter tous les brigands enchaînés. Malheureusement les soldats tunisiens portent des pantalons, et lorsque du ksar Mouddenin on vit approcher l'armée, on cria partout : les Chrétiens! les Chrétiens! et on commença à écraser l'armée de pierres. Il y eut déroute complète et le chef lui-même arriva malade à Gabès.

21 mars.

Je pars dans la matinée et n'ayant plus de levé à faire sur une route que j'ai déjà parcourue, je fais attention à la végétation qui se compose de *halfa*, de *bou griba* à fleurs jaunes et de *chih;* vers El-Hamma, en traversant la montagne, on voit apparaître le thym. La vie animale est très animée, je remarque des quantités de fourmis et autres hyménoptères, de lépidoptères et coléoptères.

A notre arrivée, j'envoyai un mokhazeni prévenir le cheikh; mais il fut reçu comme un chien dans un jeu de quilles, parce

(1) Ghoumracen, village troglodytique du Djébel el Abiod, appartenant aux Ourghamma.

(2) L'agha des Aarad, comme la plupart des autres gouverneurs de province, résidait à Tunis et venait à Gabès avec sa colonne pour faire rentrer les impôts.

que le grossier kaïd de Gabès avait eu la bêtise de renvoyer mes deux cavaliers (de Hamma) sans leur donner seulement de l'orge pour leurs chevaux. Moi-même je fus accueilli on ne peut plus froidement; le cheikh me fit mener à Kessar, de l'autre côté du bordj. Là, je fus reçu très malhonnêtement; on refusa de chercher un logis avant d'avoir vu la lettre du Bey. Moi qui l'avais donnée à Gabès, je refusai de la montrer, et, voyant les mauvaises dispositions des habitants, je me décidai à camper en plein air, et j'écrivis à la hâte une lettre au khalifa des Benî-Zîd en le priant d'envoyer du monde pour me tirer de cette position et surtout pour m'accompagner sur la route de Gafsa.

Je vins donc me réfugier au pied du bordj, et le chef de la garnison sortit pour savoir ce que je voulais; lorsqu'il eut vu les lettres du Bey que j'avais dans mon portefeuille, il se fâcha tout rouge, et ne comprenant pas plus que moi la conduite des gens de Hamma, il me dit : « Il ne nous est pas permis de vous recevoir dans le bordj, mais voici une construction séparée où vous pouvez vous installer, et je vous considère désormais comme mes hôtes; mes hommes veilleront la nuit sur vous. » Je m'installai, remerciant le brave homme de sa bonté, et à peine étais-je assis que les grands de Hamma vinrent me faire toutes sortes d'excuses et de protestations; ils me priaient de venir en ville où on m'avait préparé une belle maison. Je refusai net, et eus à résister pendant plus d'une heure à leurs supplications. — Enfin ils me quittèrent et m'envoyèrent à dîner et de l'orge pour les bêtes. — Pour moi, je dînai avec le commandant du fort, qui ne voulut pas se défaire de ses droits d'hôte.

CHAPITRE VI

RETOUR AU DJÉRID PAR GAFSA

22 mars.

En partant du bordj, nous traversâmes longtemps les plantations, au milieu desquelles apparaissaient çà et là quelques maisons habitées, entourées de basses-cours; après avoir enfin franchi la limite des palmiers, nous entrâmes dans une plaine à végétation de *zeita* et à sol sablonneux mais solide; nous y voyageâmes quelque temps et pénétrâmes enfin dans une sebkha qui représente ici le grand chott.

La surface unie et nue, la vraie sebkha, ne dura qu'un instant et nous continuâmes dans un terrain de bonnes terres, avec quantité de *chih,* de *remeth* qui apparaît ici, et enfin de *sedra.* Presque sans discontinuité nous voyons des traces de labours, ce qui prouve assez que le chott n'est plus en cet endroit le même que dans l'espace qui sépare le Djérid du Nefzāoua.

Lorsque nous sortîmes du chott, nous entrâmes dans les montagnes que nous avions eues devant nous depuis le moment où nous avions quitté El-Hāmma. La vallée de Harcīga se prolonge ici entre deux lignes de hauteurs : celle de gauche est le Hadifa; nous continuâmes longtemps dans cette vallée, trouvant souvent des restes de petits établissements romains, postes et autres; notamment nous touchâmes à des ruines que je crois être celles d'un petit temple; les pierres, quoiqu'en petit nombre, étaient d'énormes dimensions et un grand nombre d'entre elles avaient une forme courbe, comme si elles avaient servi à former une arcade.

Après avoir dépassé le Hadifa, nous entrâmes dans l'interminable vallée ou plaine de Săgui. Tous les oueds, à partir de ce moment, prennent leur cours vers la droite. Le sol de cette plaine est excellent et parfaitement labourable; actuellement, il est vrai, le manque d'eau empêche qu'on ne la cultive, sauf dans des proportions insignifiantes, mais il semblerait qu'à l'époque de l'occupation romaine, il en était tout autrement, à en juger par de nombreuses traces d'établissements romains qu'on rencontre en la traversant (1). L'oued qui forme le fond de la plaine, et qui reçoit des ravines des deux lignes de montagnes, a pu autrefois contenir beaucoup plus d'eau qu'aujourd'hui. J'entends dire qu'il tient des rhedirs (2) et de grandes mares jusque pendant quatre mois, lorsque la pluie tombe.

Nous avions l'intention de marcher jusqu'à El-Ayaēcha ou El-Guettār; mais, en route, je fus frappé par trois ou quatre pierres romaines d'assez grandes dimensions, et quoique nous les eussions dépassées, je revins vers elles et, sans descendre de cheval, je pus distinguer une inscription sous un tronçon de colonne. Je fis aussitôt revenir la caravane, et décidai de passer la nuit ici.

Nous trouvâmes un monolithe arrondi, sortant d'une base carrée et couché à terre; à côté se trouvaient les débris incomplets d'une autre colonne semblable; c'était sur un de ces débris que j'avais vu l'inscription. La colonne complète avait aussi été couverte d'une longue inscription, mais le temps et la main des enfants arabes, qui s'étaient amusés à marteler l'inscription, l'avaient rendue illisible. Je pus bien reconnaître çà et là quelques lettres isolées, mais n'avais pas le temps de les copier; le travail eût été trop long et trop pénible. Je le laisse à un successeur. Outre le tronçon de colonne gisant sur le sol, il y en avait un autre à demi enterré; un peu de travail le mit à jour, et j'eus le bonheur d'y trouver une partie de l'inscription qui devait être fort longue. Comme cette inscription est très incomplète (3), je me contenterai de reproduire ce que j'ai pu y reconnaître.

(1) Sur l'occupation romaine du sud de la Tunisie, voir, outre les ouvrages généraux de Tissot, Cagnat, Gauckler, Toutain, etc., les études du Dr Carton (*Revue Tunisienne*, 1895, p. 201, 1896, p. 373, 530), de P. Blanchet (rapp. cité, *N. Arch. des Missions*, IX, 1899) et de A. du Paty de Clam (*Bull. de Géogr. historique et descriptive*, 1897, p. 408-424).

(2) Flaques d'eau douce.

(3) Voir la reconstitution dans Tissot, II, p. 658.

Lorsque nous eûmes fini de déterrer ces pierres, j'en vis une autre dont la partie visible, peut-être longue d'un mètre, me parut être une pierre tumulaire, et, ignorant ses dimensions, je fis commencer le travail pour la déterrer. Le premier résultat de

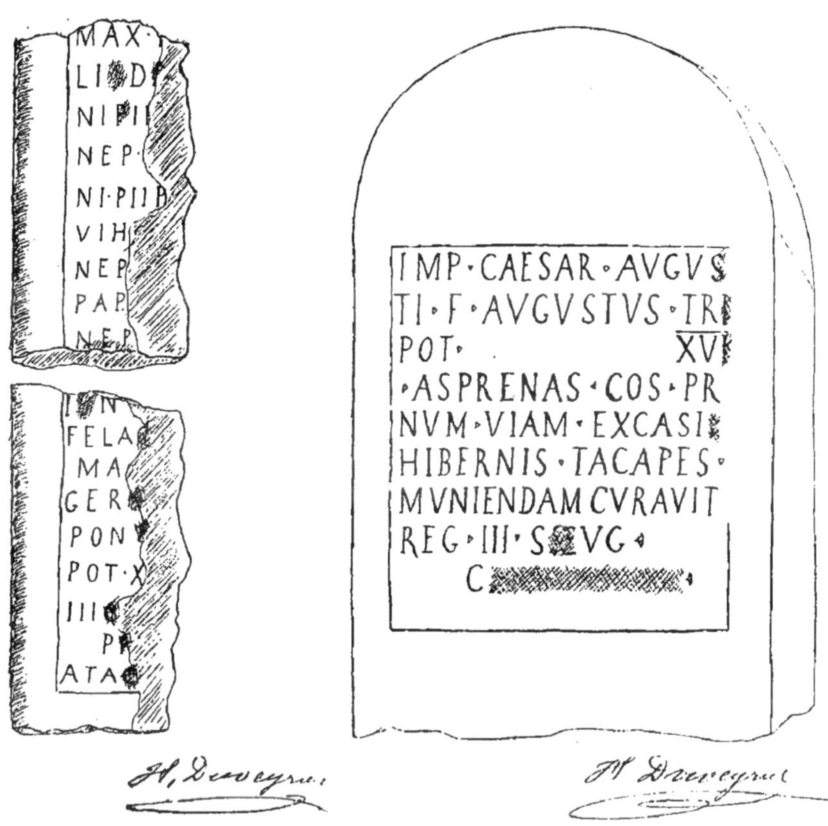

Deux tronçons de colonne portant une inscription. Săgui (route de Gabès à Gafsa).

Inscription relative à une fortification de la route de Gabès à Gafsa. Borne milliaire de Săgui.

notre travail fut de découvrir que cette pierre était longue de plus de 2 mètres, large de 50 centimètres et épaisse de 45. Nous n'avions pas d'autres instruments que des couteaux et des piquets de tente, et mes six hommes parvinrent à renverser cet énorme bloc. Mais nous fûmes bien récompensés, car nous trouvâmes une belle inscription très peu endommagée.

Pour illustrer nos mœurs, je noterai qu'au moment où la pierre cédait à nos efforts, on signala trois hommes à l'horizon ; comme ils étaient encore assez loin, nous terminâmes le travail et courûmes ensuite à nos armes. Je pris moi-même mon revolver et allai gratter un peu mon inscription. — Nous avions fait de grands préparatifs guerriers, inutiles heureusement, car les arrivants étaient de petits marchands sans armes, qui poussaient devant eux quelques agneaux et chevreaux qu'ils venaient d'acheter aux Hammāma. Je leur achetai un agneau pour récompenser mes hommes (5 fr.) et si nous avions eu de l'eau à volonté, nous aurions été les plus heureux des mortels. Il fallut souffrir de la soif, moi excepté. Nos pauvres bêtes de somme aussi furent obligées de rester à jeun, car le pays ne produit que du *chih* et du *remeth*, et les bêtes ne mangent que très peu la première de ces plantes seulement (1).

L'inscription que nous venions de déterrer était une borne milliaire (2) et son contenu très intéressant, quoique les chiffres aient été proprement martelés à l'époque romaine sans doute.

23 mars.

Les maîtres des agneaux qui avaient passé la nuit avec nous, et aussi sacrifié un agneau de leur côté, nous firent changer un peu notre direction. Nous voyions devant nous une chaîne de montagnes; il s'agissait de savoir si nous passerions à droite ou à gauche : nous suivîmes leur conseil et prîmes à gauche.

Le pays était identiquement le même que celui que nous avions traversé hier, et nous rencontrions encore de temps en temps des restes de constructions romaines, que je pris pour des fermes. Je dois noter spécialement la première ruine, qui se trouve à 480 mètres au nord-ouest des inscriptions, et qui par ses restes de pierres de taille énormes me fait penser qu'il y avait là un petit temple ou tout autre bâtiment public. Nous laissâmes bien loin sur la droite, près des montagnes, une « porte », probablement un arc de triomphe dont me parlent les cavaliers du makhzen.

Au bout de quelque temps, nous arrivâmes à une construction romaine connue sous le nom de Henchir es Somăa. C'est un monument tumulaire en forme de tour carrée ; l'intérieur que l'on peut voir à travers les dégradations formait une chambre carrée aussi

(1) Ceci ne s'applique qu'aux chameaux du sud algérien et tunisien. C'est ainsi que ceux de la Cyrénaïque mangent très bien le remeth (Rohlfs, *Kufra*, p. 538) et que ceux du Fezzân font du chih leur nourriture favorite (Ascherson, *Kufra*, p. 481). C'est précisément la répugnance des chameaux à se nourrir de plantes inaccoutumées qui oblige les caravanes à changer d'animaux dans la traversée du désert.

(2) Dite milliaire d'Asprenas. (Cf. pour lecture plus complète Tissot, II, p. 650 et *C. I. L.*, VIII, 10023.)

haute que le monument. Le tout peut avoir 15 pieds de haut, pas plus de 20 pieds. Le monument a aujourd'hui une position inclinée du côté de l'ouest, ce qui tient aux pierres qui ont été arrachées de la base de ce côté.

Je fis une esquisse rapide de cette ruine, et pendant que je déjeu-

nais, un cavalier étant parti questionner des bergers dont nous voyions les moutons au loin, revint avec la nouvelle que nous nous étions trompés de route. — Un cavalier du kaïd du Nefzaoua qui nous rejoignit bientôt, emmenant avec lui un domestique du kaïd et une négresse sur un mulet, nous tira d'embarras en nous montrant la route.

Nous coupâmes la montagne, du moins une partie très basse de la montagne, à un endroit où la route romaine de Gafsa à Tacape devait aussi passer, à en juger par les restes de constructions qui se montraient de temps en temps à droite et à gauche de la route et par des lignes de pierres qui me semblent avoir été mises pour démarquer la voie romaine. Outre les plantes de Sagui, je notai ici le *retem*, le *rhardeg* et le *harmel*.

La montagne était de calcaire; quelquefois le sol prenait une teinte verdâtre due à des argiles (?); enfin dans ces endroits on remarquait des pierres luisantes : sulfate de chaux à l'état cristallin grossièrement fibreux.

Nous entrâmes ensuite dans une autre plaine où nous rencontrâmes encore des traces de labours. Là il nous arriva un petit accident, un de nos mulets tomba par terre, et entra dans des convulsions qui me firent craindre qu'il ne mourût. Cependant ce n'était qu'une violente colique, et peu à peu il se remit et nous pûmes enfin gagner El-Guettār.

El-Guettār est une petite ville, ou plutôt un village, bâti en pierres et en terre à la manière arabe; on n'y remarque pas la moindre trace d'occupation romaine. Du reste, la ville est très peu importante et les maisons sont la plupart en ruines. El-Guettār possède des plantations de palmiers et d'oliviers en proportion avec son importance. Les dattes se nomment kĕsébba. Les habitants s'habillent comme ceux du Nefzāoua et les femmes, quoique vêtues de bleu, mettent aussi un haïk blanc. Leur coiffure est la même que celle des Nailiyat, avec les fausses tresses de chaque côté de la tête. Au reste, la ville compte comme arabe et les habitants ont une renommée de pillards.

D'après le *Nautical Almanach*, le Ramadhan ne devait commencer que demain (à Constantinople?), mais la question étant grave, beaucoup d'individus se mirent à consulter le ciel, et vinrent me dire que la nouvelle lune avait paru et s'était couchée presque aussitôt.

El-Guettār est appuyée sur un renflement du bas de la montagne (1).

24 mars.

J'ai oublié hier de dire deux choses intéressantes sur Guettār. La première est relative à la nature des eaux qui arrosent les plantations. On creuse des trous assez vastes de 3 à 6 mètres de

(1) Le Djébel Arbet ou Orbata (crétacé).

profondeur, selon la proximité de la montagne, et on met à découvert un *ruisseau* d'eau. Je crois que les palmiers plongent leurs racines dans l'eau, mais pour les grains, etc... on les arrose à force de bras au moyen de puits semblables à ceux des Beni-Mezab.

La seconde est d'autant plus remarquable qu'ordinairement les Arabes ne se confient pas vite au premier venu. Mais à peine étais-je installé dans la maison du cheikh que plusieurs habitants de Guettār vinrent me trouver et me dirent en levant les mains au ciel : « Mon Dieu, combien nous désirerions que les Français fussent les maîtres de ce pays ! »

Je restai à Guettār la première partie du jour; je dois remarquer que les femmes jouissent ici d'une grande liberté. Elles causèrent sans façon avec moi, et me contèrent leurs petits « bobos ». Une de ces dames était évidemment malade du poumon, et j'eus l'indiscrétion de lui demander à voir l'endroit où elle souffrait. Cela ne fit aucune difficulté. Aussi sa complaisance fut-elle payée par un peu de médicaments et de bons conseils, comme celui de porter de la laine. En effet, toutes les femmes de ces contrées se vêtent de coton.

Après avoir pris la hauteur du soleil à midi, nous nous mîmes en route. Nous trouvâmes une plaine très unie, entourée de montagnes que nous n'atteignîmes pas. Le paysage ne variait qu'en ce qu'il était plus ou moins inculte; le changement fut très sensible lorsque nous approchâmes de l'oasis de Lâla. Nous traversâmes alors des champs de céréales en orge.

Le camp de l'armée du Bey Hamouda (1) nous apparut de loin avec ses tentes blanches, et lorsque nous approchâmes, je pus m'amuser à considérer le mouvement extraordinaire qui y régnait. Il y avait une foule de cavaliers allant et venant, des soldats vêtus à l'européenne; au milieu des tentes des soldats on remarquait deux pavillons surmontés d'une pomme dorée : c'étaient les tentes du Bey Hamouda et du ministre garde des sceaux. Le camp était entouré de tentes d'Arabes qui probablement étaient là pour le service des munitions de bouche, enfin on voyait dans la plaine des troupeaux de chevaux, qui avaient été enlevés dernièrement au Hammāma, soit comme complément du tribut, soit comme amende.

(1) Frère du Bey régnant.

Nous passâmes au milieu de tout ce mouvement, causant beaucoup de surprise. Nous nous arrêtâmes dans la ville de Gafsa, qui se trouvait de l'autre côté de l'oued Beyâch, à la maison de Si el'Abidi, khalifa de Si 'Ali Saci. Mais comme on ne mettait pas trop d'empressement à nous recevoir, et surtout parce qu'on prétendait me faire partager un logis avec d'autres étrangers, je me remis aussitôt en selle, et allai avec Ahmed et un *mokhazeni*, voir Si 'Ali Saci (1).

On me fit attendre assez longtemps dans sa tente, et Ahmed fut mandé pour donner des détails sur ma personne. Enfin le seigneur parut, me salua d'une manière très affable, et me fit asseoir à ses côtés; je lui remis aussitôt les lettres que j'avais à son adresse et lorsqu'il les eut lues, il donna des ordres pour mon installation et me pria de rester à *déjeuner* avec lui après le coucher du soleil. J'acceptai volontiers son offre et envoyai Ahmed présider à mon installation.

Pendant que j'étais dans la tente de Si 'Ali Saci très occupé alors par les affaires financières de son département, je reçus la visite de plusieurs Européens au service du Bey; tous me parurent très bornés, et me déplurent au plus haut degré; je dois en excepter seulement le médecin du Bey, qui sait le français et est à part cela un fort aimable homme.

Après le dîner, je partis pour Gafsa où je trouvai tout à souhait. Cependant je ne pus pas bien dormir, à cause du bruit que firent les gens de la maison, qui se disputaient pour avoir leur dîner d'abord, et ensuite se mirent à chanter et à rire d'une manière désespérante. Je suis à part cela dévoré par des puces depuis le Nefzâoua (2).

25 mars.

Je me levai tard, et me rendis de bonne heure au camp; j'y eus un bout de conversation avec Si 'Ali Saci toujours très occupé, et j'allai déjeuner chez le médecin, à qui le Bey a fait cadeau d'un cheval hier; nous eûmes un fameux repas venant en partie de la cuisine du Bey, avec vin de Marsala.

Je revins en ville plus tard que je ne l'aurais voulu, et en route on me montra l'exécuteur des hautes œuvres, qui porte l'habit d'un

(1) Kaïd du Djérid.
(2) On sait que la puce épargne le Sahara proprement dit.

canonnier à cheval. Je trouvai le Khalifa tout prêt à nous montrer les inscriptions latines que renferme la ville. Je crus d'abord qu'il n'y en avait que quelques-unes, mais le travail fut beaucoup plus grand que je ne l'avais pensé. Je ne connaissais pas encore bien le labeur de la lecture d'une inscription endommagée; et ce labeur se renouvela douze fois dans mon après-midi. La plupart des inscriptions sont très avariées, étant toutes placées dans les murailles des maisons, en dehors, et quelques-unes à moitié enterrées dans le sol. Si j'étais plus ferré en archéologie, peut-être eussé-je rendu, mieux que je ne l'ai fait, ces monuments épigraphiques, mais enfin je vais livrer ici le résultat de mes lectures (1). Quant à des estampages, l'état inégal de la surface des pierres n'aurait pas permis de donner grand'chose de bon.

Dans notre promenade nous touchâmes au Termil, qui est la source célèbre de la ville, elle est près du bordj, et on y descend par quelques marches; toutes les constructions à l'entour sont fort solides et datent de l'époque romaine. Le bordj lui-même est un magnifique fort, le plus beau de la régence après ceux de Tunis; il occupe un vaste emplacement et est fort élevé; l'architecture en est élégante. Je vis aussi en me promenant l'arc de triomphe (?) et aussi les ruines d'une église chrétienne dont les arcades sont encore très bien conservées.

Au point de vue pittoresque, le fait le plus intéressant de ma journée est ma visite à un juif nommé Moucti; il est Algérien d'origine, sa maison est un petit palais, et il a une nombreuse famille; il me reçut dans une chambre avec un lit à rideaux, pendule, etc., et me fit servir de l'absinthe du pays qui est excellente et des gâteaux. C'est une jeune et belle femme qui me servit; elle peut servir de type du costume des dames de la famille et, me dit Ahmed, des Tunisiennes en général. Ce qui le caractérise est le pantalon collant, depuis la cheville jusqu'au haut, et l'espèce de juste-au-corps collant sur la poitrine. C'est un singulier contraste avec l'ampleur des autres modes musulmanes, mais il n'est pas dépourvu d'élégance, et là il était fort bien porté. Je fus très bien reçu par tout le monde et avec des manières très gracieuses.

Le soir, je vais dans le bordj faire des observations astronomiques complètes.

(1) Voir à l'Appendice.

26 mars.

Aujourd'hui j'ai fini ma tournée archéologique, et quoique j'aie encore trouvé trois inscriptions, je ne doute pas que je sois loin d'avoir tous les documents épigraphiques de Gafsa.

Je profitai de ma promenade pour observer près de la maison du Bey un vaste bassin, vraie piscine de construction romaine, dont l'eau est encore plus chaude que celle du Termîl. Il y a des poissons, les mêmes que ceux du Termîl, dont j'aurais bien voulu prendre un échantillon, car je suis bien sûr qu'ils forment une espèce nouvelle pour moi, c'est-à-dire différente de celles que j'ai observées jusqu'à présent en Afrique.

Je me promène avec un tailleur de pierres de Dresde qui, bien que jeune encore, a vu beaucoup de pays; maintenant il est ici un des élégants du pays, s'est fait musulman; il travaille à construire des maisons et gagne, me dit-il, 5 fr. par jour. Il me propose d'aller voir vers l'ouest de la ville de vastes carrières souterraines du temps des Romains, mais comme ce fait a moins d'intérêt pour moi que pour lui, je me borne à en prendre note.

Je vais au camp. L'armée reste encore attendant l'argent d'El-Ayaĕcha qui ne paraît pas se presser. Si 'Ali me reçoit toujours très bien, je prends congé de lui, car demain je me mets en route.

Le Bey a demandé hier à son médecin quelques détails sur moi.

Source du Termîl = Temp. 30°.

Puits de la cour = { Temp. 23°,5, prise le 28 au matin.
Prof. 11 1/2 *dra* = 5m,75.

27 mars.

Nous partîmes de Gafsa assez longtemps après le lever du soleil, car le seul moment où je puis dormir dans cette ville est précisément le matin, où les puces qui font aussi le ramadan me laissent un peu de repos.

La route qui nous mène à Hamma était trop longue pour l'heure de notre départ. Nous suivîmes tantôt de près tantôt de loin le cours de l'oued Beyâch, qui change plusieurs fois de nom en cette petite étendue de pays. L'oued forme le fond d'une large vallée ou plaine bordée à gauche par le Djebel-Chareb, et à droite par la continuation des montagnes de Gafsa. Il finit réellement à Tarfaouï où nous traversâmes une sorte de chott sablonneux, mais cependant plus loin, et jusqu'à près d'El-Hamma, je pus voir le fond de la plaine occupé par une sebkha allongée ressemblant à un oued.

Vers la fin de la journée nous nous rapprochâmes des dernières hauteurs du Chareb ; nous rencontrâmes là plusieurs piétons hammāma qui nous firent hâter la marche ; je ne puis pas m'expliquer la terreur que ces gens inspirent à mes compagnons de route. Cependant un chaouch alla voir ce qu'ils voulaient, et nous trouvâmes de simples voyageurs comme nous. Un de ces Hammāma se joignit à nous.

Nous n'atteignîmes El-Hamma que bien tard dans la nuit ; j'arrêtai mon itinéraire à la Hadjra Soûda, pour le reprendre demain. A notre arrivée, nous fûmes reçus par un ami de Si ʻAli Saci auquel ce seigneur nous avait recommandés.

28 mars.

L'oasis d'El-Hamma a environ 380 hommes de population, ce qui donne un chiffre d'environ un millier d'habitants. L'année dernière, le pays ne payait que 4.000 réaux ; cette année, il donne 12.000 réaux ; la différence de l'impôt tient à ceci, que l'année dernière il y avait un autre cheik, et qu'un homme de l'oasis alla au Bey et lui dit : « Donne-moi El-Hamma, je te donnerai un revenu triple de ce que cette oasis te rapporte. » C'est ainsi que se passent les choses dans ce pays ; ainsi aujourd'hui chaque homme de la ville est taxé à 31r,6, soit environ 21 fr. !

J'ai couché à Nemlāt, un des villages de l'oasis.

Ce matin, j'ai été me promener à cheval, j'ai vu les sources d'eau chaude, qui sont d'eau douce ; on y voit une piscine et une ligne de pierres, un quai de construction romaine. — Voici les températures :

Ruisseau sortant de terre	37° 3
Dans l'eau, près d'une source dans le sable	39° 1
Dans la piscine, à la source	39° 6

Plus loin, je visitai la Hadjra Souda, rocher noir qui se montre isolé à peu de distance des palmiers sur la route de Tunis. Ce rocher est curieux, en ce qu'il est évidemment d'origine plutonienne, ou métamorphique ; il est de couleur noire et de structure ovoïde ; il est très dur. La forme est allongée, on voit que c'est une roche éruptive qui a été poussée des sous terre par une force qui a probablement donné naissance à une hauteur que l'on voit à côté.

L'oued d'El-Hamma est d'eau salée et tiède; il nourrit de singuliers petits poissons, qui portent leurs petits dans leur bouche (1), et Si-Mohammed ben Rabah me dit qu'ils appellent leurs petits en battant des nageoires, à la manière des poules, que les petits savent ce signal et viennent se réfugier dans la bouche du gros.

Les constructions de Hamma sont moitié comme celles du Djérid (2), moitié comme celles des qsours (3); mais on n'y voit pas d'élément romain.

Nous rencontrons ici un Nemmouchi des Oulâd el 'Aïsawi, qui vient demander au Bey, pour sa tribu, la permission d'entrer dans la Régence; il me dit qu'ils m'amèneront en paix à Négrîn, si le Bey le leur demande, mais à part il dit à Ahmed que, s'il avait su que nous étions en voyage, il serait venu nous égorger tous deux de nuit, parce que nous sommes des chrétiens!

Il me dit qu'il y a un mois, la nouvelle leur est arrivée que les Kabyles se sont révoltés et nous ont vaincus et que les Français, en désespoir de cause, ont promis 50 douros et un cheval à quiconque viendra à leur secours (des Musulmans)!

J'arrive à Tôzer en très peu de temps, et y trouve le vice-consul qui m'installe dans une maison à côté de la sienne.

29 mars.

J'ai passé la journée, à la maison, à mettre au courant mes itinéraires, et, le soir, j'ai calculé quelques latitudes.

Aujourd'hui comme hier, le temps est lourd et le ciel couvert de nuages transparents.

Le soir, un coup de vent à la tombée de la nuit disperse mon herbier qui était à sécher; je crains bien que beaucoup de plantes ne soient perdues. C'est un coup de « chĕhili (4) ».

Je détermine le genre des poissons de l'oued de Hamma, de Termil, etc... Ce sont des « cyprinus » (Cuvier); dans l'édition allemande de Vogt, ils ne sont pas décrits et probablement ils ne le sont pas du tout.

(1) M. Warnier me dit que probablement les poissons de Hamma gardent leurs petits dans leur bouche pour empêcher que la chaleur de l'eau ne leur fasse mal.

(2) C'est-à-dire en briques.

(3) C'est-à-dire en tôb (argile séchée au soleil).

(4) Sirocco.

30 mars.

Ce matin, au moment où j'y pensais le moins, lisant sur mon lit, je vois ma cour envahie par des hommes et des chevaux. Je demande ce que cela veut dire et prie tout le monde de s'en aller. Mais comme le sont souvent les serviteurs des hommes les plus gracieux, ces gens font la sourde oreille et refusent de m'obéir. Il y a longtemps que la moutarde me chatouille le nez à propos de l'insolence des gens du makhzen. Cette fois, le manque de politesse est trop formel; je n'y tiens plus, et empoignant la chaise de Si Mohammed, je fais une charge furieuse sur hommes et chevaux et en deux minutes suis maître du champ de bataille.

Dans la soirée, arrive le voyageur français dont j'ai parlé à Gabès: c'est M. Guérin, professeur de rhétorique et voyageur historien. Il connaît déjà l'Orient et nous nous connaissons de Paris où nous suivions ensemble les cours de M. Caussin de Perceval. Il arrive dans un état déplorable, car ils ont été assaillis en route par l'ouragan d'ouest dont nous n'avons pu nous faire qu'une faible idée en ville. Nous causons tout de suite d'inscriptions, et rectifions mutuellement quelques erreurs que nous avions commises dans les lectures.

Le khalifa qui vient voir M. Guérin me fait ses excuses sur ce qui s'est passé ce matin.

L'armée est arrivée à Hamma et viendra demain ici.

31 mars.

Ce matin, le Bey a fait son entrée avec sa petite armée; on a tiré vingt coups de canon pendant une petite revue que le Bey a faite à son arrivée.

Je vais voir Si 'Ali Saci qui me reçoit avec une extrême politesse et se tient debout pendant que nous causons. Il promet de m'expédier après-demain, et demain il me donne du monde pour aller à Sebaa-Regoud; la caverne a quelque chose d'intéressant au point de vue géologique.

Promenade à Belidet-el-Hadar (1) avec M. Guérin (2); nous reconnaissons, auprès du minaret dont j'ai déjà parlé, le plan par colonnes d'un vaste temple ou église; les entrepas des colonnes

(1) Ou Bled-el-Adher : un des villages situés dans l'oasis de Tôzer.
(2) Voir V. Guérin, *Voyage archéologique dans la Régence de Tunis*. Paris, 1862, in-8°.

ont 2^{m},50 environ. M. Guérin est d'avis que les buttes de sable et de débris de brique qui entourent la petite ville marquent la circonférence de l'ancien Tusurus. Nous trouvons près de là un puits romain carré, de nombreuses pierres dans les maisons.

Puis nous visitons la prise d'eau romaine, qui est encore très bien conservée.

1er avril 1860.

Je vais voir encore une fois le Djebel Sebaa Regoud.

Je n'ai qu'une note topographique à ajouter à celles que j'ai déjà, c'est que 600 à l'ouest de Keriz, on coupe l'oued Sebie Biar qui sort de la montagne; à sa source il y a un puits romain (carrière); l'oued est petit et va arroser les palmiers.

La grotte ou plutôt les grottes (1) sont dans un ravin, au nord un peu est de la ville, à une petite distance. Celle que j'ai visitée, la plus grande, se divise en deux branches; la branche profonde est très difficile, on n'y pénètre qu'en rampant sur le ventre, et souvent la paroi est trop étroite pour qu'on passe les deux épaules en même temps. Dans la chambre étroite où on arrive il y a beaucoup de fossiles dont j'ai pris des échantillons; on trouve sur la paroi des stalagmites en forme de couches. Sur une de ces couches je lus : READE 1843. La grotte ne s'arrête pas là, elle se prolonge par différents couloirs; un tailleur de pierres allemand me dit qu'on voit encore les traces des coups de marteau qui ont servi à la creuser, et que l'un des couloirs conduit à une chambre taillée de main d'homme.

Gravure rupestre du Djebel Sebaa Regoud trouvée sur un banc plat de concrétions calcaires très solides, épais de 0^{m},10 à 0^{m},15, reposant sur des grès. (H. Duv.)

Je retourne ensuite à l'inscription (2), dont je complète le dessin,

(1) Elles ont valu à la montagne le nom de Sebaa Regoud « des Sept Dormants ». Voir sur la légende Tissot, II, p. 366, 683.

(2) Cf. p. 54.

je découvre un peu plus haut, sur la même plate-forme, une figure grossièrement taillée comme l'inscription elle-même. C'est peut-être une grossière imitation de la lune (1). Dans le ravin, je remarque la formation de la montagne. Les assises les plus basses qui soient découvertes sont des bancs de terre glaise sans fossiles, alternant avec des bancs de sable fin et entassé (grès très tendre en formation) et remplies de jolis petits cailloux de quartz hyalin ou autre et de silex. Par-dessus tout cela vient le calcaire coquillier marin.

2 avril.

M. Guérin revient aujourd'hui de Nafta. Nous faisons une grande tournée dans l'oasis. Puis nous revenons en ville et nous voyons les différents quartiers qui sont : au S.-O. Zebda; au S. Oulad' el Hädef, à l'E. un peu N. Zaouyet Debabsa qui est séparée de la ville, au N. Oussouäu, au N.-N.-O. le tombeau du Sidi 'Abid, à l'O. un peu N. Guetna, à l'ouest Masrhona et un peu plus loin Cherfä.

A un petit partage d'eau de El 'Aguela dans l'oued Zebbala, à 4 h. 1/2, l'eau avait 28° 4, l'air au thermomètre fronde 26°,4.

3 avril.

J'ai oublié de mentionner hier qu'outre de nombreuses pierres romaines, fondations de maisons, colonnes (dont une de marbre), constructions dans les saguias, partages d'eau, etc., que nous avons rencontrés dans les plantations et les villages de Tozer, nous avons encore remarqué en ville une pierre portant une branche de zizyphus lotus très bien sculptée en relief.

(1) On lit dans une note de Duveyrier : « M. Tissot a donné, page 480 du tome I de sa *Géographie comparée*, la reproduction de mon dessin, sans en indiquer la provenance. M. Tissot comptait réparer cet oubli. »

CHAPITRE VII

DE TŌZER A BISKRA

Nous partîmes de Tōzer un peu trop tard pour la route qui nous attendait. Jusqu'à Hamma nous ne vîmes rien que je n'eusse noté auparavant; nous entrâmes alors dans des marécages qui évidemment sont cause de l'insalubrité de toute l'oasis. Ils s'étendent vers le chott, et sont formés par les eaux de l'oued qui se perdent peu à peu dans les terres.

Notre marche était peu rapide, aussi mîmes-nous beaucoup de temps à sortir de ces terrains glissants et meubles peu propres à la marche des chameaux.

Après les marécages vint une curieuse nature de terrain; c'était le bas de l'oued Beyāch, endroit où autrefois avait séjourné la mer, à en juger à la fois par la nature de sebkha du sol, et surtout par les coquilles de *Cardium edule* (1) qui s'y trouvaient mêlées à celles du *Bulimus truncatus* apporté par les eaux de l'oued. La végétation devient ici plus rare; les tamarix s'y maintinrent cependant toujours. Toute cette plaine est très dangereuse à cause des excursions de maraude qu'y font les Hammāmas d'un côté et les Nemēmcha de l'autre. C'est pourquoi nous ne marchions pas sans quelque inquiétude, et les mokhazenis nous racontèrent différentes histoires terribles de drames qui s'étaient passés dans cet endroit.

Enfin nous entrâmes dans le chott (2), qui est une petite imitation du grand chott de Nefzāoua; il finit par former plusieurs bassins de plus en plus bas, fournis d'une végétation assez riche

(1) Le *Cardium edule fossile* se trouve représenté dans les chotts tunisiens par deux formes principales : la forme actuelle méditerranéenne, et la forme saumâtre des étangs de la Barre, de Lavalduc, de la Caspienne, etc. (Dru, in *Rapport Roudaire sur la dern. expéd. des chotts*, p. 55).

(2) Le chott El-Rharsa.

quoique uniforme, elle se compose principalement d'une plante nommée « *goreyna* » et de « *zeila* ».

La nuit nous surprit en route, ce qui nous fit hâter la marche; après, nous débouchâmes dans une plaine uniforme et aride, et enfin, au moment où nous nous rapprochions de Chebika, nous nous trouvâmes sur un champ de pierres très dures, qui ont été apportées de la montagne par les ravines qui en descendent. Quelques-unes de ces pierres atteignaient une grande dimension.

La montagne que nous longions en nous en rapprochant est très régulière à son sommet; en cet endroit, elle avait une altitude croissante de droite à gauche jusque vers Chebika.

Nous coupâmes au bas des palmiers les fondations des murailles d'une ville romaine qui, d'après ce que j'ai vu le lendemain, doit avoir eu une certaine importance; cet endroit est aujourd'hui consacré à des cultures de céréales. — Nous montâmes ensuite dans les plantations (ici l'expression convient très bien), nous les trouvâmes arrosées par des eaux courantes, où l'on remarquait çà et là dans les canaux des pierres grossièrement taillées, mais évidemment de travail romain, qui ont été apportées des ruines de la ville, ou bien même sont peut-être encore à leur place.

Arrivés au petit village de Chebika, on fit quelques difficultés pour nous recevoir, car on craignait quelque exaction du Bey, mais lorsqu'on nous eut bien reconnus, il fallut nous loger, et l'on choisit une maison au sommet de la ville. — Les rues sont tellement agrestes qu'il fallut décharger les chameaux à la porte de la ville, et monter le bagage à bras d'hommes. Voyant que j'avais à faire à de pauvres gens, je les avertis tout d'abord que je paierais tout ce qui me serait livré. Je me couchai bientôt; et ne pris pas part au dîner qui fut très maigre.

4 avril.

Ce matin, je pus examiner la curieuse position de Chebika. Elle est bâtie en amphithéâtre sur un rocher, entre deux ravins qui descendent de la montagne. Au nord du rocher s'élève un roc peu important, mais qui présente de curieux murs bâtis très anciennement sur certains côtés pour compléter une forteresse naturelle. Ne pouvant pas très bien reconnaître l'âge de ces constructions, j'en ai pris un échantillon de ciment. La source de Chebika,

'Aïn Chebika, coule du nord et descend à l'est arroser les plantations, qui s'étendent au sud; on trouve encore un bouquet de palmiers à l'ouest; ce dernier s'appelle 'Ain Beidha. Du reste, la ville compte à peine 20 hommes, ce qui donne un très petit chiffre de population totale. Ce sont des Hammâma. La tradition leur rappelle que le nom chrétien de cette ville ou plutôt sa traduction est Qoçeïr Ech-Chems, le château du soleil (ἡλιόπολις). Ils prétendent aussi que les chrétiens fendirent une partie de la ravine pour amener l'eau à la ville.

Je retournai voir les restes de l'ancien établissement; il s'étend sur toute la ligne sud des plantations. Cette promenade me convainc une fois de plus de l'importance de ce point sous l'occupation romaine; cependant les pierres y étaient très mal taillées (1).

Les habitants de la ville sont pauvres, comme je l'ai dit, mais j'ai vu quelques jolies femmes, toutes vêtues à la mode occidentale.

Je partis ensuite pour Midas; outre mes deux mokhazenis, on nous donna cinq hommes armés de fusils, dont on me vanta beaucoup le courage, mais dont la conversation annonçait très peu de décence. Nous longeâmes pendant quelque temps le bord de la montagne (2) puis arrivâmes à un endroit appelé Foum en Nâs. C'est une fort large ouverture dans la montagne, qui donne passage à une petite rivière (3) qui se perd près de là et qui est employée en partie à arroser des semis de céréales que nous apercevons verdoyants. Nous entrons dans cette coupure et rencontrons l'oued, tantôt sur la droite, tantôt sur la gauche, l'eau en est fraîche et bonne. Le chemin devient plus difficile à mesure que les rochers se rapprochent, et bientôt ils nous rendent la marche très pénible. Vers cet endroit, j'aperçus, à mi-hauteur de la montagne, les ruines d'un petit fort romain, où l'on reconnaît encore une partie de voûte; il pouvait avoir 25 mètres de long sur 8 mètres de large environ, et commandait le passage; il porte aujourd'hui le nom de El-Hânout. Plus loin je touchai une petite source appelée El-'Aouina, elle sort du roc vif et est réputée fraîche en été; son eau a 21°,9. Nous montâmes ensuite dans des passages où c'est un mi-

(1) Il y a donc peut-être quelque exagération à dire avec Tissot que Duveyrier « représente ces ruines comme celles d'une *grande* ville ». (Ouv. cité, II, p. 682.)

(2) C'est la chaîne occidentale de Gafsa ou Djebel Blidji, qui renferme une partie des gisements de phosphate découverts en 1885 par M. Ph. Thomas.

(3) L'oued Alenda, ou oued Tamerza.

racle que les chameaux et les caisses ne se soient pas mille fois renversés. Nous marchions fort lentement, et, après deux petites terrasses que nous atteignîmes, nous retombâmes dans l'oued, qui nous conduisit presque aussitôt en vue des palmiers de Tamerza.

Nous laissâmes les palmiers à droite, et entrâmes dans un affluent de l'oued, qui porte le nom d'El-Oudey, et qui contribue pour un petit filet d'eau. Les deux côtés de la montagne formaient comme deux murs presque à pic, qui tantôt, s'élargissant, bordaient une surface de sable unie, tantôt se rétrécissaient et formaient des défilés des plus pittoresques et des plus curieux. Les tamaris persistaient; l'eau courante était couverte par places d'une petite cypéracée que j'ai cueillie à Nafta. Nous passâmes à Garen un premier défilé, auprès duquel celui d'El-Kantara n'est rien; les murailles me parurent être d'un marbre grossier; deux vautours planaient au-dessus de leur domaine, et les excréments répandus par endroits indiquaient qu'ils avaient là leurs nids. Toute cette partie de la montagne présentait des traits géologiques très prononcés; des couches inclinées attestaient le mode de formation (1). Après des détours et des montées sans fin, où hommes et bêtes se trouvaient épuisés, surtout ceux qui jeûnaient, nous fûmes obligés, pour passer un défilé, de décharger les caisses et de les porter à bras d'hommes; peu après, nous aperçûmes sur les hauteurs les restes d'un petit blockhaus carré romain, encore assez bien conservé, qui dominait le passage. Nous gravîmes ensuite une pente et, redescendant de l'autre côté, nous nous trouvâmes à côté de Midas.

L'oasis de Midas est située comme un nid d'aigle dans une assiette (2) au milieu de la montagne; les ravins qui l'entourent ne la laissent accessible que d'un côté où l'on voit plusieurs koubbas appelés les Sebaa Regoud. On entre dans la ville par les plantations, et, de l'autre côté, les maisons sont suspendues sur un ravin ou précipice comme à Constantine; la population de Midas peut monter à 30 hommes environ. Ce sont des Beldia. Toute la petite oasis présente les sites les plus charmants; les jardins offrent un

(1) Voir la coupe N.-S. de M. Thomas de Midas au Rharsa : il y a là deux anticlinaux démantelés du crétacé supérieur, flanqués l'un et l'autre des deux côtés par les couches redressées de l'éocène inférieur.

(2) Sur le plus septentrional des deux anticlinaux précités.

sauvage pittoresque que l'on y rencontre rarement; quelques palmiers surtout, à la tête du ravin, adossés à un rocher à pic de strates horizontales, me tentèrent beaucoup pour un croquis, mais je crus devoir y renoncer.

Nous fîmes notre entrée en ville par la seule porte qui s'ouvre dans la muraille (comme à Chebika) et fûmes bien reçus quoique froidement. Il n'y eut qu'un petit incident fâcheux, ce fut une scène d'injures que fit le maître de la maison où on nous installa, un nègre, qui fit sortir les mokhazenis de leur assiette et engagea une lutte corps à corps, dans laquelle ils eurent le dessus. Je craignis un moment que la lutte ne devînt sérieuse et m'armai moi-même en faisant armer mon monde; je sortis pour parler au nègre, mais je vis heureusement que tout s'apaisait peu à peu.

Il y avait en ville les chefs des Oulad Sidi'Abid au nombre desquels se trouvait Si Ramdhân, leur chef, pour qui Si 'Ali Saci avait donné une lettre. Ils vinrent tous, et se conduisirent très bien, car il faut bien leur pardonner leur curiosité, causée par leur ignorance. Ils causèrent et plaisantèrent avec moi. Plusieurs ont leur maison ici. Ils me demandèrent entre autres si Paris était près de Sidi'Okba. Je sacrifiai ma demi-journée à mes hôtes, ne voulant pas les indisposer par des observations et mon travail ordinaire; je craignis de gâter mes affaires au moment de quitter la régence de Tunis, et en même temps le pays de la peur. Du reste, j'y gagnai d'un autre côté en jetant un coup d'œil dans les mœurs et l'état social et moral de cette population.

Ce que j'en dirai peut s'appliquer à Chebika et probablement aussi à Tamerza qui est la grande ville de la montagne, et où réside ordinairement un parent de Si 'Ali Saci. Actuellement il est à Tôzer, il a eu des difficultés avec ses administrés qui ne doivent pas être faciles, à cause de l'impôt; le Bey menace de faire détruire la ville. Les hommes de Midas sont mal vêtus, et pour la plupart malades. Je n'ai jamais eu autant de consultations. La syphilis est très commune à tous les degrés : descendue aux jambes, aux bras, etc., rendant une femme impotente; enfin on me l'amène sous la triste forme d'un petit enfant à la mamelle couvert de glandes et dégoûtant de saleté, déjà jauni par la mort! Les femmes sont habillées à l'occidentale avec d'assez vives couleurs; quelques-unes, je dirai même la plupart, ne sont pas mal. Mais le pays est, à ce que je crois, perdu par les maladies vénériennes et la fièvre. Les Oulad Sidi'Abid paraissent eux-mêmes beaucoup souffrir des maladies vénériennes. — Les femmes sont assez libres et me jettent quelques coups d'œil intéressants. — On voit pas mal de nègres.

La tradition rapporte que cette petite ville se nommait autrefois Merdās.

Dans les pierres qui, avec de la terre, servent à construire les maisons, je reconnais d'assez grandes pierres taillées, quelques-unes même debout en plan. Évidemment il y avait là un établissement romain, moins étendu, mais mieux construit que celui de Chebika.

5 avril.

Nous eûmes de la peine à obtenir ce matin les hommes qui devaient m'escorter jusqu'à Négrīn. Les deux mokhazenis, il faut leur rendre cette justice, ne me quittèrent que lorsque tout le monde fut prêt. Je fus accompagné par onze hommes.

Nous remontions un long oued (oued Midas); le terrain était très aisé, mais les malheureux chameaux affamés et fatigués ne nous permirent pas de voyager aussi vite que nous l'eussions désiré. D'abord des montagnes très élevées nous surplombaient à droite et à gauche, puis à mesure que nous avancions, les montagnes s'éloignèrent et enfin cessèrent tout à fait sur la droite, car je ne puis compter comme telles les hauteurs de Hoouarīn et autres (1) qui nous apparaissaient à peine à travers les vapeurs. La végétation était maigre et rare; je pus à peine distinguer les espèces qui se présentèrent sur la route. Le pays est très dénudé, sauvage et incultivable; l'eau y est extrêmement rare; nous ne rencontrâmes qu'un puits, appelé El-Hassey, creusé dans l'oued. C'est près de cet endroit que je vis le seul emplacement évident d'un petit poste romain; quelques pierres et de nombreux fragments de poterie antique sur un mamelon sont tout ce qu'il en reste.

Cette route est très dangereuse, étant exposée aux incursions des Hammāma et des Oulad el'Aisāoui; aussi mon escorte était-elle

(1) C'est la bordure sud du plateau des Nemencha, plus connue sous le nom de Djebel Ong. (Cf. Blayac, *Le pays des Nememcha*, *Annales de Géographie* 1899, p. 149 et suiv.)

très peu rassurée, ce qui était d'un autre côté très peu rassurant pour moi. Nous rencontrâmes plusieurs tas de pierres indiquant autant de victimes des brigandages qui s'y commettent. Un voyage dans le Sahara pendant le ramadan avec des musulmans trop consciencieux est du reste une chose presque impossible et bien fatigante. C'était le cas ici; plusieurs des hommes, et Ahmed lui-même, jeûnaient et ne pouvaient pas même boire une goutte d'eau. Comment pouvait-on exiger d'eux de marcher rapidement et d'activer la marche des chameaux?

Enfin nous atteignîmes des renflements de sable que l'on appelle Erg el Djemîl; nous les coupâmes et avançâmes vers le but de notre voyage, qui nous apparaissait à l'horizon; nous voyions du moins les hauteurs entre lesquelles Négrīn est enclavée. Bientôt nous entrâmes dans un pays très accidenté, sillonné de ravins et de rochers et qui présente quelques difficultés. L'oued de Negrīn se distinguait très bien sur la gauche et nous laissâmes, au bout de quelque temps, le bouquet de palmiers de Zaghouân où logent deux ou trois familles.

J'envoyai en avant un homme pour annoncer ma venue à Négrīn, et j'avoue que j'étais un peu incertain de la nature de l'accueil que j'allais recevoir; bientôt mes doutes furent dissipés, car nous rencontrâmes deux des grands de la ville venus à ma rencontre; ils me saluèrent en m'embrassant sur l'épaule et me souhaitèrent la bienvenue. On me logea dans la maison du cheikh qui venait d'arriver, et qui me salua à mon entrée. C'est un jeune homme nommé Cheikh Mohammed qui a de très bonnes manières, et qui me paraît très dévoué à la cause des Français. Je reçus la visite des grands de la ville, qui se conduisirent très bien et que je ne congédiai que vers le *maghreb* (1). L'accueil de Négrīn, après ma course si aventureuse dans la Tunisie, me fit bien du plaisir. Le cheikh avait été averti de ma venue il y a deux jours par une lettre venue de Tebessa (car Négrīn dépend de Tebessa qui est à trois journées de marche). En un mot, je croyais être dans un pays pacifié, et on verra demain qu'il n'en était rien.

Négrīn se trouve bâtie dans un ravin d'un abord difficile sur le bord occidental de l'oued. Les palmiers sont plantés dans le lit même de la vallée, et en échelons, car la pente de l'oued ici est

(1) Le coucher du soleil.

très forte et le ruisseau qui coule au milieu des palmiers va par bonds et cascades. Cette nature du sol permet que l'on arrose facilement les palmiers, car on n'a qu'à détourner à chaque jardin l'eau qui est nécessaire à l'arrosage, et le courant de l'oued l'y amène par sa propre force au moyen d'un saguia. — Outre les palmiers, les plantations renfermaient encore des figuiers, des abricotiers, des pêchers et surtout des oliviers.

Dans la soirée, on m'annonça qu'un des chameaux était tellement malade que le départ pour demain était impossible; je me soumis de mauvaise grâce; mais l'espoir de bien explorer Besseriani (1) me consola un peu.

6 avril.

Ce matin, je partis avec le cheikh, un autre cavalier et Ahmed, pour explorer les ruines de Besseriani; un assez grand nombre d'hommes devaient nous rejoindre aux ruines par un chemin plus court mais plus difficile pour les chevaux. En quittant la ville, nous gardâmes quelque temps les plantations à notre gauche, et marchâmes tantôt sur les hauteurs dominant les ravins, tantôt dans le lit même de ces derniers; nous atteignîmes enfin l'oued, qui forme ici une petite rivière, coulant entre de nombreux tamaris et au milieu d'un thalweg bordé de petites collines; là commencent les labours et les semis d'orge. Nous ne quittâmes l'oued que lorsque nous fûmes près des ruines; nous le laissâmes alors, sur la droite, aller arroser les labours qui commencent au N.-O. de Besseriani, et se prolonger à l'ouest et enfin au S.-O. jusqu'à 1 kilomètre au delà des ruines. A gauche nous avions, à peu de distance, un sommet de la chaîne de montagnes qui borde d'un côté l'oued de Négrin. De là la montagne (2) se prolonge très haute vers l'orient, formant ainsi la limite du véritable Sahara : à ses pieds s'étend un terrain rocheux et raviné, formant une pente rapide vers le sud, et qui est excessivement difficile à traverser.

La première ruine que je touchai est un support d'arc de triomphe formant le seul vestige reconnaissable qui en reste;

(1) *Ad Majores*. Cf. Baudot, *Rec. des notices et mémoires de la Soc. archéol. de Constantine*, 1876, p. 124 et suiv.; Masqueray, *Revue Africaine*, 1879, p. 65 et suiv.; Tissot, II, p. 530, etc.

(2) Djebel Majour (Blayac, art. cité).

au pied étaient dispersées de nombreuses pierres de taille assez volumineuses qui avaient complété ce monument; dans la partie intérieure du support de l'arc, au milieu de la baie, se distingue une colonne mutilée formant corps avec le support, laquelle colonne était ornée de cannelures et d'un chapiteau sculpté (1). Au pied de l'arc de triomphe, je trouvai deux pierres portant chacune une inscription, malheureusement un peu mutilées et effacées par les intempéries des saisons. Peut-être ces deux pierres font-elles partie d'une même inscription qui était placée au-dessus de l'arc de triomphe (2) :

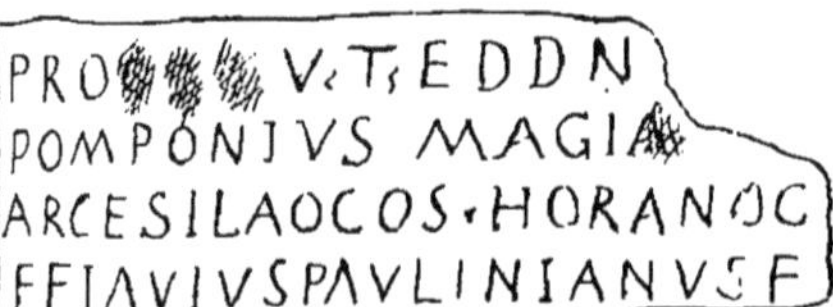

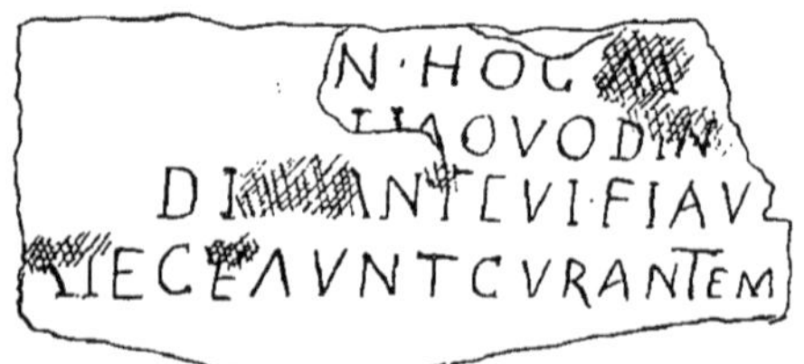

A côté du support de l'arc encore debout, se trouve un mur d'une admirable construction, encore très bien conservé jusqu'à une certaine hauteur; peut-être servait-il à soutenir l'autre pilier de l'arc; cependant je le crois à peine, à cause de la distance qui sépare les deux ruines.

De là je me rendis au monument le plus remarquable que renferme actuellement Besseriani; c'est un arc de triomphe encore très bien conservé dans sa partie principale. A son sommet se trouve une belle pierre très plane sur laquelle on lit le milieu d'une inscription en grosses et belles lettres d'un travail fini et d'une régularité remarquable. En regardant l'inscription, on a sur la gauche du monument un mur y attenant, encore assez bien conservé; le tout atteste l'importance considérable (3) de l'établissement romain, et la tradition à Midas m'avait déjà appris qu'autrefois, Besseriani commandait à toutes les petites villes des environs que j'ai visitées depuis Chebika. J'ai dessiné sur les lieux mêmes, sur la planche I, une esquisse grossière de ce mo-

(1) Masqueray l'attribue à la fin du IVe siècle.
(2) Cf. la lecture légèrement différente de Baudot reproduite, dans Tissot, II, p. 533 et *C. I. L.*, VIII, 2480.
(3) Cf. Tissot, II, p. 531, et Masqueray, p. 75-76.

nument (1). La belle inscription de cet arc de triomphe étant incomplète, je me mis à chercher les deux pierres qui manquaient, et je parvins bientôt à en trouver une seconde formant le commencement du document. Dans une ruine dont je parlerai tout à l'heure, je trouvai bien une troisième pierre portant trois lignes d'une inscription en aussi gros caractères que la première, mais je ne trouve pas à première vue un sens ni beaucoup de rapport entre ces trois lignes et les quatre lignes de la première inscription; il est cependant probable qu'elle en fait partie (2). Voici les deux premières :

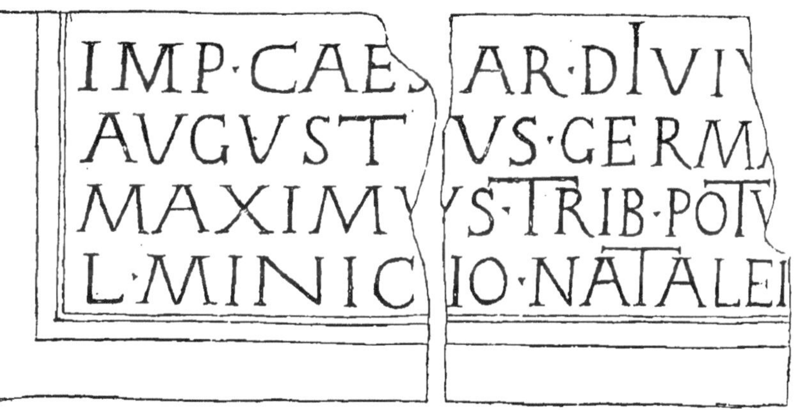

Voici maintenant la troisième pierre que j'ai trouvée à une petite distance de l'arc de triomphe, dans des ruines de belles et grandes pierres qui devaient appartenir à quelque bâtiment public; la surface de cette pierre a plus souffert que celle des autres.

J'allai ensuite à un monceau de ruines, peut-être les restes

(1) Ce dessin n'a pas été retrouvé. Duveyrier le porte déjà manquant dans une table manuscrite de 1860.

(2) Voir la lecture plus complète dans Tissot, II, p. 531.

d'un autre arc de triomphe, qui est situé à l'ouest du dernier monument, et à peu près sur la ligne des ruines que j'ai visitées les premières, c'est-à-dire plus dans le voisinage des labours. J'y trouvai d'énormes pierres de taille parfaitement taillées, trois portaient des inscriptions malheureusement un peu écornées (1).

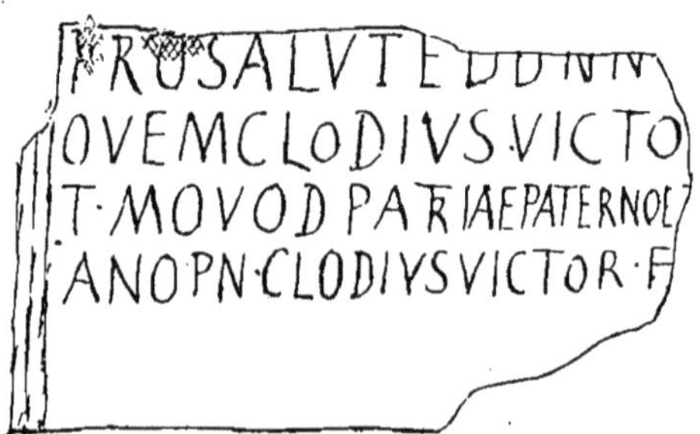

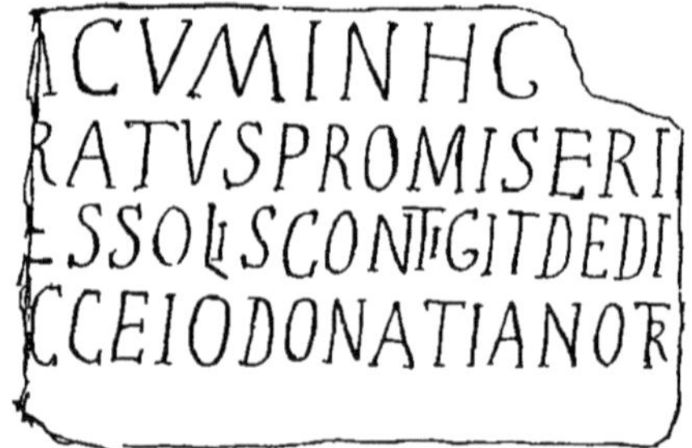

Besseriani, ainsi que la ville romaine de Chebika, sont situées au bas de la montagne, là où l'oued sort des rochers, et l'on voit à l'opposite que les Arabes et les Berbères ont bâti leurs villages au milieu des rochers dans les positions les plus difficiles (2).

(1) Cf. les textes de Tissot, II, p. 534 et de Masqueray.

(2) Il ne faut pas oublier toutefois que les *castella*, qui permettaient aux colons du Sud de communiquer avec le Nord par les gorges de l'oued Itallaïl, sont perchés comme les villages indigènes (Blayac, art. cité, p. 158).

Je prenais quelques angles pour baser un plan grossier de Besseriani, lorsque l'on signala cinq cavaliers à l'horizon. Or ce pays est tellement peu sûr que l'on donna immédiatement le signal de se rassembler et que l'on cria aux cultivateurs dans les labours de se rallier à nous. Dans la bagarre, je négligeai de remettre mon haïk que j'avais ôté pour travailler, et me contentai de mes burnous et de mes culottes. Chacun arma son fusil et je sortis mon revolver pour être prêt le cas échéant.

Les cavaliers ne nous avaient pas vus à cheval, et ils n'étaient plus très éloignés, lorsque quatre d'entre nous, dont le cheikh, partirent au galop pour aller au-devant d'eux. Dès qu'ils nous aperçurent, les étrangers s'enfuirent à fond de train, l'un d'eux gagnant le Sahara; les autres tâchèrent de se réfugier dans la montagne. Aussitôt tout le monde cria qu'ils étaient ennemis, Hammāma ou Oulad el'Aisāoui, venus pour un coup de main, et nous partîmes nous aussi au galop pour prêter main forte au cheikh. Le terrain dans lequel nous galopions est un labyrinthe de casse-cou, et Ahmed et moi, ne connaissant pas le pays, nous allions hésitants; le vieux qui était resté faisait un peu le traînard; je m'aperçus bientôt que la peur l'enchaînait, et lui répétai plusieurs fois de prendre les devants; je fus enfin obligé de le menacer de mon revolver pour le décider à nous guider. Nous galopions toujours, et pendant ce temps nous n'entendions que les cris de guerre sauvages que poussaient nos amis; un fort coup de feu nous échappa au milieu du bruit du galop de nos chevaux. Nous arrivâmes enfin au pied de la montagne et rejoignîmes les nôtres, au moment où les étrangers, que leur fuite folle avait portés sur des points inaccessibles, abandonnaient leurs montures pour sauver leurs têtes. Nous nous contentâmes de prendre trois chevaux dont un fort beau, puis nous tâchâmes de poursuivre celui qui avait gagné le Sahara, mais abandonnâmes bientôt ses traces.

Pendant que nous revenions triomphants, et que mon brave Ahmed se voyait déjà de retour à Biskra, monté sur un cheval, nous aperçûmes au loin un homme qui venait en faisant des protestations; c'était un homme bien connu des Nemēmcha soumis, qui, reconnaissant enfin la nature de notre cavalerie, venait demander de quel droit nous avions fait acte d'ennemis. Il nous raconta qu'il nous avait pris pour des Hammāma ou des

Oulad el'Aisāoui et que c'était là la cause de leur fuite. Nous sûmes donc que nous avions fait méprise des deux parts, et revînmes ensemble à Besseriani. Nous promîmes de rendre les chevaux à leurs maîtres dès que ceux-ci viendraient les réclamer, ce qu'ils firent à Négrīn dans la soirée. Nous rentrâmes épuisés à Besseriani, où j'achevai de dessiner l'arc de triomphe debout, et nous retournâmes en ville, rencontrant sur notre route une foule d'habitants, hommes et femmes, qui venaient soit prendre part au combat, soit savoir ce qui était arrivé. — Deux de nos cavaliers ne voulurent pas laisser échapper l'occasion de faire une fantazia, et nous entrâmes chez nous.

A peine étais-je assis, qu'un homme ensanglanté, venant demander justice, se présenta devant moi. On avait tué une chèvre aujourd'hui, et il avait acheté la peau de la bête avec la tête, croyait-il; le vendeur prétendit que c'était sans la tête; l'acheteur jura qu'il ne la rendrait pas, quoi qu'il dût arriver; il s'ensuivit un combat, où mon homme reçut sur la tête un coup de pierre qui lui avait fait une forte blessure; le crâne heureusement n'avait pas été entamé. Comme je n'avais pas entendu l'adversaire, je priai le cheikh de s'enquérir de cette affaire; et les deux parties ayant tort, il proposa une amende de 6 douros pour chacun.

Ma course effrénée de ce matin, en plein soleil, sans mon haïk, m'avait été nuisible et je commençai, dès le retour, à sentir les symptômes d'un violent mal de tête avec dégoût, presque mal de cœur.

Vers les trois heures de l'après-midi, arriva en ville un jeune homme nous annonçant que des Hammāma l'avaient dépouillé et venaient d'emmener les troupeaux de chèvres de Négrīn, dont il était le gardien, et qui étaient au pâturage près de Zaghouān. Aussitôt le cheikh, quoique jeûnant, fit seller son cheval et se prépara à la poursuite ainsi que les hommes armés de la ville; les chevaux partaient, et dans le premier mouvement je montai aussi en selle, oubliant ma maladie; je pris le fusil d'Ahmed qui avait été au frais sous les palmiers; mais, à peine sorti de la ville, je vis que j'étais trop malade pour suivre l'allure des autres chevaux, et laissant le mien à un des fantassins, je revins vers la ville. Je rencontrai Ahmed, qui me gronda de m'être dérangé, et plus encore d'avoir laissé mon cheval; mais c'était un peu tard.

Dans la soirée tout le monde revint, les Hammāma, au nombre de 7 à 8 fantassins, avaient pris la fuite dans la montagne, abandonnant les troupeaux, et n'emportant qu'un fusil et un burnous. J'appris à cette occasion que trois familles de Négrīn habitaient Zaghouān. Après le retour de la petite armée, je tombai très malade, et n'eus que le temps de prendre de l'ipécacuanha, puis après les vomissements une dose de quinine; j'eus un instant le délire et un mal de tête fou, puis je tombai dans un état de prostration jusque vers les 10 heures du soir. Je me réveillai alors presque guéri, me déshabillai et me couchai ; il faisait une chaleur très grande.

Je vis, avant de tomber tout à fait malade, les hommes que nous avions poursuivis le matin ; l'un d'eux était précisément celui qui avait été réclamer sa jument à Si-Mohammed ben Rabah, et qui la ramenait dans sa tribu. Ils avaient rencontré dans le chott un homme des Oulad el'Aisāoui, l'avaient dépouillé et renvoyé après lui avoir administré une bastonnade. Mes aventures d'aujourd'hui dénotent que ce pays est loin d'être pacifié. En effet, les gens de Négrīn n'osent à la lettre pas sortir de chez eux pour aller commercer, de crainte des vexations et actes d'hostilité des Oulad el'Aisāoui et des Hammāma. Tous les ans, ces deux tribus hostiles leur enlèvent leurs troupeaux de chèvres et tout ce qu'ils peuvent prendre. Le seul chemin qui leur soit ouvert est la route de Tebessa depuis l'occupation française.

7 avril.

Aujourd'hui, je suis resté à la maison toute la journée; j'étais heureusement guéri. J'écrivis dès le matin une lettre au cheikh de Ferkān, pour lui demander une mule et deux hommes, qui m'accompagnent demain à Zéribet Ahmed.

Dans le milieu de la journée, la nouvelle arriva qu'un mulet qui était à paître dans les plantations avait disparu, et il parut évident que c'étaient les Hammāma d'hier qui, cachés dans la montagne, n'avaient pas voulu partir sans butin et étaient venus dans la journée enlever ce mulet. Le village fut encore sur le point de se mettre en armes, mais on abandonna ensuite le projet.

J'apprends aujourd'hui que Négrīn peut compter environ 60 maisons et peut-être 120 hommes en état de porter les armes. La population se divise en quatre tribus; les Oulad ech Cheikh, les

Oulad Hamza; les Obbaouma et les Oulad Mansour. La tribu de Négrīn est de 1.180 francs par an.

A Négrīn, un individu vint me trouver, et, après m'avoir fait comprendre qu'il avait beaucoup d'argent, il me pria de lui écrire une amulette pour que sa femme qu'il avait répudiée revînt à lui. Il l'aimait et elle en préférait un autre avec lequel elle devait se marier. Je répondis à cet homme que, si j'avais le pouvoir d'écrire de tels talismans, je commencerais par m'en servir, mais qu'en tous cas je ne lui aurais pas pris un centime.

Ferkān subit l'influence des Oulad el'Aisāoui, qui s'y font héberger de force, et se servent du village comme point de ravitaillement dans leurs expéditions de pillages. Cela tient à ce que les habitants ont beaucoup de Nemēmcha et même d'Oulad el'Aisāoui au milieu d'eux. Outre ces étrangers, la population de la ville se divise en trois tribus, les Oulad Brahīm, les Oulad 'Adouān et les Oulad Yoūnis. Le tout forme 65 maisons et, partant, peut-être 130 hommes au moins en état de porter les armes; ce chiffre me fait soupçonner un peu de bonne volonté de leur part à héberger nos ennemis.

Des messagers viennent de Ferkān, apportant une réponse peu polie; je les gronde bien fort et les renvoie brusquement; cela cause des pourparlers à n'en plus finir, des séances avec différents hommes de Ferkān qui venaient d'arriver au Djérid (1). On finit par s'en aller en promettant de revenir avant demain avec la mule et les deux hommes.

8 avril.

Nous quittons Négrīn de bonne heure, le cheikh de Ferkān, qui a au moins un digne extérieur, est venu lui-même cette nuit amener le mulet et les deux hommes que j'avais demandés. Il nous accompagne ce matin jusqu'à la rivière de Ghēsrān (2) où nous faisons boire les chevaux et remplissons nos outres, puis nous partons chacun de notre côté, lui retournant à Ferkān, et nous coupant dans le Sahara pour atteindre le Zāb. Quatre cavaliers de Négrīn m'accompagnent : je renvoie le cinquième, qui,

(1) Négrīn était ainsi considérée comme la dernière oasis du Djérid, Ferkān comme la première du Zab.

(2) Oued Kesrane, la rivière de Négrīn.

voulant tuer un lièvre, décharge son fusil qui éclate, sans causer d'accident heureusement.

Nous voyageons dans un terrain aisé, le commencement du Sahara, qui se prolonge indéfiniment sur la gauche, et nous avons toute la journée à une certaine distance sur la droite, la chaîne de collines, au milieu de laquelle est bâtie Ferkān, et qui est séparée par une plaine de montagnes plus hautes (1). Je déjeune dans l'oued Djērech maintenant à sec, parce que l'année n'a pas été pluvieuse.

Une autre longue marche nous amène à l'oued el Miyta, dont le lit est divisé en plusieurs canaux à cet endroit. Un peu plus loin, vers l'ouest, commencent des plaines appelées communément El Feyyād (2), et qui méritent beaucoup d'attention. Le sol de ces plaines est composé d'argiles mêlées de sables et très lavées (3); par conséquent, elles renferment tous les éléments de fécondité, et il ne leur manque en effet que l'eau (4). Après les pluies se montrent une quantité de plantes annuelles, telles que graminées et petites fleurs champêtres que les ardeurs de l'été dessèchent; tandis que, dans les années sèches comme celle-ci, cette végétation elle-même ne se montre pas. Dans plusieurs endroits de ces Feyyād, les Arabes labourent lorsque les pluies arrivent; dans d'autres parties beaucoup plus rares les oueds descendant de la montagne leur permettent de cultiver chaque année. Or il est évident que si, par des barrages ingénieux ou des forages artésiens, on parvient à assurer de l'eau à ces plaines désertes, on assurera par le fait même de belles récoltes sur une superficie considérable de cette partie du Sahara.

Ces plaines cultivables sont séparées par des renflements à peine sensibles couverts de cailloux et de pierres anguleuses.

Nous marchâmes bien toute la journée, et nous n'atteignîmes l'oued Ouazzāren que quelques instants après le coucher du soleil. Cet oued est, comme les précédents, bordé de tamaris; et nous plantâmes la tente au chant des chouettes qui s'appelaient dans ces fourrés. Je n'ai pas besoin de dire que l'oued est à sec.

(1) Plaine de Mdila et Djebel Sidi-Abid.

(2) Nom plus connu au singulier : El Faïdh.

(3) Veut dire sans doute qu'elles ne sont pas salées.

(4) On a supprimé ici une phrase incompréhensible. Duveyrier était évidemment sous le coup de sa récente indisposition, et cette partie de son journal s'en ressent.

9 avril.

Aujourd'hui encore nous nous sommes mis en mouvement avant le lever du soleil, et nous continuâmes de voyager dans les plaines cultivables que j'ai notées hier ; je remarquai ici pour la première fois bien distinctement le mirage, *sarab*. La plaine au sud-est paraissait un lac à l'horizon et des lignes de *Rhamnus arabica* et de tamaris semblaient dominer les eaux et former un rivage. Je crus d'abord que c'était le chott, mais fus obligé de m'apercevoir de mon erreur. Du reste, ces plaines nues, uniformes et de couleur grisâtre, frappées par les rayons obliques du soleil le matin ou le soir, offrent toutes les conditions nécessaires pour le phénomène du mirage. Les inégalités du sol, de vraies gerçures sur une peau, disparaissent à peu de distance pour l'œil.

Nous traversâmes quelques ravines et aperçûmes au bout de quelque temps les oasis de Bādes, Liana et Kessad, ressortant sur la couleur rougeâtre des montagnes ; peu après, le village de Zéribet Ahmed nous apparut, et nous l'atteignîmes pour déjeuner.

Zéribet Ahmed est un village muré, placé sur une petite élévation. Il n'a pas de palmiers, et la petite saguia qui passe devant le village est à sec parce que Liana en absorbe toute l'eau (1). Les habitants ont voulu réclamer contre une mesure qui leur ôte leurs récoltes, leur seule ressource bien sûre ; mais il est probable que dans les années pluvieuses, l'eau de l'oued arrive jusque chez eux. Ils boivent actuellement à un puits situé vers le sud-ouest du village, à une certaine distance. Il y avait au pied des murs trois ou quatre tentes de Nemēmcha. Les habitants sortirent pour reconnaître les nouveaux venus, mais je ne voulus pas m'arrêter chez eux ; les quatre Negarniya (2) me quittèrent ici, et laissant les chameaux suivre de leur pas, je partis en avant pour arriver le plus tôt possible.

A moitié route, mon guide me montra sur la gauche « les ruines d'un village qui fut détruit par un scorpion ». Ce village malheureux était bâti dans le même genre que Zéribet Ahmed, et a dû être encore moins considérable.

(1) D'après la coutume, Liana a droit à deux tiers du volume d'eau de l'oued el Arab. Le tiers restant doit être réparti entre les oasis d'El Ksar, Badès, El Djadi et Zéribet Ahmed. (Féliu, *Le régime des eaux dans le Sahara de Constantine*. Blida, 1896, p. 90-92.)

(2) « Gens de Négrīn. »

J'arrivai enfin à Zéribet el Ouad, nous touchâmes d'abord l'oued, dans lequel sont plantés les palmiers; puis, le descendant un peu, nous le coupâmes en face de la ville, au moment où nous touchions à la goubba de Sidi-Hassen, marabout célèbre dans le pays. Nous traversâmes la petite rivière qui coule au fond du thalweg, et entrâmes en ville par quelques minces jardins. Je trouvai chez El Arbi, le mamelouk italien (1), le meilleur accueil, et décidai aussitôt que je profiterais de son départ pour aller à Biskra cette nuit.

10 avril.

Hier au soir, nous sommes partis à 9 heures et demie; nous avons voyagé toute la nuit par le vent et le froid, et ce matin je suis arrivé avant El Arbi que je laisse à Sidi'Okba. Je déjeune avec le colonel, qui donne par le télégraphe la nouvelle de mon arrivée à Constantine.

(1) Appelé aussi El Arbi Mamelouk. C'était un maréchal des logis d'origine piémontaise, qui, élevé en musulman, était entré au titre indigène au 3e spahis. Il rendit à Zéribet de bons services, fut nommé lieutenant, puis caïd des Beni-Salah, dont il empêcha la révolte en 1871, ce qui le désigna au général de Lacroix pour le caïdat du Souf, lorsque ce groupe d'oasis fut distrait du caïdat de Tougourt. Il fut assassiné en 1873, peut-être à l'instigation du marabout de Temacine, Si-Maammar, celui même que Duveyrier soupçonna toujours d'avoir encouragé le meurtre de Dournaux-Dupéré. Duveyrier, dans ses lettres, parla toujours d'El Arbi avec la plus grande estime. « Sa mort, écrivait-il en 1873, est un malheur pour la paix du Sahara. »

DEUXIÈME PARTIE

CHAPITRE PREMIER

DANS L'OUED-RIGH

Le 28 mai 1860.

Je quittai Biskra et me rendis à Sidi'Okba. La mosquée de Sidi'Okba est assez vaste et élevée ; on y voit une grande porte en bois sculpté qui était autrefois garnie d'argent, dit la tradition ; elle ne sert plus maintenant, du moins elle était fermée pendant ma visite, et on entre dans le temple par une petite porte qui donne d'abord dans la chambre aux ablutions où l'on voit plusieurs bassins allongés qui ont l'air de sarcophages romains. Le tombeau de Sidi'Okba est dans la mosquée et se compose d'une chambre dont je n'ai vu que les murs extérieurs. Sur un des côtés de la porte on voit une inscription coufique en relief sur une bande de terre cuite et formant une ligne écrite de bas en haut, on y lit :

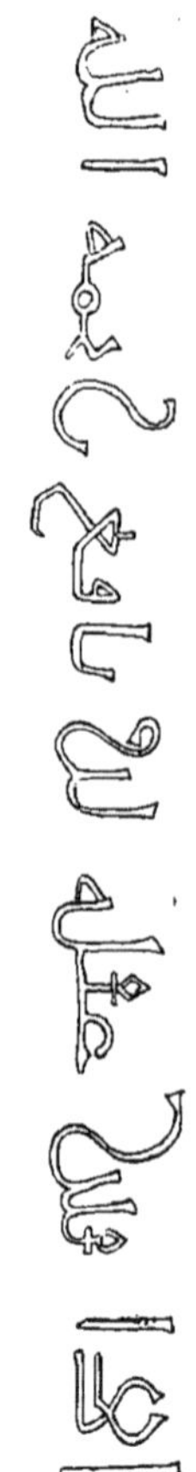

Inscription arabe du tombeau de Sidi'-Okba.

au-dessus de la porte même est une autre inscription ancienne aussi ; elle est sculptée en relief sur une planche de bois coloriée. Dans la ville on voit de temps à autre des pierres romaines encastrées dans les murs.

Le jardin du kaïd seul possède des orangers et des citronniers.

Le 29 mai.

Je pars pour Zéribet el Ouad. La route traverse d'abord les immenses terrains de labours de Sidi'-Okba. Tous les grains sont coupés, je ne vois plus qu'un petit champ où l'on fait la moisson. Ensuite on entre dans une succession de plaines séparées par les rivières à sec; tout ce pays est d'excellente terre labourable, il n'y manque que de l'eau, et la seule végétation actuelle est limitée à quelques rares touffes de *guetaf*, de tamarix, etc. Nous voyons du mirage à l'horizon devant nous et sur la droite. Ces terres végétales sont des alluvions apportées de la montagne. Nous voyons à droite l'oasis d'Aïn Naga, à une petite distance. Enfin j'arrive à Zéribet vers 3 heures et demie du soir, par une très grande chaleur, le vent a soufflé toute la journée en sirocco.

Le 30 mai.

Zéribet el Ouad peut avoir 1.500 âmes; il y a un détachement de 45 spahis commandés par mon ami El Arbi. La rivière sur laquelle la ville est bâtie s'appelle Ouad el'Arâb; il suffit qu'elle ait deux crues par an pour que les habitants de la contrée puissent arroser non seulement leurs labours autour de la ville, mais encore ceux de la plaine d'El Faïdh, et alors les récoltes sont d'une richesse dont on n'a pas d'idée, mais depuis que la sécurité règne dans la montagne, les Chaouia ont fait sans cesse de nouveaux barrages à mesure que leurs cultures augmentent et l'eau devient de plus en plus rare à Zéribet el Ouad. La dernière crue a eu lieu au milieu de l'automne dernier, et depuis lors il y a toujours eu de l'eau dans l'ouad dans les trous et dépressions du lit. Dans ces trous vivent des barbeaux dont quelques-uns atteignent un pied de longueur; ils ont une couleur plus pâle et plus jaunâtre que les autres barbeaux de ce pays, ce qui fit croire aux spahis français que ce n'était pas un poisson de cette espèce.

Les jardins de palmiers, qui sont en petit nombre, sont arrosés par des puits à bascule comme au Souf (1); ces puits, creusés dans le lit de la rivière, ont très peu de profondeur. Celui du jardin d'El Arbi avait une température de 22°,0 à une profondeur de 3^{m},75 dans l'après-midi. El Arbi cultive dans son jardin qu'il a établi depuis quelques mois seulement des légumes français pour montrer l'exemple aux indigènes : pommes de terre, haricots, choux, laitue, luzerne, carotte, navets, et tout est venu très bien dans la terre d'alluvion qui a reçu les semences.

(1) Ils reçoivent aussi de l'eau de l'oued Guechtan, tributaire qui a son confluent à Zéribet el Ouad. (Féliu, p. 93.)

Il n'y a pas de puces à Sidi' Okba ni à Zéribet, à cette époque du moins.

Le 31 mai.

Nous partons, El Arbi et moi, avec une dizaine de spahis et, laissant le bagage derrière, nous voyageons rapidement à travers une plaine unie, de terre végétale, et à peine parsemée çà et là de touffes de *guetaf* et de tamarix. Nous avons toujours à notre droite l'oued el Arab à une distance variable.

Nous arrivons de bonne heure à El Faïdh et nous arrêtons à une petite baraque auprès du puits artésien inachevé, et recouvert en ce moment par une grossière maçonnerie. Nous ne trouvons ici que quelques tentes d'Arabes qui gardent les puits, mais il y a deux villages tout près de là : Beled Oulad Bou Hadîdja et Beled Oulad'Amer, du nom de deux tribus autrefois en querelles continuelles, mais qui, depuis la domination française, sont forcées, comme tant d'autres, à vivre en paix. Ces villages ne sont habités que pendant l'hiver, ou, s'ils le sont aussi pendant l'été, c'est que l'oued el Arab a coulé deux fois dans l'année, ce qui a rendu possible les magnifiques labours dans les plaines d'El Faïdh. Dans ces grandes occasions, on mêle du sable aux grains de blé et d'orge pour qu'ils ne tombent pas trop près les uns des autres. Le puits artésien, qui est déjà à 130 mètres de profondeur (1) et qui jusqu'à présent n'a rendu que des terres semblables à celle du sol ou différentes seulement par une plus grande proportion d'argile, donnerait une fertilité certaine à ces terres qui ne sont plus arrosées maintenant que rarement, car les montagnards, depuis que la sécurité règne dans leur pays, ont construit des quantités de barrages nouveaux qui absorbent les petites crues. Il y a longtemps que l'eau de la rivière n'est parvenue à El Faïdh ; la dernière crue date du milieu de l'automne dernier.

Autrefois il y avait des plantations de palmiers à El Faïdh. Aujourd'hui il ne reste plus qu'un seul dattier comme témoin de ce fait. Ils ont été coupés dans une querelle de tribu.

L'eau que l'on boit à El Faïdh est bonne, elle est tirée des oglas

(1) Il y a ici une légère erreur. Commencé le 6 novembre 1857 par M. Jus, ce forage fut suspendu le 1er mars 1858 à une profondeur de 156 mètres, le matériel n'étant pas prévu pour des profondeurs plus grandes. (Ville, *Voyage d'exploration dans les bassins du Hodna et du Sahara*, p. 268-270.)

creusées dans le lit à sec de la rivière, lequel est entouré de tamaris.

La faune de ce pays est remarquable à deux points de vue : d'abord, il y a de nombreux sangliers, dont les coups de boutoir sont visibles au pied de presque toutes les touffes de broussailles. Ensuite, le serpent des jongleurs égyptiens existe aussi ici, le mâle est appelé ثعبان, la femelle نعجة, à moins que ce ne soient deux espèces différentes. Cette espèce atteint presque 2 mètres de long et la grosseur de la cuisse (?) elle est de couleur noire, et lorsqu'elle est en colère, se lève sur la queue et se promène en étalant la peau de son cou en éventail. M. Hénon en a vu une morte que El Arbi lui a envoyée.

La végétation est, je crois, de *guetaf*.

Le 1er juin.

El Arbi m'avait déjà quitté la veille au soir, mais il m'avait laissé ses spahis. Nous partîmes de bonne heure, et en arrivant aux *oglas,* mon sacré Brahim qui n'a jamais brillé jusqu'ici que comme pilier de café, ménage si mal le chameau des cantines que les deux caisses sont jetées à terre. Heureusement rien n'est cassé, mais cet événement fait oublier à mes serviteurs de prendre de l'eau, et nous voilà partis pour faire deux lieues dans le Sahara sans trouver d'eau. Aussi dès que je m'aperçois de leur oubli, je pars en avant à cheval avec un des serviteurs du kaïd qui me servait de guide.

Nous traversons une plaine appelées Farfaria, à sol de terre labourable tout boursouflé dans lequel les chevaux enfoncent beaucoup. La végétation est excessivement rare; par endroits elle est nulle. Elle se compose de tamaris formant des buissons sur le bord des rivières à sec qui se trouvent ici près du chott en très grand nombre, de *guetaf* plus rare et enfin de *jell* et de *Bou 'akerich* (1). Le pays est d'une grande uniformité; plus on approche de Sidi Mohammed Moussa, plus on rencontre de plaques d'efflorescences salines. Enfin lorsqu'on arrive à ce bosquet de palmiers, le sol est devenu *heïcha*, la végétation est plus dure, et se compose des mêmes espèces qu'avant.

(1) Peut-être l'*akrecht* du catalogue Foureau (*Lithospermum callosum*).

En arrivant à Sidi Mohammed Moussa, nous croyions trouver de l'eau potable, mais celle que nous trouvâmes était trop salée pour être bue. Il y a là une mosquée assez grande entourée de quelques petites maisons; le village était abandonné ainsi que quelques petites huttes en branches d'arbres semées dans les jardins. Les petites plantations assez clairsemées, inégalement distribuées et peu importantes, sont remplies de tourterelles. Nous apprîmes plus tard que personne ne pouvait plus habiter cet endroit depuis que l'eau était devenue si salée et si amère.

Après nous être reposés un instant, nous continuâmes notre route et ne tardâmes pas à arriver à El-Haouch, village bâti sur le côté d'un fort beau bois de palmiers. Les habitants d'El-Haouch étaient tous dans la forêt de Saada où ils avaient semé des céréales cet hiver. Ils sont obligés d'émigrer ainsi à quelque distance du village toutes les années où la rivière ne leur apporte pas l'eau nécessaire pour qu'ils puissent labourer autour de leur village. Nous ne trouvâmes donc que les gardiens des maisons et très peu de ressources alimentaires; on me laissa la mosquée pour habitation et je m'y installai de mon mieux. Les chameaux n'arrivèrent que vers 3 heures. J'avais envoyé de l'eau à leur rencontre. J'achetai une poule 1 franc; et Ahmed et moi nous tirâmes quelques tourterelles dans les jardins. L'eau d'El-Haouch est très mauvaise.

2 juin.

J'avais envoyé dès mon arrivée quelqu'un au cheik d'El-Haouch à Saada, et il m'envoya dans la nuit un cavalier et un piéton pour me conduire à Merhayyer (la Changée).

Nous voyageons aujourd'hui dans une plaine couverte de sable ou de gravier, où souvent des affleurements de calcaire blanc se font jour. Le relief de cette plaine est assez accidenté on y voit presque toujours des *drâ* ou lignes de hauteurs à l'horizon. La végétation est assez fournie : d'abord elle se compose de *zeita*, de *jell* et d'*isrif*, puis enfin de *drin*, de *zeita* et de *greyna*. Dans la première partie de la route nous voyons sur la gauche de petites buttes qui indiquent l'emplacement d'un ancien *qsar* appelé Djeneyyen جنين (le petit jardin). Il y avait autrefois des sources d'eau douce dans cet endroit; mais elles sont devenues salées et alors on a abandonné les lieux. Il ne reste de la *ghâba* que quelques palmiers-broussailles.

Nous arrivons à l'oued Itel par une très grande chaleur. Cet endroit s'appelle Sētīl; on y trouve des oglas ou trous peu profonds ayant un peu d'eau au fond. Cette eau était autrefois renommée comme très bonne. El Arbi en partant m'avait dit : « Vous retrouverez là l'eau de Mengoūb et de Zerig ech Chaaba. » Or dans le meilleur trou l'eau était verdâtre, lourde et avait un goût salé amer très désagréable. L'oued Itel n'est ici qu'une petite dépression large d'une centaine de mètres, garnie de sable et de gravier, mais sans berge. Son lit est couvert de tamaris. Il y a quelques jours qu'un campement de Toroūd était ici; ils ont émigré à Bir el Asli dans le Sahara de Tinedla.

Dimanche 3 juin.

En quittant Setīl on continue jusqu'au Dhahâr (1) la plaine de même conformation que celle d'hier. La végétation est composée de *retem*, d'*isrif*, de *methennan* et de *guerch*. Au Dhahâr, qui est le talus formé par une plaine supérieure qui cesse tout d'un coup pour faire place à une plaine plus basse, je trouvai dans les berges la même terre rougeâtre sableuse que l'on retrouve autour du qsar de Merhayyer.

Ici commence l'oued Righ naturel (2), le chott Melghigh n'est plus qu'à une petite distance sur la gauche. On en longe même le bord pendant quelque temps. A partir de là commence un sol ou *heicha* boursouflé, souvent couvert d'efflorescences de sel, et caractérisé par une autre végétation : *zeita, greyna, ghardeg* (?), etc. A moitié chemin entre Merhayyer et Setil se voient sur le chott les premières taches de palmiers, celle de Merouān ; à partir de là elles se succèdent presque sans relâche ; à droite on voit quelques *cherias* ou bosquets de palmiers nourris par une source. Enfin on arrive aux deux petites oasis d'Ourir et de Nesigha, qui se touchent presque. A Ourir il n'y a jamais eu de *qsar*, mais il y a une mosquée; à Nesigha, au contraire, il y en avait un autrefois.

Nous arrivons enfin à Merhayyer. Le soir, je vais voir une noce

(1) Appelé aussi Koudiat el Dor, le « mamelon du retour ». Sur la légende attachée à ce nom, cf. Féraud, *Rev. Africaine*, 1879, p. 62.

(2) Car on doit y compter Oumm et Tiour, depuis que les puits artésiens y ont été forés (H. Duv.).

de Rouâgha. C'est certainement fort curieux. La fête a lieu lorsque la chaleur du jour a passé et continue jusqu'au *maghreb*. Sept jours de suite elle se prolonge. Sur la place de la ville viennent prendre place les jeunes gens qui cherchent une épouse ou une amie (?) et ils s'asseyent sur les bancs de terre situés aux abords des maisons. Ils ont mis leurs plus beaux burnous et d'énormes chachias sous leur haïk qui est lui-même attaché par une énorme *lecrīma*. Vient ensuite le *maâllem* ou maître de musique, qui est aussi fort beau et qui ouvre le concert par un air de flageolet; il a pour acolytes deux timbales طبل et la musique commence pour ne plus changer sur un ton lent saccadé. C'est alors que viennent les jeunes filles de la ville deux à deux, trois à trois, toujours les amies ensemble. Elles marchent lentement, par petits pas, infligeant à leur corps une cadence, une ondulation presque imperceptible qui commence aux pieds et finit à la tête. Elles marchent les yeux pudiquement baissés; vêtues de leurs plus beaux vêtements, ayant au milieu de leur coiffure multicolore de petits rameaux de tamaris. Elles se tiennent par la main; les avant-bras levés vers leur tête pour montrer aux jeunes hommes leurs mains teintes de henné. Tantôt elles suivent le *maâllem* qui ne dédaigne pas de battre de temps en temps des entrechats devant elles, et ensuite de sautiller accroupi devant un autre groupe qui recule alors lentement. Le *maâllem* et un acolyte me distinguant avec le cheikh et Ahmed vint s'agenouiller à quelques pas de moi et me fit l'honneur d'un concert à mon intention; je déboursai un franc, ce qui lui donna des forces considérables. Plusieurs des groupes de statues firent des détours pour se faire admirer de plus près par Si Saad et vinrent passer lentement devant moi. C'étaient surtout les plus grandes. Il y avait de toutes petites filles. Enfin un groupe attira mon attention parce que chacune des demoiselles qui le composaient avait un fichu de soie jeté sur la figure. C'étaient les mariées; il y en avait trois.

4 juin.

Le cheikh de Merhayer prétend que sa ville est plus élevée que Tougourt, mais tout le monde est de l'avis contraire.

Nesigha avait autrefois une *dechera;* mais cette *dechera* se dépeupla peu à peu, les habitants moururent et sous le règne du cheikh Brahim la dernière famille émigra à Merhayyer. C'est une vieille femme de cette famille qui a émigré elle-même et qui me raconte ce fait. Elle me donne beaucoup d'autres renseignements curieux. La *dechera* de Nezigha ne fut jamais bien grande. Ourir a une mosquée dédiée à Sidi Mokhfi qui était Righi (1). Merhayyer est très ancienne, quoique fondée sous les musulmans; la Zaouiya de Sidi Embārek Sāim, de même; elle fut bâtie quarante ans après la fondation de la ville. Ce marabout était un chérif arabe venu de loin. C'est depuis le règne du cheikh Hamed que la langue arabe a prévalu dans les villages du Ras el Ouad, et qu'elle a remplacé le Righi.

Voici la liste des cheikhs de Tougourt (2) :

Sidi Mohammed ben Yahiya, marabout arabe nayli, régna quarante ans; son règne fut un règne doux.

Cheikh Hamed, fonda la dynastie des Beni-Djellab, famille aussi arabe, qui, dit-on, descend des Mérinides. Ce fut un bon souverain ainsi que cheikh Brahim.

El-Khāzen ne régna que trois à quatre mois.

Cheikh Brahim régna de treize à quatorze ans.

Cheikh Mohammed régna longtemps, eut pour fils les trois souverains suivants :

Cheikh 'Amor vient au trône deux ans avant la prise d'Alger;

Cheikh Brahim régna quatre ou cinq ans.

Cheikh 'Ali régna quatre ou cinq ans.

Cheikh Ben Abd er Rahman régna onze ans.

Cheikh Selman régna trois mois et fut chassé par les Français au mois de novembre 1854.

Les Mehadjeriya de Tougourt tirent leur origine, me dit-on ici, d'un juif apostat qui vint à Tougourt, déjà musulman, sous l'ancienne dynastie (Sidi Mohammed ben Yahiya). Cette indication est fausse (3).

La vieille femme me dit d'elle-même ces paroles singulièrement curieuses : احنَ بِم باب الوصعان, c'est-à-dire qu'elle reconnaît elle-même que les Rouagha forment (ou formaient) la limite septentrionale du pays des nègres.

Les deux ou trois palmiers isolés au sud-ouest de Merhayyer,

(1) Righi (pluriel Rouagha) : habitant de l'Oued-Righ ou Oued-Rir.

(2) Cf. le *Kitab-el-Adouani*, traduct. Ch. Féraud, *Recueil Soc. archéol. de Constantine*, 1868, et le mémoire du même auteur : *Les Ben-Djellab, sultans de Tougourt*, *Revue Africaine*, 1879-1880.

(3) A noter que le *Kitab-el-Adouani* assigne une origine juive aux premiers ksour de l'Oued-Rir.

séparés du fossé par un petit *dra'*, indiquent l'emplacement d'une *dechera* appelée El-Gharbi, dont les habitants possédaient une partie des palmiers de Merhayyer. Les deux villes étaient ennemies l'une de l'autre. El-Gharbi succomba dans la lutte et ses habitants, chassés du village, furent se réfugier dans le Nefzäoua, au Djérid et une faible partie entra à Merhayyer.

Voici les noms de tribus de Merhayyer : Oulad Hassen, — Oulad Imen, — Oulad Mouça, — Oulad Bou 'Ali, — Oulad Djabou qui étaient autrefois à El-Gharbi, — Er-Riāb, arabes habitant 2 à 3 maisons. Les Arabes de l'Oued-Righ sont Selmiya, Rahmān, Oulad Moulet. Ces derniers ont une centaine de tentes ; les deux autres tribus sont beaucoup plus fortes. Les tribus de Nesigha étaient : O. Sidi Mohammed ben 'Aiça, O. el Gharib, O. el Hāchi. Ils étaient tous Rouāgha et comptaient une vingtaine de maisons.

Je m'enquiers des maladies de l'Oued-Righ, du moins de celles qui sont le plus communes à Merhayyer.

Ophtalmie, peu. — Maux de tête, beaucoup. — Fièvres pernicieuses, peu. — Douleurs : on dit qu'elles proviennent du travail. — Syphilis, très peu. — Phtisie, peu, on n'en meurt pas. La plupart des morts viennent des fièvres.

L'oasis de Merhayyer compte huit sources coulant encore. Une forte et sept petites. Elles ont 84 à 90 *dra* (42 à 45 m.) de profondeur (1); les unes sont douces, les autres sont salées; la plus forte source est salée. — Ourir et Nesigha ont chacun une source. — Les palmiers broussailles de Tamidount et de Merouān ne sont pas arrosés; ils donnent de petites dattes que mangent les chacals et les gazelles.

Sources artésiennes : 'Aïn Mellāha, eau assez bonne, température 24°,2; profondeur d'après la tradition, 42 m,5. — 'Ain Baṭṭāḥ-boum, température 24°,5; profondeur, 42 mètres.

Le nombre des palmiers de Merhayyer, de Nesigha, d'Ourir et de Dendoūga s'élève à 25 ou 26.000; mais ce chiffre doit probablement subir une correction notable en augmentation, de même que ceux que je donnerai pour l'Oued-Righ. Les cheikhs qui les ont comptés, croyant que le chiffre qu'ils donneraient devait servir de base à un impôt, ont naturellement indiqué le moins possible.

(1) Ville, qui a mesuré lui-même en 1861 quatre de ces puits indigènes, leur a trouvé une profondeur de 27 à 30 mètres, et ne croit pas qu'ils aient dépassé 42 mètres à l'origine. (*Voyage d'exploration*, etc., p. 331).

Dendouga, dans le chott Melghigh, possède une *dechera* abandonnée; elle avait autrefois une population de Selmiya et de Fouänis (Rouägha); il y avait environ 15 maisons. Dendouga possède une source et Choucha aussi.

Parmi les Rouagha, les blancs et les noirs sont considérés comme au même niveau; il n'y a pas d'idée de noblesse attachée à la blancheur de la peau. Dans l'hypothèse probable de l'homogénéité primitive d'une race noire dans l'Oued-Righ et le Nefzäoua, race successivement modifiée par l'élément berbère et par l'élément arabe, ce serait dans les mélanges de ces trois races qu'il faudrait chercher l'explication des nuances de couleur, puisque les traits restent toujours les mêmes, et donnent quelquefois le singulier spectacle de nègres et de négresses presque blancs. A Sidi Khelil, à Merhayyer on ne fait pas de « ghechem » ou vin de palmier.

Autrefois les Beni-Djellab demandaient au cheikh de Merhayyer 100 ou 130 réals torbäga (de Tunis) et à la ville 250 réals torbaga. Le cheikh Mohammed demandait autrefois 500 réals, mais les Français diminuèrent l'impôt comme ci-dessus sous les derniers Beni-Djellāb. Aujourd'hui il n'y a à Merhayyer que les Oulad Hassen qui paient tribut à la France parce qu'ils n'ont pas voulu accepter notre autorité dans l'origine. Leur redevance monte à 156 douros. — Nesigha paie 31 douros et Dendouga 44. En tout 1.155 francs. A Oumm et Tiour les habitants sont Selmiya. A Chegga, ce sont des Chorfä.

A Merhayyer on cultive de l'orge dans de petits carrés entourés de petits murs en terre, on laboure à la pioche (?). Du blé, il n'y en a que très peu. Tout le travail des Rouagha est l'agriculture.

A Djenéyyen il y a beaucoup de sangliers. Il y a deux ans, un de ces animaux s'est égaré jusqu'à Merhayyer.

A Merhayyer la plupart des hommes n'ont qu'une femme; 25 hommes seulement en ont deux et un seul ménage en a trois. Les ménages ont deux enfants en moyenne; jamais plus de cinq.

Il n'y a pas de poissons dans les eaux de Merhayyer *parce qu'elles ne forment pas de « bahar* (1) ».

Voici la liste des espèces de dattes qui se trouvent dans l'oasis :

(1) *Bahar* (pluriel *behour*) : petits bassins plus ou moins circulaires, remplis par une nappe d'eau ascendante.

El-Ghers, Degla (principales). — Degel. — El'Ammāri. — Deglet Noūr. — Tīndjouhert. — El Itīma. — Zintebouch. — Tisīnīn. — El'Adjīna. — Bou Khennoūs. — Hamrāt el Kāïd. — Kouttich ed Degla (du Zāb). — Tiflziouīn. — El Kenta. — 'Abd el 'Azzàz. — El Kesebba. — Dhofor el Gott. — Degla Morhoss. — Bou 'Aroūs.

L'Oued-Righ compte 44 villages, dont 3 sont abandonnés.

5 juin.

Nous partons de Merhayyer; je ne puis plus y rester, quoique le ciel ne m'ait pas encore permis de faire hier même une simple observation de latitude.

Nous arrivons à Sidi Khelil de bonne heure. Ce village est, comme Merhayyer, entouré d'un fossé d'eau, dans lequel je vois des poissons, quoique l'eau soit couleur d'urine de vache. Sidi Khelil a 50 maisons et 9 sources d'eau coulante, quoique d'un faible débit. C'est un marabout qui a bâti ce village auquel il a donné son nom. Le nombre de palmiers de Sidi Khelil est à celui de Merhayyer dans le rapport de 2-3. — L'eau de cette oasis est peut-être un peu moins bonne que celle de Merhayyer, mais elle est cependant très buvable. — A l'ouest de Sidi Khelil, contiguë à la ville, on trouve une grande mare dans laquelle je vois des négrillons du pays prendre leurs ébats. Il y a deux tribus à Sidi Khelil (1), les Oulad Zaïr et les Zeräib Selimān.

Je vais coucher à Tinedla. Tinedla n'a que peu d'importance; il n'y a qu'une quinzaine d'hommes adultes, environ 3.000 palmiers arrosés par 7 sources. Elle ne paie pas de tribut. — El-Bārĕd, près de Tinedla, ne compte que 8 hommes, 2.000 palmiers et une seule source. L'odeur des marais est écœurante. Le soir, je vois planer au-dessus du village un crapaud volant.

6 juin.

Je pars de Tinedla, et j'arrive de très bonne heure à Ourhlāna. Je trouve ici M. Zickel, lieutenant d'artillerie, avec qui j'avais fait connaissance à la table du bon commandant Robbe à Batna. Il commande ici la brigade des forages artésiens. Le puits qu'on a entrepris est déjà très avancé; il a 53^{m},89; la température de l'eau dans un intervalle du travail est de 24°,1 (th. 303 de Salleron). Je me démunis de mon anéroïde et d'un thermomètre Sal-

(1) J'ai quelques doutes si ces tribus appartiennent à S. Khelil ou à Tinedla, ce serait peut-être à la dernière ville (????) (H. Duv.).

leron n° 303 pour que M. Zickel puisse faire des observations. M. Zickel a un fonds d'instruction générale qui manquait à mon pauvre ami Lehaut.

Ourhlâna a 2.000 palmiers arrosés par 5 sources principales; la population du village est de 200 hommes et de 180 femmes. Je passe la *gaïla* ici et je vais coucher à Sidi Râched. A Ourhlâna, le puits donnait déjà une source notable, qui n'était venue que la veille. J'eus le curieux spectacle de voir les Rouâgha travailler aux saguias au son de la musique. Ils ont, à ce qu'il paraît, égorgé un chevreau sur l'orifice du puits.

Nous avons passé les deux *Tamernas*. — Tamerna Djedida a 100 hommes adultes. Les palmiers sont arrosés par 2 sources.

7-11 juin.

Je vais à Tougourt. Je vois, en passant, les ruines de la curieuse mosquée de Tâla, ville puissante que détruisirent les Beni-Djellâb.

Le cheikh Bou Chĕmal de Nezla, l'un des hommes les plus nobles de l'Oued-Righ et un ancien ami et conseiller des Beni-Djellab, me donne les renseignements suivants.

Autrefois les Beni-Mezâb occupaient Tougourt et Ghamra, voire même Temassīn (1).

Les Beni-Djellâb, lorsqu'ils furent chassés par les Français, avaient régné 550 ans. 'Omar ben Qetla (Ben-Djellâb) fut celui qui fit apostasier les Juifs aujourd'hui Medjehariya. Il avait une maîtresse juive nommée Hokâya; celle-ci lui dit un jour : « Si tu veux convertir les Juifs, il faut attendre que leurs palmiers (car ils en possédaient) aient des dattes (2) et les menacer de les chasser comme les Beni-Mezâb et de les dépouiller de leurs biens, s'ils ne passent pas à l'islamisme. » Ben Qetla suivit ce conseil, et, après 5 jours de réflexion, les Juifs se convertirent (3).

Sidi Mohammed ben Yahiya et Sidi Serr Allah, du temps de la Djemâa avant les Beni-Djellâb, sont les deux marabouts qui chassèrent les Beni-Mezâb.

Les Beni-Djellâb avaient des mœurs très légères; on connaît

(1) Confirmé entre autres par Ibn-Khaldoun, qui écrivait au XIVe siècle que les Azzâba (ancêtres des Mzabites) étaient en majorité parmi les hérétiques de Tougourt (*Hist. des Berbères*, traduct. de Slane, III, p. 278). — La principale mosquée de la ville s'appelle aujourd'hui encore Djama-el-Azzabiya.

(2) Ces palmiers étaient à un endroit appelé aujourd'hui Khalouâ (H.Duv.).

(3) Cf. une deuxième tradition dans Féraud (*Rev. Africaine* 1879, p. 354 et suiv.).

l'amour des liqueurs fortes des derniers souverains de la dynastie. — Près de Tougourt se trouve une jolie goubba à deux coupoles appelée Dār Nedjma, qui fut le tombeau d'un des fidèles partisans du premier souverain qui se faisait passer pour marabout. Plus tard les Beni-Djellāb avaient là une jolie chambre, et y donnaient des rendez-vous aux plus belles femmes des plus nobles familles de Tougourt, qui y venaient sous prétexte de pèlerinage.

L'impôt annuel de l'Oued-Righ et du Souf s'élève à..........		80.000 fr.
Les dépenses de l'Oued-Righ et du Souf sont :		
Traitement du caïd et des cheiks.............	26.660 fr.	
Cavalerie (Khialas) du caïd..................	46.800	
Tirailleurs indigènes à Tougourt..............	42.000	
Poste..................................	10.800	
Total des dépenses....................	126.260	126.260 fr.
Excès des dépenses sur les recettes.................		46.260 fr.

Le capitaine Cannat a fait compter les palmiers de l'Oued-Righ par les cheikhs de chaque village, ce qui est un très mauvais moyen; il a obtenu le chiffre de 400.000 palmiers. Plus tard, il compta lui-même à Meggarîn les palmiers et en trouva 2.000 de plus dans cette petite oasis. Le lieutenant Auer a calculé le nombre des palmiers de Tougourt. Il a compté réellement les arbres sur un petit espace et a ensuite fait la proportion sur la superficie de l'oasis basée sur son plan. — Il a obtenu 180.000 palmiers, tandis que Cannat en avait seulement 85.000 par le calcul des cheikhs! En se basant sur la différence des données sur Tougourt d'Auer et de Cannat et en acceptant celle d'Auer comme bonne, on aurait 848.000 palmiers pour l'Oued-Righ. — Auer estime cependant le nombre à seulement 600.000 palmiers. El-Ouad, me dit le ḳaïd, a avec 'Amîch 60.000 palmiers. En admettant 600.000 palmiers dans l'Oued-Righ et en faisant payer 0 fr. 20 par arbre, on aurait 120.000 francs par an, ce qui suffirait pour payer les dépenses quand on aura modifié le service des postes. — Le Souf donnerait du reste de quoi payer le surplus, 6.260 francs, et le gouvernement aurait encore un bon revenu en plus.

CHAPITRE II

AU SOUF

12 juin.

Je n'ai quitté Tougourt qu'après midi, et je suis parti à cheval avec un spahi bleu qui ne savait pas le chemin. Après avoir traversé la Chemorra, nous sommes entrés immédiatement dans les sables, alternant de dunes à de simples ondulations. D'abord ces sables, comme tous ceux qui avoisinent les lieux habités, n'ont aucune végétation. Plus loin nous vîmes des oueds bien garnis de végétation et nous arrivâmes au puits Mouïa Rebah qui ne contenait alors que très peu d'eau et qui avait déjà une mauvaise odeur. De là nous allâmes à Hassi Embārek au commencement de hautes dunes, que nous traversâmes sans cesse pour arriver à Taibāt et Guebliā. Nous trouvâmes à ce dernier puits de petits camps d'Oulad Seih.

J'arrivai à la nuit tombante à Taibāt qui est une petite bourgade au milieu des dunes. Elle est bâtie à la mode du Souf. Les maisons ont de petits murs en chaux et pierre à plâtre et les chambres sont surmontées de petits dômes. On voit ici le tombeau d'un cheikh et une mosquée. Les habitants sont des Oulad Seih ; les palmiers sont plantés comme au Souf.

13 juin.

Nous sommes partis avec le bagage et avons traversé pendant longtemps une zone de dunes très difficiles, surtout pour des chameaux du Tell comme sont les miens. D'abord nous avions rencontré des jardins qui portent le nom de Khobna. Notre marche est très lente, et nous nous arrêtons pour passer la *gaïla* au puits de Dhemerini dont l'eau est assez bonne. De là nous ne partons que tard, à cause du sirocco qui m'a indisposé et nous allons coucher au Kétif, la plus haute dune de sable de cette région.

11 juin.

Nous sommes partis de bon matin, tous ensemble; mais Ahmed et moi nous prenons le devant sur nos chevaux, ayant un guide à pied. Après une bonne marche, nous arrivons au puits des Haouäd Tounsi; puis nous ne quittons plus les dunes jusqu'à El-Ouäd. J'ai déjà passé à Haouäd Tounsi en allant à Ouarglä. Je trouvai le kaïd qui me reçut très bien.

J'apprends qu'un « rhezi » de Toroud avec quelques Touaregs de Cheikh Othman sont partis pour aller razzier des tribus arabes de la Tripolitaine ou de la Tunisie. (Ceci est intéressant. Voir au Djébel le résultat.) Le Cheikh Othman était ici il y a peu de temps; il se disposait à aller à Ghadämès pour s'entretenir avec Ikhenoukhen qui est campé près de là, au sujet d'un différend qui s'est élevé entre leurs tribus. J'espère donc, une fois de plus, pouvoir aller avec lui.

Je cause longtemps avec un Ghadamsi qui s'en retourne chez lui. Il est parti de Ghadamès au milieu du ramadan; on lui a dit qu'il devait venir un Français et un Anglais. Le Français, c'est moi sans doute.

15 juin.

Ahmed est tombé malade de fièvres la nuit dernière. Je passe une partie de la journée à le médicamenter; il est d'une faiblesse extraordinaire contre la maladie, lui qui ne craint rien d'ordinaire. Il dit à qui veut l'entendre qu'il est perdu. Cependant, le soir, il peut déjà se promener. Sa femme lui en a tant dit, qu'il vient me déclarer qu'il ne peut pas voyager cet été; mais le soir le kaïd lui parle devant les *mechaikh,* et le décide à revenir sur cette idée.

Je fais causer un homme des Ghoribi, tribu arabe du Nefzäoua, qui ont quelques palmiers à El-Ouad, et qui ne vont pas l'été avec les Oulad Yagoub dont ils sont plutôt les ennemis.

Les Arabes du Nefzäoua sont les Oulad Yagoub, les Ghorib, les Meräzig et les Solaä. — Les Ghorib qui possèdent la ville de Sabria se divisent en

Ghorîb.............	Sabria.	Bidhan. Chebib. Fodhély. Rehamla. Keraima.
	El-Ghenaim. Djerarda. Touamer. O. 'Ali. O. Nouiser. El-Gherisiyin.	

Sabria est à un long jour de Kebilli et à cinq jours d'El-Ouad; ses puits sont comme ceux du Souf, de même que ses غكلان établis dans les sables. Voici la liste des puits du Sahara des Ghorib; le pays où ils sont creusés est par 120° de Nefzaoua.

Bir Djedid	à 3 jours de Kebilli;			à 5 jours d'El-Ouad.				
El-'Ogla	4	—	—	5	—	—		près les
El-Oudey (el Merhotta)	à 2	jours de Kebilli;		à 5 jours d'El-Ouad.				uns des
El-Hiadh	—	2 ½	—	—	4	—	—	autres.
Moui Sefar	—	4	—	—	3	—	—	
El-Gounna	—	2	—	—	5	—	—	
Moui Dhô	—	2 ½	—	—	4 ½	—	—	près les
El-Beskri	—	2	—	—	5	—	—	uns des
El-Mahrouga	—	2	—	—	5	—	—	autres.

Le puits le plus à la *guibla* (1) est celui de El-Oudey el-Merhotta.

Je donne la permission à Ahmed de vendre son cheval et sa selle.

16 juin.

J'avais résolu d'aller voir 'Amich qui commence près d'El-Ouad et se prolonge vers la *guibla* d'une longueur dépassant un peu la distance de Kouïnin; mais j'ai abandonné mon projet; je crains que la promenade ne vaille pas la fatigue qu'elle doit coûter par la chaleur que nous avons. J'ai employé mon dernier jour ici à prendre des renseignements commerciaux.

Notes sur le commerce d'El-Ouad.

Le commerce d'El-Ouad suit quatre directions principales et il est curieux de noter qu'aucune d'elles ne se dirige vers nos

(1) Le plus au sud.

possessions. Biskra, et peut-être Tebessa, Tougourt aussi ont, il est vrai, des relations avec le Souf (El-Ouad), mais le commerce qui en est la base est bien languissant, et est en grande partie réservé aux villes de Souf, Gomar, Kouïnîn et Ezgoum.

Les quatre canaux principaux du commerce d'El-Ouad sont : 1° Tunis; 2° le Djérid; 3° Gabès; 4° Ghadâmès. — C'est par cette dernière ville qu'ont lieu des transactions avec Rhat et le Soudan. — A ces quatre emporiums on pourrait ajouter Ouarglâ.

Voici les prix courants à El-Ouad des marchandises venant de Tunis, et qui, pour peu qu'ils entrent dans le rayon des produits de fabrique, sont tous anglais ou maltais :

Prix courant :

Cotonnades de Malte, pièces de 22m,5 à 23m,5 de longueur; marque, une ancre et un dauphin enchevêtrés et au-dessous « Patent »	9 fr.
Amberguiz ou madapolam, pièces de 37m,5	17
Cotonnades bleues de Malte, pièces de 35m de long sur 1m de large	16 50
Calottes rouges (1) tunisiennes, 1 paquet de 6, 1re qualité	30 »
Soie non travaillée, blanche ou teinte, 1re qualité, 1/2 kil.	20 »
— — qualité inférieure, 1/2 kil.	10 »
Fusils de Tunis à pierre, l'un	30 »
Foulards de coton teints (anglais ?), la douzaine	6 »
Foulards de soie noirs ou rouges, la douzaine	25 »
Mousseline grossière, (2) la pièce de 22m,5	7 50
Essence de roses, 1re qualité, 1 mithcal (3) ou 6 fioles	5 »
— 2e qualité, une oukiya (4)	2 50
Civette, (5) l'oukiya	12 »
Musc, l'oukiya	65 »
Papier blanc écolier, les 500 feuilles	5 »
Cassonade (belle qualité), le 1/2 kil.	»
Corail, gros grains (beau corail), l'oukiya	10 »
Alun blanc, les 50 kil.	33 »
El-Mabroûka, racine, remède contre la syphilis, le 1/2 kil. (6)	3 »
Boîtes à parfums en bois, 5 boîtes les unes dans les autres	1 »

Quant au commerce avec le *Djérid*, il repose presque exclusi-

(1) Chéchias.

(2) *Mebred.*

(3) Ce poids est le mithcal de Tunis. Duveyrier dit ailleurs (*Revue algér. et col.*, novembre 1860) qu'il l'a trouvé égal à 4 gr. 175. Les mithcal de Tripoli et d'Agadès sont un peu plus forts.

(4) Once, 1/16 de la livre tunisienne, que Duveyrier évalue à 508 grammes.

(5) *Zebed*, sorte de pommade faite avec la graisse de l'animal du même nom, et dans laquelle il entre en outre de l'huile, du benjoin, du girofle, etc.

(6) Ce que Duveyrier appelle ici 1/2 kil. est la livre tunisienne de 508 grammes. (Cf. son article de la *Revue alg. et col.*)

vement sur les tissus fins de laine et de soie de ce pays. A El-Ouad, voilà les prix moyens des différents vètements djéridis :

Burnous non cousus, de 20 fr. à 22 fr. 50 et 25 francs.
Haïks de laine, de 22 fr. 50 à 25 et 30 francs.
Haïks de laine et soie, de 65 fr. à 70 et 75 francs.

C'est-à-dire que, pour les haïks djéridis, on peut en avoir depuis 22 fr. 50 jusqu'à 75 fr. Ces mêmes burnous qui sont vendu 20 fr. à El-Ouad ont été achetés pour 17 fr. 50 au Djérid. Ceux de 25 fr. ont coûté 22 fr. 50. Les haïks sont vendus à El-Ouad pour 10 francs de plus qu'ils ont coûté au Djérid. Le prix du louage d'un chameau d'El-Ouad à Tozer est de 12 francs en moyenne. En hiver de 10 francs ; en été il va jusqu'à 15 francs.

De Gabès on n'apporte guère que deux produits, mais ils sont de nature à fixer l'attention, car tous les deux sont employés dans l'industrie européenne.

Le henné, que l'on me dit meilleur que celui du Zâb, se vend ici....	» 50
La garance, les 50 kil..	» 10

Ghadâmès envoie à El-Ouad des produits d'une nature toute spéciale.

Pièces de cotonnade bleue fabriquée au Soudan (1), longueur 4 mètres : se vend au détail dans des boutiques à 4 fr. le mètre ; en gros on les vend à leur arrivée de Ghadâmès à........................	10 »
Troûnia, (2) les 50 kil..	50 »
Peaux de chèvres ou de moutons tannées et rouges, chaque.........	3 »
Civette, meilleure que celle de Tunis, 1 oukiya.....................	30 »
Alun, les 50 kil..	33 30
Or : 1° en poudre, (3) en moyenne le mithcal	11 »
— 2° en objets travaillés (4), le mithcal.	9 fr. 50 à 10 »

Ce sont les prix de Ghadâmès ; exceptionnellement il se trouve, comme à présent, que les marchands de Ghadâmès, par suite de l'encombrement du marché, n'ont aucun profit, perdent même à El-Ouad.

(1) *Açaïb et saye* ou *tourkedi*.
(2) Natron, carbonate de soude plus ou moins pur, extrait des petits lacs du Fezzân.
(3) *Teber*.
(4) *Khores*.

Prix du transport d'une charge de chameau :

		FRANCS
D'El-Ouad à Tunis		80 en été. / 40 en hiver.
—	au Djérid	15 à 17.50 en été. / 10 à 12 en hiver.
—	à Gabès	40 en hiver.
—	au Nefzâoua	15 —
—	à Biskra	15 —
—	à Ghadâmès	40 en été. / 25 ou 30 fr. seulement en hiver.
—	à Ouârgla	20 en hiver.
—	au Mezâb	25 —
—	à Tebessa	22 50 —
De Ghadâmès à Tripoli		21 —
—	à Rhat	64 en été.

1 kantar $\frac{1}{3}$ (mesure d'El-Ouad) de henné coûte à Gabès.... 53 fr.
1 kantar $\frac{1}{3}$ (mesure d'El-Ouad) de garance vaut à Gabès.. 33 50

D'El-Oued à Tunis		13	jours	de caravane.	
—	à Nafta	4	—	—	
—	à Gabès	9	—	—	
—	au Nefzâoua	6	—	—	
—	à Biskra	5	—	—	
—	à Ghadâmès	14	—	—	
—	à Ouârgla	9	—	—	
—	à Tebessa	7	—	—	par Négrīn.
—	à Guerara	9	—	—	d'El-Ouad à Temassin 3 j. / Temassīn à Belidet Amar 1 j. / Belidet à Hadjira 2 jours. / Hadjira à Guerara 3 jours.

17 juin.

J'ai le plaisir de voir Ahmed se remettre tout à fait aujourd'hui. Je lui laisse beaucoup de commissions; il me rejoindra à Tougourt. Dans l'après-midi je pars. J'ai trois domestiques à part Ahmed. Nous voyageons d'El-Ouad à Ezgoum à travers des dunes où l'on ne trouverait pas un seul brin de végétation. Il fait beaucoup de vent; le paysage est très uniforme, mais n'en est pas moins remarquable.

J'arrive à Ezgoum où je retrouve quelques-uns de mes anciens compagnons de voyage du Djérid, qui ont maintenant honte de leur manque de courage pendant la route. Ezgoum est très bien bâti, c'est sous ce rapport la première ville du Souf. Les maisons sont assez élevées quoique sans étage supérieur; les rues sont bien alignées. Les maisons sont surmontées de nombreuses petites coupoles (1) au sommet desquelles, comme aussi sur les murs qui les relient, on a distribué des pommeaux en maçonnerie d'un très joli effet. La ville m'a paru très propre. Les habitants sont plus civilisés que le reste des Souafa; ils ont pompé la civilisation à Tunis et aussi ont tâché d'en introduire chez eux ce qu'ils pouvaient. Leur cuisine d'apparat par exemple est tunisienne. Ils ont aussi pris de Tunis une grande sévérité extérieure de mœurs, du moins à ce qu'on me dit.

La ville d'Ezgoum (2) compte maintenant 14 générations. La ville la plus ancienne de Souf est Taghzoūt; la plus moderne, El-Ouad excepté, est Gomār. Lorsqu'on a fondé Ezgoūm, il n'y avait aux environs que fort peu de sables, et pas de dunes comme à présent; ainsi, encore en 1813, lorsque l'on bâtit le minaret de la mosquée (il a 9 mètres de hauteur), on pouvait voir de son sommet les feux d'El-Ouad qui à cette époque ne comptait guère que des huttes de palmes (*zeraīb*), et l'on apercevait aussi du bois enflammé quand on en transportait pour allumer un feu de Gomār à Taghzoūt. Inutile de dire qu'aujourd'hui ce serait impossible.

Autrefois, dans l'Ouad Jardaniya qui est un peu au nord de Sidi'Aoūn, il y avait des labours arrosés par des sources. On voit

(1) Cf. sur leur construction, J. Brunhes, *Les oasis du Souf et du Mzab*, *La Géographie*, V, 1902, p. 14-15.

(2) La vue ci-jointe a été trouvée, sans indication d'origine, dans les papiers de Duveyrier.

encore aujourd'hui, me dit-on, les traces des *saguias*. On trouve aux environs des terrains de *sebkha* comme dans l'Oued-Righ.

L'historien du Souf Cheikh el'Adouâni était d'Ezgoum; c'était, m'assure-t-on, un saint homme. Il faisait sa prière du matin avec la *djema'a* et celle du *dhahor* à Bagdad en Syrie.

La population des villes soufia (excepté El-Ouad) se compose aujourd'hui exclusivement de Toroûd et d'Adouân. Ezgoum est dans ce cas. Dans les villes du Souf les Adouâns dominent. A El-Ouad et 'Amich il n'y a que des Toroûd. Les premiers habitants du Souf à 'Amîch et Hassikhalifa furent des Zenâta (1) païens (ou chrétiens?), ensuite vinrent les 'Adouân et puis les Toroud. Ezgoum possède une jolie *goubba* élancée, dédiée à Sidi Abd-el-Kader.

Les vents du nord-est dominent en été dans le Souf; ces vents, unis aux siroccos du sud-est, sont la cause du progrès des dunes vers l'ouest. Leur force et peut-être leur fréquence doivent surpasser celles des vents du nord-ouest de l'hiver.

Je suis piqué, le soir, deux fois au bras par un gros scorpion qui s'était introduit entre mon bras et ma chemise. Il sort par le cou de la gandoura. Je fais de petites fissures sur les piqûres et j'y applique de l'alcool camphré. Mon bras cependant reste engourdi un instant.

18 juin.

J'arrive de bonne heure à Gomâr, après avoir traversé une zone de sables dénudée, absolument semblable à celle qui sépare El-Ouad d'Ezgoum. Je trouve que le qadhi a tenu sa promesse et m'apporte une copie de Cheikh el'Adouâni; cependant je dois noter ici que le qadhi et même Si Mohammed el'Aïd déclarent que ce livre contient avec du vrai beaucoup de fantaisie. Il faudra débrouiller cela.

Le kaïd arrive d'El-Ouad dans la matinée, nous allons ensemble chez le marabout Si Mohammed el'Aïd que nous trouvons dans une maison assez belle, mais couché sur un lit déchiré et vêtu d'un haïk à peine propre. Cette fois, le marabout se montre très poli et daigne causer avec nous de mille et un sujets. Il a reçu les lettres du général et toutes celles que je lui ai apportées.

(1) Tradition confirmée par Ibn Khaldoun: au IXe siècle, les Zenata occupaient le Sahara algérien et tunisien (*Hist. des Berbères*, traduct. de Slane, III, p. 275, 286, 303, etc.).

Il me promet tout son concours; en somme, je suis content de cette entrevue. Nous déjeunons là; on nous apporte, en fait de friandises, du concombre frais et une pastèque verte, mais mangeable.

Le 19 juin.

Je fais une visite à Si Mohammed el'Aïd qui me donne son *ouerd* et qui me remet différentes lettres pour les Touareg Cheikh Othman et Cheikh Ikhenoukhen. Le marabout cause d'une manière très aimable comme hier. Il veut me faire son mokaddem à Paris.

J'ai oublié de noter que pour le commerce d'El-Ouad la monnaie de compte est le réal *bou cherchour*, équivalant à 1 fr. 35. Il vaut à Tunis deux réals tounsi dits *nehas*. On le divise en quarts « *rouba'* » ou en huitièmes « *themen* ». Un réal a 94 *nasri*.

Je visite les puits de Gomar, et j'en choisis 4.

Bir Talat Chriaa'	Prof. 6m,75	Temp. 21°,05
Bir Sidi Abder Rahman,	6m,66	21°,70
Bir Djama'el gharbi,	6m,50	21°,35
Bir Djama' el Akhouân,	6m,84	21°,20

On m'apporte le soir un dîner fort peu convenable; je le fais envoyer au kaïd en le priant de m'y trouver un morceau de viande. Le kaïd frappe d'une amende de 200 francs le cheikh qui a apporté le dîner, et il m'envoie le sien avec d'excellente viande grasse.

Le 20 juin.

Je suis parti aujourd'hui de Gomar. En passant devant les jardins, je remarquai deux arbres fruitiers : figuier et grenadier. On était en train d'arroser les plates-bandes. Nous voyageâmes d'abord à travers une région de sables, qui, comme toutes celles qui avoisinent les villes du Souf, est tout à fait dénudée. Puis nous revîmes la végétation, qui dans cette région consiste principalement en drin et alenda. Nous avons le sirocco toute la journée, mais nonobstant nous marchons bien; et nous campons un peu en deçà de Mouïa el Ferdjân.

21 juin.

Nous nous mettons en route de très bonne heure et nous arrivons très vite à Mouïa el Ferdjân. A la *gaïla* j'ai le spectacle d'un ouragan très curieux quoique peu agréable. Toute la journée il a fait un sirocco violent. A 1h,20 du soir, le ciel s'est couvert; coups de vents terribles qui renversent deux fois ma tente; ces vents viennent du S.-S.-E. — 5mm de pluie d'orage; deux coups de tonnerre lointains. A 1h,35, coups de tonnerre très haut au-dessus de nous; pas tout à fait au zénith (N.-O.), puis au N.-E., puis de l'horizon. A 2h,10, coups de vent épouvantables. Le vent chasse le sable de manière à me faire mal aux jambes. A 2h,35, coups de tonnerre au zénith au N. et au N.-O., ciel couvert, vent de N.-O. faible. Éclairs au N.

En partant de l'endroit où nous avons fait la sieste (d'une singulière façon) nous atteignons vite une sorte de forêt ou de bois taillis appelé *zouitaya* du *zeïta, Statice monopetala* (1), qui y est pour ainsi dire la seule plante dominante. Cela me rappelle les environs de Chegga du sud. Cette *zouïtaya* finit à l'Erg Meggarîn, où nous voyons, entre les dunes, des dépressions de sables humides, ce qui fait dire à mes Souâfa que c'est un « Erg toloûa »; on pourrait y planter, comme au Souf, des palmiers s'arrosant eux-mêmes par absorption.

Nous arrivons à Meggarîn Djedid, où je laisse mon monde et je continue jusqu'à Tougourt avec le spahi bleu. A Tougourt au coucher du soleil, ciel embrasé d'un rouge sombre; air lourd, le soir pluie. Je trouve ici Auer malade et le caporal Dhem ayant manqué d'être emporté par les fièvres deux jours avant. Cependant tous vont un peu mieux. Abd Allah l'Allemand va aussi mieux.

Tougourt, du 22 juin au 1er juillet.

Je fais un peu de photographie.

J'essaye de faire un baromètre en passant par la délicate expérience de Torricelli. Je casse 4 tubes de verre en faisant bouillir le mercure, mais le 5e tube réussit et j'ai restauré ainsi mon nº 903 de Tonnelot.

L'oasis de Tougourt est très vaste, elle possède environ 180.000 palmiers, d'après une bonne évaluation faite par M. Auer. Ce chiffre représente les palmiers en rapport. Il y avait, il y a deux ans, 325 puits artésiens d'un débit plus ou moins fort dans toute l'oasis en comptant les palmiers appartenant aux villes de Tebesbest, Nezla, Sidi-Bou-Djenan, Beni-Souid, Zaouya Sidi el

(1) Le *zeïta*, comme Duocyries l'a reconnu plus tard, n'est pas le *Statice monopetala* L., mais une autre plombaginacée : *Limoniastrum Guyonianum* Dur.

Abid, etc. Le nombre des puits tel que l'a donné M. Auer, il y a deux ans, n'a pas dû changer depuis, en comptant les puits qui ont tari et ceux qui ont été forés depuis, tant par les indigènes que par les sondages français.

A 5 kilomètres de Tougourt au sud-sud-est se trouve un lac d'eau salée Merd-jädja qui a 1/2 kilomètre de long sur 200 mètres de large et une profondeur maximum de 45 mètres (Auer).

Tout près de Nezla se trouve le tout petit village de Sidi-Mohammed ben Yahiya qui est le tombeau du marabout qui régna sur Tougourt avant les Beni-Djelläb.

A l'extrémité sud de l'oasis se trouvent des prolongements de jardins qui ont actuellement dépassé les premières hauteurs de Bou Yerrö et qui, plantés de palmiers encore en broussaille et arrosés par des puits artésiens, donnent un bon témoignage de l'influence française sur l'oasis, car ils ont été commencés depuis la conquête. C'est le cheikh Bou Chemäl qui en a eu l'initiative et la plupart des jardins lui appartiennent.

Les hauteurs de Bou Yerrö commencent à 4 kilomètres sur la route de Merd-jadja (en partant de Tougourt); elles sont de peu d'importance, mais doivent exister sur les cartes.

On trouve dans l'oasis palmiers, abricotiers, figuiers, grenadiers, poiriers (peu), pommiers (peu), vignes (peu), cotonniers (d'ancienne et de nouvelle date). Ce dernier arbre devient très fort; il n'est pas utilisé. Légumes, choux, ail, oignons, tomates, *gara*, *kabouya*, sorte de concombre, melons, pastèques, poivre rouge, *bou deraga* (pourpier), navets, carottes, radis blanc (*fedjel*), haricots du Souf (peu), fèves, poireau, — luzerne en quantité, orge (pas de blé), réglisse (en quantité, sauvage). Le henné ne vient pas, du moins les essais faits par les indigènes avec des graines envoyées de Biskra n'ont pas réussi. La garance se trouve un peu à Meggarin, à Ghamra, à Tamerna et à Sidi Khelil.

La ville de Tougourt est construite en *tôb* (1). Les maisons n'ont qu'un étage. La ville est entourée de fossés remplis d'une eau stagnante (2) et salée qui nourrit des poissons et quelques serpents d'eau. Elle a aujourd'hui une seule porte, Bab-el-Khrükha (3) qui s'ouvre au nord-est et qui est gardée par un détachement de tirail-

(1) Briques d'argile séchées au soleil.
(2) En grande partie comblés depuis par les soins du bureau arabe.
(3) Une autre porte, Bab-el-Gharb, a été rouverte plus tard.

leurs indigènes. La Kasba est au sud-ouest du côté opposé. Elle comprend des bâtiments assez considérables quoique peu élevés qui ont été construits par les Beni Djellăb, et ensuite diversement modifiés par les Français jusqu'à la construction de la caserne l'année dernière; ce dernier bâtiment forme un carré oblong à un étage; les pièces sont hautes et bien aérées. Les démolitions de la Kasba pour la construction de la caserne ont détruit la seconde petite porte appelée Băb-el-Ghadăr ou de la trahison, qui était particulière à la Kasba et que j'ai vue encore debout. A la prise de Tougourt la ville avait quatre portes en comptant celle de la Kasba que je viens de nommer, mais les Français en ont fait fermer deux. Les rues de Tougourt sont étroites, mais assez propres, dans le quartier des Medjehariya il y a deux rues couvertes. Les principaux monuments de la ville sont, à part la Kasba, la grande mosquée, rétablie par les Français et l'ancienne mosquée avec son minaret de construction djéridienne (en petites tuiles) qui porte encore des traces de boulets de Salah Bey (1). Les maisons de Tougourt sont de la couleur du sol; elles possèdent toute une cour intérieure autour de laquelle sont rangés des magasins et les chambres. Le marché de la viande se tient sur une petite place qui est à la porte de la mosquée, mais le marché du vendredi où se font presque toutes les transactions se tient devant la Kasba sur une place bordée de boutiques et de magasins grossiers garantis du soleil par une sorte de voûte soutenue par des piliers carrés.

Le kaïd, qui a son logement dans la Kasba, a 35 spahis bleus commandés par un officier indigène. M. Auer (2) 100 tirailleurs indigènes.

La population de Tougourt se compose de Rouăgha, de Mestăoua (Rouăgha mêlés de sang arabe ou Arabes mêlés de sang righi) et de Medjehariya ou juifs convertis à l'Islam. La population est divisée en trois quartiers : les Rouăgha habitent le quartier Tellis situé à l'est; les Medjehariya habitent le quartier auquel ils ont donné

(1) Bey de Constantine, qui assiégea Tougourt en 1788.

(2) Le lieutenant Auer a été un remarquable exemple d'endurance européenne au Sahara. Resté lié avec Duveyrier, il lui écrivait de Biskra en 1869, évoquant le souvenir de leur commun séjour à Tougourt : « J'ai vieilli depuis, mais n'ai perdu ni la volonté virile, ni la santé, bien que je compte aujourd'hui vingt ans de séjour au Sahara. Vous avez bien raison de me déconseiller l'Europe; ma nature, toute forte qu'elle soit, ne supporterait plus un autre climat, et je veux passer en Afrique les jours qui me restent à vivre » (29 décembre 1869).

leur nom à l'ouest et les Mestāoua habitent au nord. La Kasba occupe le sud. Les habillements des trois castes sont les mêmes, seulement les Medjehariya se distinguent par leur propreté, les Mestāoua sont plus propres que les Rouāgha et d'une couleur plus blanche. Les Medjehariya ont conservé entièrement le type israélite, surtout les femmes, parmi lesquelles il y en a de fort jolies. Ils ne se marient qu'entre eux et sont fort sévères de mœurs et de principes religieux; ils n'aiment pas qu'on leur rappelle leur origine. Cependant eux, comme le reste de la population, boivent des spiritueux, seulement ils le font en cachette.

J'ai déjà décrit les fêtes du mariage des Rouāgha. Ils s'unissent aussi facilement qu'ils se divorcent et cette facilité des unions n'exclut pas cependant une moralité peu stricte à notre point de vue européen. J'ai déjà dit que les femmes des premières maisons de l'Oued-Righ ne faisaient pas de difficultés à devenir les maîtresses des derniers Djellāb, et je connais encore aujourd'hui deux cheikhs qui ont encore dans leur harem des femmes qui pourraient raconter bien des petites choses qui se sont passées dans l'absence de leurs maris alors exilés. Je me suis laissé dire que, quand on rencontrait dans l'oasis une Righia bien seule, elle refusait rarement d'accorder son corps. Ceci s'applique cependant plus à Ouarglā qu'à Tougourt ou Temassīn, car dans ces deux villes, surtout dans la dernière, tous les travaux d'extérieur reviennent au mari, et la femme reste plutôt dans la maison. A Ouarglā, au contraire, on m'a raconté qu'il se passait bien de petites aventures aux sources où les femmes viennent puiser l'eau. Il doit en être de même à Merhayyer.

La plupart des prostituées de Tougourt sont des Righia, des Soufia et des Naylia, en comprenant sous cette dernière dénomination les Harazlia et enfin toutes les Arabes de l'ouest. Je ne puis m'empêcher de noter ici quelques détails sur les Naylia; ils paraîtront curieux pour déterminer les mœurs des Arabes du désert algérien. Mais qu'on ne croie pas que nous soyons pour quelque chose dans cela, au contraire, depuis notre domination nous avons cherché à limiter de diverses manières cette vaste prostitution. Les femmes de l'Oued-Righ et du Souf qui exercent le métier à Tougourt sont généralement des veuves; il y a des cas où elles trouvent ensuite à se remarier. Les Naylia sont en grande partie aussi de jeunes veuves, mais on voit aussi parmi elles des mères ou des pères amener leurs filles encore vierges et vendre cette virginité qui est toujours longtemps marchandée. Les Naylia viennent à l'époque de la maturité des dattes et un petit nombre d'entre elles seulement restent jusqu'au printemps suivant. Leur but est d'acheter des dattes pour leur année. Autrefois on ne connaissait pas d'autre manière de payer leurs faveurs que par une certaine quantité de dattes; deux fois les deux mains pleines par exemple était un très bon prix.

Une autre particularité commune à Tougourt et à Temassīn sont les *halladj* (1), sorte d'hommes efféminés qui, je crois, avaient un nom chez les Grecs. On en voit même avec des cheveux blancs danser mollement avec les femmes dans les danses publiques à Témassīn.

Parmi les coutumes bizarres des Rouāgha, coutume que l'on reproche aussi aux Beni-Mezāb (2), et que des écrivains du moyen âge imputent aux habitants de Sedjelmāsa, est la prédilection qu'ils ont pour la viande de chien. Ils prétendent s'excuser de cette licence contre leur loi religieuse en disant que c'est un préventif contre les fièvres. C'est surtout pendant l'hiver que les Rouāgha achètent des chiens qui leur sont alors vendus en plein marché par les Arabes du dehors. On les engraisse, on les fait rôtir, et ils sont mangés en grande fête avec force lagmi (3).

Les Rouāgha sont très superstitieux; mon ami M. Auer m'a souvent raconté l'effet singulier produit par une éclipse de lune sur les habitants de Tougourt. Les tolbas sortirent en corps et battant à tour de bras sur des plats de bois et des marmites, ils rappelaient la lune en invoquant leur prophète : « Ya chefā Si Mohammed! » (4) Ils croient, comme beaucoup d'autres populations algériennes, à la toute-puissance des *djenoun* (5). Les femmes surtout les redoutent, et attribuent à ces esprits toutes leurs

(1) حلاج veut dire, en arabe, is qui gossypium a semine mundat. (H. Duv.)

(2) On sait qu'avant de se fixer au Mzab, une partie des Ibādhites a habité cette région. (Masqueray, *Chron. d'Abou-Zakaria*, p. 262, etc.)

(3) Lait de palmier fermenté.

(4) Dans cette éclipse une vieille femme de Tebesbest, soupçonnée de sorcellerie, fut accusée d'avoir caché la lune dans un seau d'eau. Ses voisins et le cheikh de Tebesbest vinrent prier le kaïd de la mettre en prison. (H. Duv.) L'éclipse de soleil du 18 juillet 1860 eut moins d'effet : on ne fit « que peu de cas de l'événement, excepté quelques talebs trop croyants qui se portaient vers la mosquée pour prier et conjurer le sorcier qui causait ce désastre au soleil ; à leur sortie, les autres leur riaient au nez. » (Lettre d'Auer à Duveyrier, 22 juillet 1860.)

(5) *Djinn* (pluriel *djenoun*) : génies.

indispositions. Ordinairement on combat leur influence par des amulettes ou bien on tâche de les apaiser par des offrandes de couscous, de tchertchoukha, plats que l'on dépose à l'endroit où l'on suppose que les djenoun se tiennent, et qui est souvent dans les lieux d'aisance.

Tougourt peut compter 300 maisons, et a, dans la saison d'été, une population d'environ 1.500 âmes; en hiver, où des familles du Souf et des Arabes viennent habiter la ville pendant six mois, la population peut monter au double 3.000 âmes. Nezla, Tebesbest, Zaouiya ont chacune plus d'habitants que Tougourt même.

Dans les mariages, le dernier jour, on amène la mariée chez son futur; si c'est une vierge, elle est portée sur un lit en *djérid* (comme la plupart des Rouâgha en usent) par quatre hommes; si c'est une veuve, elle est portée simplement dans les bras d'un homme.

1er juillet.

Je vais à Temassīn avec un spahi, le marabout Si Mammar m'y avait fait appeler pour m'y trouver en présence du Cheikh Othmân: je trouve un chef targui bien mis sans recherche, mais proprement, accompagné de deux ou trois jeunes hommes de sa tribu terriblement marqués de la petite vérole. Tous ont un visage ouvert, je dirais presque prévenant.

Nous avons une longue conférence. Cheikh Othman lit les dernières lettres que j'ai pour lui; mais tout en m'offrant ses services, il cherche vivement à me détourner de rien entreprendre cette année, où tout le Sahara est sens dessus dessous : les Hoggar en querelle avec les Azgar d'un côté et les Aouelimiden de l'autre; la grande razzia d'Aïr par les Arabes de la Tripolitaine, etc., enfin les habitants d'Insalah en guerre avec le sud du Touat. Cependant, après de longues et éloquentes délibérations, Si Mammar décide, force même un peu Cheikh Othman à m'accompagner à Ghadāmès; de là il ira consulter Ikhenoukhen sur ce qu'il y a à faire, et savoir si ce chef tout-puissant m'accorde sa protection, et viendra me rendre réponse, d'où nous conclurons nos plans postérieurs. Je dis adieu au Cheikh Othman; je conviens avec Si Mammar d'envoyer 50 fr. au Cheikh Othman pour qu'il fasse ses provisions de route et il doit me rejoindre à El-Ouad vers le 20 de ce mois. — Il a son camp tout maltraité par la petite vérole, personne n'est sur pied; les troupeaux sont en mauvais état; la *nezla* (1) est à Bey Salah (puits).

J'ai bu à Temassīn de l'eau des rhedirs de l'oued Retem (2). Il a plu dans le Sahara, et les oueds voisins se sont remplis.

2 à 12 juillet.

Je commence à sentir quelques caresses sourdes de fièvres; je suis obligé de me tenir, comme avant, renfermé dans la Kasba.

Travaux de linguistique. Je recueille un vocabulaire complet du dialecte righi de Temassīn.

Le 7 juillet, malade au lit.

Le 11, mangé les premières figues *Kartous*.

Renseignements historiques recueillis par moi auprès de Ben Chemāl (3). Les premiers sultans de Tougourt furent la dynastie des Oulad Beiffō, dont les descendants excessivement pauvres habitent encore un des villages de l'oasis, Tebesbest, je crois. Ils gouvernèrent Tougourt et Kedima, dont l'emplacement était dans la *Ghaba* (4) près de Sidi Mohammed ben Yahiya. C'étaient des Rouāgha. Tougourt el Kedīma fut peu à peu abandonnée, dit-on, à cause des scorpions, et la nouvelle ville fut bâtie par Sidi Zekri, marabout righi de Tougourt el Kedima. Une Djema'a gouverna Tougourt dans l'origine, et Sidi Zekri n'en fut que le bon conseiller; Tala était alors plus puissante que Tougourt; elle avait des cheikhs; dont le plus célèbre est connu sous le nom de Cheikh el Tālāoui. Sidi Mohammed Ben Yahiya succéda à Sidi Zekri et gouverna de même par ses conseils. Il résida 40 ans dans la Kasba. Lorsque ce marabout avait 15 ans, Sidi Khelil, Sidi Ali Ben Soultān et Sidi Embarek es Saim venaient faire leur pèlerinage à Sidi Bou Haniya près de Goūg.

Avant la mort de Sidi Mohammed, deux frères du nom de Beni Djellāb passaient souvent à Tougourt. Leur pays originaire était Telemsen (ils descendaient des Mérinides) et ils avaient alors leurs biens dans le Djebel Sahāri. A Tougourt ils prêtèrent des sommes considérables à tous ceux qui leur en demandaient, si

(1) Groupe de tentes.

(2) Les marabouts s'en font apporter constamment par les Arabes de leur confrérie, parce qu'ils craignent les fièvres occasionnées par les eaux de l'oued Righ (H. Duv.).

(3) Cf. Féraud, *le Sahara de Constantine*.

(4) La « forêt de palmiers » de Nezla, à 2 kilomètres de la ville actuelle.

bien qu'au bout de bien des années, ils vinrent un jour à Tougourt et voulurent faire leurs comptes, ne voulant plus y revenir. On trouva que tout le bien de Tougourt ne pourrait plus payer les dettes des habitants. Les habitants de Tougourt allèrent à Sidi Mohammed Ben Yahiya et lui demandèrent conseil; ce marabout se fit amener les deux frères Ben Djellāb, et leur dit qu'il allait habiter dans son village (le même qui porte aujourd'hui son nom et qu'il leur abandonnait la ville et tout ce qu'elle renfermait. — Ainsi commença la dynastie des Ben Djellāb. — Plus tard les Oulad Sidi M. Ben Yahiya ne s'entendirent pas bien avec les Ben Djellāb et ils émigrèrent dans le Tell où ils sont actuellement avec les Oulad Abd en Nous près de Constantine.

Dans ce temps-là, il y avait des juifs à Tougourt.

L'un des frères Ben Djellāb, ʿAbd el Hakk el Merīni, fut le premier cheikh de Tougourt; — de là à Cheikh Selmān il y a une lacune dans la généalogie; le cheikh Ben Chemāl ne connaît pendant ce temps d'autre fait que la destruction de Tāla qui eut lieu, comme il croit, sous le fils d'Abd-el-Hakk. Abd-el-Hakk conquit lui-même Meggarin, Qsoūr, etc., et ne s'arrêta que devant Tala qui résista à ses armes. Mais son fils usa d'un stratagème qui lui réussit. Il offrit au cheikh de Tala de cimenter une paix durable en épousant sa fille. Celui-ci y consentit. — Ben Djellāb déguisa, le jour désigné pour la fête, un homme en mariée; il fit travestir un grand nombre de ses serviteurs en femmes venues à la fête; tous portaient des armes sous leurs vêtements. Il fit accompagner le tout de 50 cavaliers. Le cheikh de Tala reçut sa prétendue femme et sa suite et fit loger les cavaliers chez ses serviteurs. La fausse mariée avait prévenu qu'elle donnerait le signal de l'attaque en tuant le cheikh lorsqu'il viendrait la nuit. Cela arriva en effet : dans la nuit, en entendant le coup de feu du signal, tous les serviteurs de Ben Djellāb se précipitèrent au carnage et eurent bientôt raison de la ville qui fut détruite par des renforts venus de Tougourt.

Sous le cheikh Selmān, le premier à partir de la lacune, eut lieu un événement curieux. Une femme arabe appelée Oumm Hāni Bent el Bey (fille d'une femme Douaouda (1) et d'un bey de Constantine), voulut devenir cheikha des Arabes au Sahara et fit

(1) Douaouda, tribu arabe qui fit irruption au XIe siècle dans l'Oued-Rir et à Ouargla. (Ibn-Khaldoun, *Hist. des Berbères*, II, p. 73.)

de grandes razzias elle-même à cheval et armée, tua le Douaouda, son mari, ses frères et beaucoup d'autres chefs. Enfin Selman voulut faire une alliance avec elle et lui proposa d'epouser son fils. Elle fit semblant d'accepter, mais lorsque Selman vint à son camp, à la Regouba de Sidi Khelil avec 500 chevaux, on distribua habilement son monde dans les tentes et Selman logea dans la tente de Bent el Bey. La nuit, elle tua elle-même le cheikh et ce fut le signal d'une tuerie générale.

Cheikh Mohammed ben Selman lui succéda; puis Selman, son fils; Brahim, fils du précédent; Abd-el-Kader; Hamed, fils de Brahim; 'Amer, fils d'Abd-el-Kader; Mohammed el Akhal, fils de Hamed; Hamed, fils de Mohammed; Abd-el-Kader, petit-fils d'Amer; Farhât, frère du précédent; Brahim, fils de Hamed; El-Khâzen ben Farhat; Mohammed, fils de Hamed; 'Omar, fils de Mohammed; Brahim, fils de Mohammed; 'Ali, fils de Mohammed; Ben Abd er Rahman, petit-fils d'Amer; Selman, fils d'Ali; les Français.

13 juillet.

Je pars de Tougourt dans la soirée et nous prenons la route de Mouïa el Ferdjân. Après deux heures de marche, nous faisons halte dans une dépression qui continue le bas-fond de la Chemorra (en deçà des dunes). L'endroit s'appelle Beoga. Le sol portant trace de l'action des eaux est très dur formé d'un conglomérat de sable et de petits morceaux de chaux et de calcaire.

14 juillet.

Nous marchons 5 heures et faisons la sieste entre El-Ouibed et El-Malcha. De là, une heure et demie de marche au puits de Mouï Chabbi dont nous trouvons l'eau pourrie et verdâtre. On l'avait récemment fourni d'une nouvelle garniture de drîn.

De là, une heure 20 minutes au puits de Mouïa el Ferdjân. Je relève ce petit bout de route que je n'avais pas encore fait.

15 juillet.

Hier au soir, j'ai eu un premier accès de fièvre.

Nous marchons 5 heures 1/4 et arrivons au puits de Mouïa el Kaïd. Après la sieste, 2 h. 3/4 de marche nous amènent dans les dunes de l'Erg-Said, où la nuit nous prend et où nous couchons.

J'ai remarqué dans la dernière partie de la route que le guide était souvent obligé de frayer un chemin artificiel aux chameaux dans les dunes. Il disait en travaillant : « El-Bahri oua'ar » (le vent de l'est est dur). Il est clair, en effet, que c'est ce vent qui, dans cette saison, fait progresser les dunes vers l'ouest. Toutes les dunes que nous coupons ont la forme des vagues de la mer; elles sont orientées à angle droit de la route; leur côté à pic était de notre côté, c'est-à-dire qu'elles viennent en sens opposé. C'est donc un vent d'E.-N.-E. ou de N.-E. qui les produit.

16 juillet.

Une marche de 3 heures 3/4 nous amène à Kouïnin par Ourmâs. Je croyais d'abord ne faire que la sieste à Kouïnin, mais une fièvre violente me prend; vomissements, courbature générale; douleurs de poitrine et de reins, faiblesse. Je prends de l'ipécacuanha qui agit; de la quinine deux fois, que je rends. Eau sucrée et éther.

Tribus de Kouïnīn :

Djebirât, Oulad Mansoûr, El-Gouâïd } Toroûd.

El-Beldiya (Soufiya) — 'Adouân.

On me raconte ici que les ancêtres de la population actuelle lui ont raconté qu'autrefois, lorsqu'ils montaient sur leurs palmiers, ils dominaient une rivière d'eau courante, qui commençait à Chegga (nord du Souf) et finissait à 'Amîch (Ras el Ouad) (1). Cette rivière était comme celle de Nefta. Encore aujourd'hui, les Souâfas en creusant un nouveau jardin trouvent des chaudrons de fer et d'autres objets appartenant à la population passée, dans des endroits inhabités aujourd'hui.

17 juillet.

Je me rends à El-Ouad comme je peux sur un cheval qu'on me prête à Kouïnīn. Je trouve le kaïd qui me reçoit bien comme d'habitude; mais je suis obligé de changer quelque chose aux dispositions qu'il avait prises pour mon départ, ce qui va me causer quelques retards.

(1) Cf. sur cette légende Jus dans Rolland, *Hydrologie du Sahara*, p. 224.

— Je pèse un *mithcal* d'El-Ouad, et j'obtiens par ces doubles pesées 4 gr. 175; ce mithcal a 21 *nouayā* (1); celui de Constantine en a 26.

18 juillet.

Ce jour s'est annoncé comme devant être très chaud; mais le ciel fut pur. Je passai ma journée sur mon lit, attendant pour utiliser mes faibles forces que le moment de l'éclipse fût arrivé. Je calculai par construction graphique le moment où elle devait avoir lieu, mais me trompai fort en prenant pour heure, celle où l'éclipse *totale* aurait lieu sous la longitude d'El-Ouad. Et l'éclipse ne devait pas être totale ici. Cela fut cause que quand j'allai à la lunette, dix minutes avant le premier contact (comme je le croyais), je trouvai le disque solaire entamé. Je me mis en observation, et je vis la lune couvrir successivement les taches du soleil. L'éclipse était au moins au tiers et la population d'El-Ouad ne s'en était pas aperçue; alors elle fut simultanément reconnue, et quelques bavardages inquiets firent place à un profond silence. Mais lorsque les progrès de l'éclipse furent marquants, des cris poussés de tous les côtés annoncèrent la détresse des Arabes. On entendait partout : « Iā chĭfā Si Mohammed rasoul Allah! »

Je vis le disque lunaire approcher à une distance extrêmement minime du bord du soleil; je crus un instant voir certaines montagnes faire éclipse totale et au moment où je m'apprêtais à marquer l'heure de ce contact, l'éclipse commença à diminuer.

Je vis alors des pigeons voler au-dessus de la maison, se rendant à leurs gîtes. Des Arabes de la ville me disent avoir vu des étoiles. La lumière la plus faible a été celle qui succède dans cette saison au coucher du soleil. L'éclipse diminua lentement et je pus observer le dernier contact à 4 h. 54 m. 45 p. de mon chronomètre qui marque encore le temps de Paris.

Après l'éclipse, j'eus une députation des *mechaikh* qui vinrent me demander si l'année serait pluvieuse. Ma prédiction accomplie de l'éclipse, mon ancienne prédiction de pluie de cet hiver, vérifiée par le fait, leur faisait croire que non seulement je puis prédire la pluie, mais encore la donner.

Je fus pris le soir de fièvre violente et de vomissements; le

(1) Graines de caroubier.

soleil et la chaleur brûlante à laquelle j'ai été exposé pendant plusieurs heures avaient rappelé la fièvre.

19 juillet.

Cette nuit, le kaïd vient me réveiller et me dire qu'ayant reçu la nouvelle que les Oulad Yagoub étaient en course, il allait faire monter son goum et aller les chercher. Il partit avant le jour. — Je vais mieux. Je reçois des plaintes contre le kaïd.

20-21 juillet.

Je reste encore chez moi toute la journée. — Je prends de nombreux renseignements sur le pays qui sépare le Souf du Nefzāoua. Des Ourghamma de Kessār Mouddenīn, marabouts, viennent ici pour voir si on leur ouvrira le marché d'El-Ouad. Les Ghorib de Sabrīya (1) qui sont sur leur route et qui apportent ici les mêmes produits qu'ils apporteraient, leur ont fait peur. De façon qu'ils ont laissé leurs marchandises, consistant principalement en beurre, à Sabrīya, et qu'ils sont venus en *mi'ad*. Je leur fais un petit discours qui les enchante, et leur ouvre le marché; je promets même d'intimider les Ghorib, ce qui est très facile, vu que cette tribu réside à moitié dans le Nefzāoua et à moitié au Souf (El-Ouad) où ils ont des palmiers.

22 juillet.

J'écris à Biskra pour rendre compte des plaintes que j'entends contre le kaïd.

Je reste encore toute la journée à la maison.

23-24-25 juillet.

Le kaïd revient avec ses goums; il n'a rien trouvé dans sa course, cependant on tire des coups de fusils au retour comme s'il y avait eu une victoire; ces Arabes sont toujours les mêmes.

Hier et aujourd'hui on a fait l'Achoura; nous sommes, je crois, à peu près au milieu des dix jours de fêtes. La fête a lieu la nuit, des bandes de jeunes gens se promènent dans les rues en chantant au son d'un bendier; puis ont lieu quelques scènes, des individus se déguisent en mettant quelques hardes grotesques

(1) Oasis de l'extrémité ouest du Nefzāoua.

s'ils en ont, puis ils se couchent et, prenant une voix de polichinelle, ils font des dialogues invariablement terminés par des disputes et des coups comme chez Gringalet. Cette année, la fête est peu brillante. Un homme hier a reçu un coup de sabre sur le dos pendant la mascarade et il a une large blessure. Cela a été fait par méchanceté.

Le cheikh Ahmed Ben Touāti vient me voir, c'est un homme qui me plaît beaucoup, franc et ouvert; il connaît très bien le Sahara, il vient du reste à Ghardaya (puits) six mois (1) : il est venu en trois jours sur un méhari et avait reçu des nouvelles de Ghadāmès par un homme monté sur son méhari qui était allé de Ghadāmès à Bīr Ghardâya en cinq jours.

Note sur le commerce d'El-Ouad. — Pour l'or, j'apprends d'une manière plus certaine que le *mithcal* de *teber* (2) se vend ordinairement 15 francs lorsqu'il est recherché et 13 fr. 30 lorsqu'il abonde (3). Quant au *khôss* (4), il vaut, dans les mêmes circonstances, de 11 fr. 10 à 13 fr. et 13 fr. 15. J'ai déjà dit que le mithcal d'ici a 21 *nouaya* et pèse 4 gr. 175; tandis que le mithcal de Constantine a 26 *nouaya*, que par conséquent le poids du mithcal d'El-Ouad se rapporte à celui de Constantine comme 21 à 26.

Les dépouilles d'autruches sont vendues sur le marché par les chasseurs eux-mêmes; et il n'y a personne qui en fasse un commerce spécial (5). On les achète isolément pour les porter à Tunis ou à Tébessa. Voici les prix de vente sur le marché. — Une belle dépouille de mâle (*delīm*) vaut 100 fr. et 125 fr. lorsqu'elles sont recherchées et très belles. Une belle dépouille de femelle (*ramdha*) ne vaut que 40 fr. au plus 45 fr. Un œuf d'autruche vaut de 50 à 60 centimes.

Le commerce du Souf avec *Tébessa* repose sur les objets suivants :

1° Exportation du Souf. — Dattes, peaux brutes de chèvres (avec poil), tabac en feuilles, vêtements de laine;

2° Importation de Tébessa, — *Gountĕs* (racine condimentale),

(1) C'est-à-dire : y garde ses troupeaux au pâturage.

(2) Poudre d'or.

(3) Le gramme de poudre d'or vaut donc, d'après les circonstances du marché, de 3 fr. 59 cent. 3 (maximum) à 3 fr. 23 cent. 3 (H. Duv.).

(4) *Khores*, poudre d'or mélangée de débris d'or travaillé.

(5) Ces dépouilles venaient de l'Erg, au nord de Ghadāmès; les autruches y ont à peu près disparu aujourd'hui.

beurre, laine, moutons, chèvres, blé, *gueddīd* (viande desséchée).

Quant aux objets que le Soūf donne à Tunis, ce sont : des vêtements confectionnés, des peaux brutes de chèvres et de moutons (pour Kaïrouān), des *douros*, des chameaux, des dattes.

Ouargla. — On y apporte d'El-Ouad, de l'huile, du tabac, des vêtements confectionnés, des meules (venues de Gafsa), de la garance, du blé, des cotonnades, des pierres à fusil (venues de Tunis), du soufre (1). On en rapporte de la laine, des chameaux, du beurre, de la graisse, de la viande desséchée, de jeunes plants de palmiers en grand nombre, qui sont vendus sur le marché, des burnous du Mzāb, du sel, des dattes.

Biskra et le Zab. On y apporte : vêtements confectionnés, peaux brutes de chèvres, dattes, *tellīs* (2), (*gherāra*), du tabac ; ce dernier article vaut ici 25 c. à 50 c. le *kef* composé de 5 plants ou 4 grands et 6 petits. Voici la liste des objets qu'on en rapporte avec les prix qu'ils obtiennent à El-Ouad :

Henné, le 1/2 kil. 0 fr. 70 à 1 fr. 35.

Tapis arabes, qualités diverses, de 100 à 300 francs.

Laine, la toison à 2 francs.

Settāl (gamelles en fer battu pour boire), les grands 1 fr. 60, les petits 1 franc (3).

Indigo, la bonne qualité, le 1/2 kil. 6 fr. 20, la qualité inférieure 4 francs (4).

Foulards de coton imprimés, les bons, la douzaine 6 fr., la qualité inférieure 3 francs.

Bougie, le 1/2 kil. 1 fr. 35 jusqu'à 1 fr. 50.

Sucre blanc, le 1/2 kil. 1 fr. 50.

Cassonnade, le 1/2 kil. 0 fr. 90 à 1 franc.

Ganse blanche, le 1/2 kil. 6 francs.

Loūk, substance tinctoriale (5), les 50 kil. 150 fr. la bonne qualité.

Tărtăr id. les 50 kil. 150 francs. id.

Miroirs ronds montés en cuivre, les grands, la douzaine, 1 fr. 60.

id. les petits, id. 1 franc.

Miroirs ronds montés en étain, les grands, la douzaine, 1 franc.

id. les petits, id. 0 fr. 75.

Ficelle, le 1/2 kil. 2 francs.

Grandes aiguilles pour tellis, le 100 de 50 à 60 centimes.

Gaze grossière, pièces de 16 à 17 drà, 3 francs.

Abricots secs, 1 fr. le saa (2 1/2 kil.).

(1) Pour la fabrication de la poudre.

(2) Toile de bât (sacs de chargement) pour les chameaux.

(3) Fabrication européenne. (Cf. Duveyrier, *Notice sur le commerce du Souf* (*Rev. algér. et coloniale*, nov. 1860).

(4) Fabrication européenne.

(5) Gomme-laque (rectification de Duv., art. cité).

Beurre, mesure de 5 3/4 livres, selon les temps, de 7 fr. à 3 fr. 50.
Souliers de Constantine, la paire, 4 à 5 francs.
Burnous 'abbâsi (épais), les beaux, 60 à 65 francs.
id. qualité inférieure, 40 à 45 francs.
Calottes rouges de fabrique, les grandes 2 fr. 50, les petites 1 fr. 50.
Soie, le 1/2 kil. 20 fr. la qualité supérieure et 15 fr. la qualité inférieure.
Café en grains, 2 fr. le kil.
Suif (de Bou Saada), selon le temps, de 50-60 cent. à 1 fr. la livre.
Savon (hadjri) en morceaux, le 1/2 kil. 0 fr. 75 à 1 franc.
id. arabe liquide, le 1/2 kil. 75 à 1 fr. 10.
Alun, la livre 30 à 40 centimes.
Aiguilles, le cent, 20 centimes.

Les cotons ne peuvent pas faire concurrence à ceux venus de Tunis qui sont de fabrique anglaise.

Gabès. — On y apporte du Souf : laine de rebut (servant à faire des couvertures brunes dont se vêtissent les gens du Sahel, peaux de chèvres et de moutons non préparées, tabac en quantité, chameaux, dattes (*degla*).

Le commerce d'El-Ouad avec *Gabès*, surtout celui par la route directe, est fait par les gens de Matouiya (1) qui, étant sujets du Bey de Tunis, jouissent d'un peu plus de sécurité que les Souafa. Cette route est rendue très dangereuse pour le voisinage des Oulad Yagoûb.

Ghadâmès. — On y apporte des vêtements confectionnés surtout, des dattes (*degla* (2), *rhers*, *fezzâni*), du tabac et des grains (blé et orge) lorsqu'ils sont chers à Ghadâmès.

Beni Mezab. — On y apporte des meules, des vêtements (*haouli*), fusils (de Tunis), des pioches (de Kairouân), des pièges à gazelles (de Kairouân), soufre, garance, huile, cotonnades, *guemmâm* (gomme adorante). On en rapporte des chameaux, des *guedaouis* (blouses de laine de couleurs différentes), burnous, laines, moutons, viande desséchée, suif.

On me dit que, dans les mauvaises années, il vient ici 5-600 mitcals d'or de Ghadâmès; dans les bonnes années, de 1.500 à 3.000 mithcals. Cela ne fait que pour 45.000 fr. d'affaires dans les meilleures conditions. (Cela fait 12.525 grammes d'or.) L'*oukiya* de Tunis timbrée = 31 gr. 725; elle a 7 2/3 de mithcal.

Le soir, je suis piqué par un scorpion; la douleur monte très vite à l'aisselle (du bord de l'index), je souffre excessivement. La nuit,

(1) Petite ville du littoral au nord de Gabès.
(2) Ou *deglet-nour* (espèces diverses de dattes).

je ressens des picotements ou de la paralysie aux pieds, au nez et aux lèvres. Je me soigne en mettant de l'ammoniaque sur la piqûre élargie au bistouri, et en buvant un peu de ce médicament dans de l'eau. Ampoules sur le doigt piqué. Froid sur tout le membre atteint, taches violettes, etc.

TROISIÈME PARTIE

VOYAGE A GHADAMÈS

CHAPITRE PREMIER

DANS L'ERG

26 juillet.

Ce matin, on charge les chameaux pour le voyage de Ghadāmès. Je vais au bordj rendre au kaïd une visite qu'il m'a faite de bon matin, et nous mangeons ensemble la pastèque des adieux. Il est plus aimable que les jours derniers, et me promet de m'envoyer à Berresof le prochain courrier. Enfin nous partons. J'ai repris mon ancienne manière de voyager sur mon matelas plié en deux sur le dos d'un chameau.

Nous traversons bientôt un cimetière, et entrons ensuite dans 'Amīch. 'Amīch est le prolongement de l'oued Souf : c'est là que se perdait l'ancienne rivière, selon la tradition. En effet, ce pays a bien la forme d'une longue dépression (très peu sensible), faisant suite à celle qui commence à Ghamra et arrive à El-Ouad ; en le traversant dans sa longueur comme nous le faisons aujourd'hui, on a à droite (ouest) des dunes assez hautes à une petite distance et l'on traverse des groupes de maisons et de nombreuses cabanes en palmes (*zérība*, pl. *zeraīb*), formant ainsi pour ainsi dire autant de petits hameaux qui prennent le nom de « *nezla* », mot emprunté à la vie nomade. C'est dans 'Amīch que vivent une partie des Toroūd, quand ils ne sont pas avec leurs troupeaux dans le Sahara. A gauche de la route sont les jardins de palmiers dispersés dans les intervalles des dunes. On peut voir là de magnifiques échantillons de palmiers.

Nous rencontrons un cavalier rebāyi ; il est à remarquer, pour cette portion des Toroud, que leur manière de se vêtir et de harnacher leurs chevaux, et leurs fusils surtout, sont identiques à ceux des tribus du sud de la Tunisie et de la Tripolitaine. Ces tribus sont surtout caractérisées par le haïk tourné simplement par-dessus une calotte rouge un peu renfoncée sur le côté et qui paraît à moitié sous le haïk ; par leurs vastes et immenses étriers et enfin par leurs longs fusils à crosse ornée de nacre et de corail. Je possède une de ces armes.

Nous nous arrêtons à la zaouiya de Sidi Abed el Qâder, presque à l'extrémité d'ʿAmîch. Le kaïd avait prévenu de mon arrivée, de sorte que je trouve un bon tapis étendu dans l'élégante et propre goubba, et je m'établis dans ce lieu saint. On m'apporte un repas inmangeable, mais succulent pour des Arabes. Il fait si chaud que, malgré mon désir de m'éloigner le plus tôt possible du Souf, nous restons la nuit ici. Le soir, de pieux khouân de toutes les sectes possibles étaient venus faire leurs récitations et chants autour de la goubba. Je les disperse en leur faisant remarquer que le désert est vaste et qu'il n'est pas hospitalier de troubler le sommeil d'un voyageur.

ʿAmich a, à mon estime, autant d'habitants qu'El-Ouad, à la saison où toutes les huttes sont occupées (9 à 10.000 habitants). Les femmes ici s'habillent comme à El-Ouad, de deux manières, soit avec un *haouli* blanc accroché sur les épaules, soit avec un *haouli* bleu suspendu de la même manière ; puis elles ont de grosses tresses de laine de chaque côté de la figure, et quelques-unes savent se faire pardonner cette hérésie par des ornements rouges de bon goût du côté droit de la figure.

27 juillet.

Nous partons d'assez bonne heure, et rencontrons sur la première partie de la route des partis de Toroud avec leurs bagages, femmes, enfants, troupeaux rentrant à El-Ouad. Une de ces dames, assez jolie, demande, en faisant la mine à Ahmed, où nous allons. Ahmed lui répond : « Comment, toi tu vas faire paître tes chameaux dans le Sahara et nous, nous n'irions pas faire paître les nôtres? »

Nous rencontrons aussi un nègre occupé à ramasser des crottes de chameaux sur la route pour fumer les palmiers. Ce travail, je dois le dire, a une grande importance dans le Souf et occupe beaucoup de monde; on va jusqu'à une et deux journées de marche pour en ramasser. Ces crottes servent à entourer la racine des *jeunes plants* de palmier; ensuite on n'en met plus.

Nous laissons bientôt sur la droite un chemin qui passe d'abord au puits de Zerrît et se continue ainsi jusqu'à Ghadāmès. Nous passons la *gaïla* dans le pays appelé Drā el Khezīn, ce sont des dunes plus régulières et moins accidentées que les autres, il y avait là un puits que M. de Bonnemain (1) a vu donnant de l'eau. Nous reprenons, le soir, notre route et allons coucher près de Moui Bel Rhît.

Nous avons vu aujourd'hui deux plantes nouvelles pour moi : le *goseyba*, graminée, et le *godhām* ou *guedhām*, plante dans le genre du *dhomrān*.

28 juillet.

Avant de partir, je mesure la direction de l'arête de la dune sous laquelle j'ai dormi; je la trouve égale à 150° (boussole); les grains de sable sont chassés par le vent de l'est vers l'ouest. Presque au début de la journée, nous arrivons aux Haouād el Azoūl où nous nous séparons de la route de Mouï 'Aissa qui reste sur la droite. La végétation de cet endroit est composée principalement de *drin*, *arta* et *ārfij*. Nous passons ensuite le puits mort de Mouï el Arneb. Tous ces puits morts que nous allons rencontrer ne le sont ainsi que momentanément; ainsi, dès que les bergers trouvent de bons pâturages dans un endroit, ils refont le puits le plus voisin et y restent jusqu'à ce que bon leur semble.

Une bonne marche de la matinée nous amène à Choūchet el Guedhām, puits de bonne eau, où nous arrivons au moment où on allait abreuver un troupeau de moutons et de chèvres. Les pasteurs de la tribu des Mesăaba (celle d'Ahmed) lui laissent choisir le plus bel agneau qu'il peut trouver et ne veulent pas en recevoir le prix; ils viennent plus tard me rendre leurs hommages. Après avoir fait notre provision d'eau, nous rétrogradons un peu pour venir passer la sieste sous de petites huttes de broussailles faites probablement par une caravane qui a passé avant nous. Après une longue sieste, une courte marche nous amène au puits mort de Mouï er Rebăya el Gueblaoui (2) (par

(1) Cf. *Relation du voyage de M. de Bonnemain*, par A. Cherbonneau, *Nouv. Annales des Voyages*, juin 1857, et A. Bernard et N. Lacroix, *Historique de la pénétration saharienne*. Alger, 1900, p. 46-47.

(2) Du Sud.

opposition au puits de même nom qui se trouve entre le Souf et l'Oued-Righ).

29 juillet.

Après avoir longé dans toute son étendue une petite chaîne de dunes (Zemlet Ahmed Ben 'Aäd), nous arrivons à un puits appelé Bīr ez Zouäït, dont l'eau de couleur verdâtre est lourde et légèrement saumâtre. Nous nous arrêtons ici une heure, et en me promenant aux environs, je vois à mon grand étonnement, dans un petit bas-fond semblable à celui du puits, la surface du sable couverte par endroits de petites coquilles minces et fragiles ressemblant en tous points à des coquilles d'eau douce, telles que celles des genres *Limnæa* ou *Bulla* (1). Je m'abstiens de toutes notices et dissertations sur cette trouvaille. Je remarquerai cependant qu'aujourd'hui nous avons ensuite rencontré un grand nombre de petits bas-fonds de ce genre, mais que je n'ai pu examiner; ils ont au plus 100 mètres carrés de superficie et ne peuvent pas être pris en considération sur la carte.

Nous voyageons le reste de la journéedans une plaine unie de sable avec végétation variée d'*alenda*, *arta*, *ezal*, *drin*, etc... Nous rencontrons un jeune *ouran*, des cigales et un petit oiseau gris que j'ai déjà rencontré dans le Sahara et qui a pour cri la gamme en sautant une note sur deux, chant à intervalles écartés de six à huit pauses.

Nous faisons la sieste dans un endroit qui ne présente rien de remarquable, et après la sieste nous atteignons facilement, quoique à la nuit tombante, le puits de Maleh ben 'Aoün. Nous y rencontrons deux Toroūd avec une dizaine de chameaux venant de Berresof et qui ne font que prendre de l'eau au puits.

30 juillet.

Notre marche d'aujourd'hui n'a été que fort peu de chose; nous allons simplement à Mouï Rebah; le pays qui sépare ce puits de celui où nous avons couché hier est une plaine de sables unis légèrement ondulés et couverts d'une assez riche végétation (comme

(1) D'après la détermination de Bourguignat : *Physa contorta, Physa Brocchii, Physa truncata, Planorbis Maresianus.* (*Les Touareg du Nord*, Append., p. 27.) On sait, par les explorations de MM. Foureau et Flamand, que les fonds de sebkha à coquilles d'eau douce et saumâtre se rencontrent fréquemment dans l'Erg, où ils apparaissent entre les dunes. Le vent soulève les tests légers des coquilles et les éparpille sur les sables.

hier) de *drin, arta, 'alenda, baguel, ezal*. Nous passons plusieurs puits morts et un puits d'eau saumâtre.

Pendant la marche, mes gens prennent une gerboise des sables, que je dépiote en arrivant. Au puits de Mouï er Rebah, Ahmed tue une sorte de petit corbeau ou de grande corneille à tête et à nuque d'un brun bois pourri foncé; le reste du plumage est tout noir. Les chameliers et mes gens mangent cet oiseau. En route une autre prise, celle d'un gros mâle de *cherchimāna* (*Scincus* .....) à bandes latérales brun foncé, séparées par des bandes de jaune gomme gutte. Tête d'un noir brunâtre clair.

Nous arrivons au puits de Mouï er Rebah que l'on me dit avoir été creusé par les Djohâla (1); le fait est que ce puits est très célèbre dans le Sahara. L'eau en est bonne, mais a dans ce moment un goût de renfermé et de corrompu, qu'elle doit à ce qu'il n'y a pas de troupeaux dans le voisinage, et que l'eau n'a pas l'occasion de se renouveler par suite de grandes quantités absorbées au dehors. Dans la soirée nous voyons arriver deux ou trois chameaux chargés en partie de « jell » (crottes de chameau); on vient en prendre bien loin pour fumer les jardins du Souf!

J'ai oublié de noter qu'hier, peu de temps après notre départ, nous fûmes rejoints par un nègre marron qui demanda la permission de nous suivre à Ghadāmès; je lui accorde cette permission, car je ne puis que favoriser l'émancipation des esclaves. Cependant Ahmed et mes autres compagnons ne partagent pas mes principes. Le nègre nous suivra donc et si son maître ne vient pas à temps à Berresof, il ira à Ghadāmès et sera là en sûreté. Le motif de la fuite de ce nègre (qui est de Kanō) est que son maître lui donne toujours les plus pénibles tâches à remplir, et qu'il lui défend d'aller aux fêtes des nègres.

Je ne fais pas une longue sieste, et, le soir, je veille un peu pour tâcher de faire des observations astronomiques.

31 juillet.

Nous passons plusieurs puits et nous arrêtons pour faire la sieste en sortant d'une ligne de dunes, à un endroit où le *hād* apparaît pour la première fois. Nous traversons un immense *sahan* (2)

(1) Géants auxquels les indigènes attribuent aussi les tombeaux mégalithiques (*Touareg du Nord*, p. 416).

(2) « Dépression de terrain solide en forme de bassin arrondi au milieu des sables » (H. Duv.).

uni parsemé de petits morceaux de calcaire (vétusté); si j'osais le penser, je croirais que c'est un bassin d'eau desséché. Il est bordé en partie de petits bourrelets de dunes. Nous couchons à une *ogla* très profonde appelée Dakhlet Sidi-'Aoûn, qu'il ne faut pas confondre avec El 'ogla ech Cherguiya de Berresof.

1er août 1860.

Aujourd'hui les dunes apparaissent à droite et à gauche de notre route sous forme de petits chaînons. Nous passons plusieurs puits et rencontrons des troupeaux de chameaux et aussi une ou deux huttes habitées par des Ferdjân qui ont là un cheval; on nous apporte un peu d'une boisson composée pour cet animal de lait de chamelle coupé d'eau. Nous arrivons à la sieste à Bir er Reguia't (1) où nous trouvons une douzaine de « zeraïb » occupées par des Roubaa'ya (2). Ces gens prennent plaisir à effrayer mes hommes, déjà si impressionnés par l'idée d'aller au-devant d'un inconnu. Ils finissent par me faire croire à la possibilité que les Touâreg campés autour de Ghadâmès nous empêcheraient d'y entrer.

Une marche moyenne dans l'après-midi nous amène à Berresof, le dernier puits sur notre route. Nous trouvons ici plusieurs groupes de huttes habitées par des Roubaa'ya. La caravane partie peu de jours avant nous avec le Ghadâmsi est encore ici: elle attend son guide qui est dans les dunes à la chasse du « beguer », antilope oryx ou leucoryx. Elle nous rassure sur les bruits que nous avons entendus ce matin.

Je reçois dans la soirée la visite des principaux Roubaa'ya campés ici; ils se mettent entièrement à ma disposition, et se plaignent en même temps de ce que, depuis le gouvernement des Français, ils ne peuvent pas aller razzier leurs voisins et sont, au contraire, exposés aux attaques de tous. Je leur explique de mon mieux la politique des Français à cet égard. Ils craignent ici les Ourghamma, les Beni-Zid et les Oulâd Yagoub, qui tous ne sont pas loin de ce point. Dans la soirée il y a noce chez les Roubaa'ya; étant un peu fatigué, je n'y vais pas, mais mes serviteurs me racontent que des femmes y faisaient une sorte de danse ayant leur chevelure dénouée, qu'elles jettaient à droite et à gauche.

(1) Le vrai nom de ces puits est Maatig (H. Duv.).
(2) Ou Rebaya; fraction des Souafa.

2 août.

Dans la matinée on m'annonce qu'un petit parti de méhara est en vue, je m'empresse de monter sur une dune et bientôt je distingue que ce sont des Touäreg. C'est le cheikh Othman, monté sur son haut méhari blanc et son entourage. Nous nous saluons, et bientôt il vient dans ma tente où nous avons un long entretien public. Il me remet deux lettres de France, et une du kaïd Si Ali Bey (1). Il me donne à lire aussi une lettre de Hadj Ikhenoukhen dans laquelle ce chef des Azdjer lui reproche de rester dans un doux loisir tandis que ses frères les Touareg sont en guerre les uns avec les autres, et lui dit que son devoir à lui marabout est de rapprocher les ennemis et de cimenter la paix.

Le cheikh Othman me conseille quatre choses : la première, d'avoir beaucoup de patience ; la seconde, d'être libéral en présents ; la troisième, de ne pas intervenir au désert dans le conseil des guides ; la quatrième, d'emporter beaucoup d'eau. Le cheikh Othman a connu le major Laing (er Raïs) ; il sait encore compter en anglais, ce que le major lui avait appris. Il reconduisit de Timbouktou (?) à Insalah un des garçons de service de Laing qui était du Fezzân. J'expose la politique française vis-à-vis du Sud au cheikh Othman et lui demande son avis ; ce qu'il m'en dit sera le sujet d'une dépêche que je ferai demain au général de Martimprey.

Le soir, je vais voir la noce qui est à son dernier jour. On a mis la mariée dans une « djahfa » ou cage recouverte de haoulis rouge sur le dos d'un chameau blanc. Derrière le chameau sont quelques femmes assez bien, qui frappent sur un tambourin attaché à la bête en chantant une de leurs chansons monotones. Devant la mariée les jeunes gens de la *nezla*, en très grand nombre et tous bien mis, font la fantasia avec leurs longs fusils orientaux dans lesquels ils fourrent des quantités de poudre de sorte que leurs détonations ressemblent au bruit de l'artillerie. C'est ridicule. Un des performants ayant tiré un coup faible, j'entends un des jeunes gens dire : « C'est une femme ! » — Je remarque un des assistants qui sous son haouli s'est entouré la figure d'une pièce de « çay » bleu. C'est une mode qui, à ce que l'on me dit, est usitée chez les Hamamma.

(1) Le kaïd de Tougourt.

Le cheikh Othman a amené cinq Touareg avec lui; ce matin; on leur a donné la diffa des Roubaa'ya qui m'était destinée. Le soir, ils ont leur diffa à eux. — Je vais au puits pour le mesurer, et j'y trouve des Touareg qui sont de bons garçons; l'un d'eux, encore jeune, a la tête nue et rasée, sauf une ligne de cheveux longs depuis le milieu du front jusqu'au cou derrière la tête. Ils sont étonnés de voir que je connais leurs divisions de castes et un peu leur alphabet. Ils admirent le chapelet que m'a donné Si Mohammed el'Aïd.

Pendant que j'étais au puits, deux jeunes femmes des Roubaa'ya emplissaient leurs outres. Elles laissent tomber leur « delou » (1) dans le puits. Toutes deux sont vêtues de blanc et ont une petite pièce d'étoffe de laine bleu foncé jetée sur la tête, qu'elles ramènent de côté devant leur figure pour ne pas être aperçues des hommes. Malgré cela, je puis voir qu'elles ne sont pas mal. L'une d'elles, en se baissant pour prendre son outre, nous donne quelques instants le spectacle d'un joli petit sein bien rond qu'elle n'a pas d'objection à laisser exposé aux regards tandis qu'elle prend tant de soin à cacher sa figure. On me dit que les Ourghamma, qui étaient venus sous prétexte de cimenter la paix avec El-Ouad, ont fait un mauvais coup en s'en allant et ont emmené un chameau qu'ils ont trouvé sur leur route.

3 août.

Aujourd'hui il n'y a d'autres choses de remarquable que la demande du Ghadamsi et de ses compagnons d'El-Ouad de partir avant nous. Le cheikh Othman leur refuse net cette permission. Ces gens sont effrayés du sort qui peut nous attendre et ne veulent le partager en aucune façon. Il y a avec le Ghadamsi deux gens d'El-Ouad qui se rendent à Tripoli.

Le puits est toute la journée le rendez-vous des Roubaa'ya et Oulad Hamed campés ici autour et qui sont divisés en trois petites nezlas; c'est là que la djemaa se tient, et l'on cause tandis que les femmes puisent de l'eau et qu'un joueur de flûte joue des airs. Le puits n'est pas un instant inoccupé tant il y a de monde, de chameaux, de moutons de chèvres et d'ânes à abreuver. On m'apporte un agneau dont j'envoie la moitié à Othman, qui vient passer une partie de la journée avec moi. On veut reprendre le

(1) Seau de cuir.

nègre. Hier et une partie de la journée, il est resté caché dans les dunes et n'a mangé que quelques dattes qu'il avait emportées.

J'ai eu des conversations très intéressantes avec Othman; j'écris au général de Martimprey (1) et à Paris.

Observations astronomiques comme hier soir.

5 août.

Aujourd'hui nous devons partir. Les chameaux et les méhara arrivent des pâturages et on les mène au puits; ces malheureuses bêtes en reviennent avec le ventre rond comme un tonneau et un corps aussi large que haut. On dirait qu'elles savent en buvant qu'elles vont traverser un désert sans eau et qu'elles reconnaissent les puits qui précèdent les routes de la soif. Les mehara seuls ne boivent peut-être pas assez. Les chameaux que le khebir Mohammed m'a amenés de Sahan el Kelb (2) sont les plus beaux animaux de cette espèce que j'aie encore vus; ce sont de vrais monstres par leurs proportions gigantesques. Je prends un peu de repos à la *gaïla*, mais pas assez, au milieu du bruit de l'emballage. Je ferme mon courrier et je plie bagage.

Nous partons. Nous traversons un pays tout à fait analogue à celui qui précède Berresof, immédiatement au nord. Ce sont des espaces sablonneux, couverts d'une végétation dense de *drīn*, appelé par les Roubaa'ya et les Arabes de l'est *sebot*, et de *halma*, enfin de *hād* et de *seffār*. Ces espaces sablonneux sont coupés par des chaînons de dunes à cime régulière, qui prennent le nom de *Zemla*. Avant la nuit nous trouvons du *baquel*.

La première nuit de marche fut pénible pour moi; le sommeil me vint d'autant plus vite que j'étais accoutumé, depuis l'été, à faire

(1) Le général de Martimprey fut un des principaux partisans du commerce du Sud. Commandant des forces de terre et de mer en Algérie, il écrivait dans une lettre officielle du 22 juillet 1860, reçue par Duveyrier à ce puits de Berresof : « Un décret impérial vient de faire tomber les barrières qui s'opposaient à nos relations commerciales avec le Sud; aujourd'hui et désormais les produits soudanais et sahariens doivent entrer en Algérie en toute franchise. Veuillez répandre cette bonne nouvelle... » Et il ajoutait ce *post-scriptum* de sa main : « Avant d'avoir reçu votre lettre qui me fait connaître l'intention où vous êtes de vous faire accompagner par le cheikh Othman, je venais d'adresser à ce chef l'invitation de se rendre auprès de moi. J'ai hâte de conclure tous les arrangements qui pourront le plus tôt possible, la sécurité existant à un degré suffisant, amener la liaison des relations qu'il faut établir entre l'Algérie, le Soudan et les régions intermédiaires... Vous comprenez que je tienne à ce que le cheikh Othman soit ici quand l'Empereur y viendra. » — On sait que le cheikh Othman préféra suivre Duveyrier.

(2) « La cuvette du chien », un des pâturages de l'Erg.

la sieste au milieu du jour. Je ne puis m'empêcher d'admirer, quand la lune s'est levée, les Touareg sur leurs méhara. Avec leurs armes desquelles tombent des lanières de peau diversement ornementées; leur vêtement fantastique et leur immobilité sur ces grands animaux au pas lent et régulier, ils ont quelque chose qui me reporte en pensée aux temps de notre chevalerie. Et réellement les Touareg ont dans le caractère quelque chose de chevaleresque qui me plaît beaucoup. Au départ, tous mes Arabes invoquent Dieu, le prophète et tous les saints de leur paradis pour qu'ils nous protègent sur cette route dangereuse par sa longueur et son manque d'eau absolu. Nous dépassons Ghourd el Liyya derrière lequel arrive la route de Djedid à laquelle nous nous joignons. Cette route est, au dire de mes guides, *la plus ancienne* et la plus directe. Autrefois le dernier puits était précisément celui de Djedid; mais depuis quelque temps on en a creusé un un peu plus au Sud, c'est le puits de Bou Khalfa. La fatigue me fait commander l'arrêt d'un peu bonne heure pour mes guides, qui sont scandalisés de cet acte de despotisme.

6 août.

Après trois heures de sommeil nous repartons. Les guides aiguillonnent mes domestiques un peu mous en leur disant : « Il faut fuir devant la mort ! » Le pays continue à garder le même aspect, nous rencontrons par endroits des pierres noires et grises (dolomies?) identiques à celle de la chebka des Beni Mzāb, ce qui se trouve confirmé plus tard par l'apparition d'affleurements de ce plateau et par l'assertion du cheikh Othman que l'on trouve près de Ghadāmès, près de notre route, une dune très élevée au sommet de laquelle perce un rocher.

Une tête de gazelle que nous trouvons me montre que la gazelle commune du pays est de la variété nommée *rim*, caractérisée par ses cornes plus droites et très rapprochée : je crois que c'est l'antilope Corinna. L'autre gazelle commune (*dorcas?*) est plus rare, mais se trouve cependant aussi quelquefois dans ces dunes. Les chasseurs Toroud la nomment *el himed* parce qu'elle affectionne plutôt les *hamada*.

Nous faisons la sieste à l'heure habituelle et avons fait dans nos 24 heures 13 h. 4 m. de marche. Depuis ce matin, comme par un fait exprès, le sirocco s'est levé et a remplacé le vent d'est qui nous avait favorisé sans cesse depuis El-Ouad. Nous repartons à peu près à la même heure qu'hier, cependant pas d'aussi bonne heure à cause de la chaleur qui accompagne le sirocco.

Nous rencontrons sur la route trois charges de chameaux de vêtements et d'autres menus objets rassemblés en un tas. Ces sortes de dépôts, occasionnés le plus souvent par la mort d'un chameau, sont religieusement respectés sur cette route, et j'apprends d'Othman qu'il en est de même sur les routes de Ghadâmès au Touat et au Soudan par l'Aïr ; elles restent quelquefois des années sans que le propriétaire trouve une occasion pour les faire enlever.

Un peu plus loin, nous trouvons les premières traces de cet animal que les chasseurs des dunes appellent « beguer », mais dont le vrai nom arabe est مَهَى (1) et qui est notre antilope oryx ou leucoryx.

Près de Ghourd et Trouniya la nuit nous surprend, et peu après nous arrive un accident qui manque de nous causer un retard sérieux. Un des chameaux des Touareg s'était mêlé aux miens, et soit qu'il eût été effrayé par quelque chose, soit qu'il voulût rejoindre ses frères, il prit tout d'un coup le galop en faisant des sauts et des gambades dont je n'aurais pas cru un chameau capable et il disparut dans les dunes. Quand les Touareg arrivèrent, nous constatâmes que sur quatre outres qu'il portait deux avaient été crevées et ne contenaient plus rien. Othman attribua cet accident à l'*aïn* (2), en disant qu'un de ses suivants, Ihemma, venait de dire tout à l'heure que l'on ne manquerait pas d'eau, et cela avait porté malheur. Après bien des discussions, il fut convenu que le maître du chameau irait sur son méhari à sa recherche et tâcherait de nous rattraper. On lui fit une petite part d'eau dans une outre et il partit, tandis que nous continuâmes notre route.

Lorsque la lune se leva, je pus remarquer que la végétation avait notablement diminué de force et de nombre ; nous n'avons plus que de rares pieds de *seffâr* et de *hâd*. Dans l'obscurité complète (lueur des étoiles) je puis continuer presque aussi bien qu'en plein jour le levé des distances et des directions, seulement le détail des dunes à droite et à gauche de la route souffre de cette route de nuit. Je remarque des affleurements du plateau calcaire. Nous voyageons entre des rangées de dunes, qui tantôt s'éloi-

(1) Meha. « Beguer » ou « beguer el-ouahch » est le nom vulgaire. (O. H.)
(2) Cf. *Les Touareg du Nord*, p. 415-416.

gnent tantôt se rapprochent et quelquefois nous barrent la route; mais elles sont alors très diminuées. De temps en temps aussi nous trouvons des *sahan* analogues à ceux dans lesquels les puits sont creusés, mais ici on trouve parsemées sur leur surface des pierres (dolomies appartenant au plateau).

7 août.

Après un repos beaucoup moins long que celui d'hier nous repartons, et rencontrons bientôt de nouveaux affleurements de calcaire. Nous arrivons au commencement de la chaleur du jour à des dépressions irrégulières allongées courant à peu près du E. 1/4 S. à l'O. 1/4 N., et séparées par des chaînons de dunes. Othman m'assure que ces dépressions s'en vont jusque sur la route de Ouarglā à Ghadāmès où elles prennent le nom de Oudian el Halma (1). Je commence à remarquer qu'Othman a le sens géographique très développé et qu'il possède, ce que je n'ai remarqué chez aucun Arabe, la connaissance du rapport des différents accidents du sol et de leur enchaînement. Nous faisons la sieste dans un de ces derniers oueds, après une marche totale de 13 h. 46 m.

Dans la soirée, un de mes Arabes m'apporte une corne de *meha* (2) qu'il a ramassée sur la route. Nous rencontrons des traces de chacals, ce qui me donne l'occasion d'apprendre du cheikh Othman que partout, dans son pays, les chacals boivent et ne s'éloignent pas de plus d'un ou deux jours de la source qui les abreuve, qu'il ne connaît que l'Erg où le chacal vive naturellement sans boire (3). Le *fenek* au contraire ne boit jamais, et aussi se trouve-t-il presque exclusivement dans ces sables. Un proverbe arabe dit : Trace de chacal, eau proche; trace de *fenek*, ceins-toi et marche.

Mon serviteur Ahmed a encore des accès de fièvre, ce qui dérange tout, mes deux autres Arabes n'étant bons à rien ou à très peu de chose. La végétation est toujours presque nulle (4).

(1) « Les oueds du halma » (*Plantago ovata*). M. Foureau les a retrouvés en 1893 sur la route de Ghadāmès à Tougourt, et en 1896 plus au sud, vers 30° de latitude, mais là ce ne sont plus que des sillons ou entonnoirs coupés de dunes sans orientation régulière. (*Dans le grand Erg*, Paris, 1896, p. 43.)

(2) Antilope addax (*Les Touareg du Nord*, p. 225).

(3) On rapporte le même fait du mouton en hiver. L'Erg est plus riche en plantes vertes qui, mâchées, fournissent une certaine quantité d'eau.

(4) Plantes notées sur le carnet pendant cette journée de marche : *drine, neci*.

Nous arrivons dans la nuit au Sahan Tángăr où la route de Moui 'Aissa vient rejoindre celle de Djedid ; près de là il y a, à droite, un petit *ghourd* (1) appelé Gherīd Tángăr. Mes chameliers me font remarquer que la marche est devenue plus rapide parce que les chameaux commencent à avoir diminué notablement leur provision d'eau et ont le ventre allégé. Nous faisons la halte de nuit à Ghourd es Sīd.

8 août.

Après un sommeil d'environ une heure et demie, nous nous remettons en marche, et suivons des sortes de boyaux entre deux dunes ; quelquefois ces boyaux s'élargissent et ressemblent à de petits oueds (style du Souf). Nous faisons la sieste dans une dépression après avoir fait une marche de 14 h. 11 m. depuis hier à pareille heure.

Ahmed, au départ le soir, est encore pris par la fièvre.

Le cheikh Othman me dit que nous sommes ici au Dhahar el 'Erg, c'est-à-dire au point culminant de la région des dunes, qu'à partir d'ici le sol va en s'abaissant vers Ghadāmès et vers El-Ouād (2). Cet avis a besoin d'être pesé, mais le fait sur lequel s'appuie mon compagnon targui est indubitable, c'est la forme nouvelle que prennent les dunes. Les *ghourds* sont encore petits, pas aussi hauts que le Ketef, à mon avis, mais leurs formes ont changé ; ils ont pris des formes de montagnes pointues, anguleuses sur toutes les faces ; les ghourds sont moins allongés. Nous rencontrons de temps en temps en travers de la route des dunes en cordons hauts de 1 à 3 mètres seulement, mais longues de 400 à 700 mètres et très régulières, que le vent change sans cesse de force et de direction. Ces endroits sont toujours un obstacle pénible pour les chameaux et tout le monde se met à l'ouvrage pour leur frayer un chemin oblique avec une pente légère. Le vieil Othman est toujours le premier à l'ouvrage.

Deux des Arabes ont des symptômes d'ophtalmie.

Le khebir me dit que Ghourd Meçaouda est, selon lui, à moitié

(1) Dune à plusieurs arêtes, pâté de dunes.

(2) Ce renseignement n'a pas été reporté sur la carte de Duveyrier. Il mérite pourtant sérieuse considération, car M. Foureau, faisant en 1893 une route un peu plus occidentale, a noté vers 31° de latitude, l'altitude extraordinaire de 406 mètres, résultat de trois lectures barométriques (renseignement manuscrit de M. Foureau). En admettant une correction à faire du fait des variations atmosphériques, il n'en faut pas moins voir dans ce « dos de l'Erg » un relief réel.

route de Ghadâmès à Berresof. Au ghourd Rouba que nous avons passé il y a longtemps, vient se joindre à notre route une des routes de Bīr Ghardâya; d'autres viennent ici et d'autres plus loin encore. Cette route est peu stable, comme on le voit, et dépend du caprice du guide. La végétation est toujours presque nulle. Nous arrivons au ghourd Ben 'Akkoû, qui est le point très connu anciennement comme faisant le point du milieu entre le puits de Djedid et Ghadâmès.

Dans le Haoudh (1) es Sefâr je remarque une petite butte d'un blanc éclatant. Nous nous arrêtons pour dormir un peu dans un endroit appelé Ma'dhema.

9 août.

Nous partons comme toujours de bonne heure, et marchons entre les *ghourds* et les *zemlât* (2). Nous arrivons bientôt dans une série de bas-fonds entre les dunes, que l'on a désignés sous le nom générique d'El-Hiâdh (3). De temps en temps des pierres de calcaire gris plus ou moins décomposé. Nous allons faire la sieste à l'extrémité sud du Haoudh El-Hadj S'aïd, aussi nommé Houdh el Belbelât à cause de la plante nommée *belbal* qui y croît. Le sol de ce terrain est très ferme, composé de détritus de calcaire. Othman et les guides me désignent cet endroit comme étant celui où l'on devrait tenter le forage d'un puits. La présence de *belbal*, disent-ils, est un signe que l'eau ne doit pas être loin. L'endroit me paraîtrait, à moi aussi, bien choisi.

Nous avons rencontré avant l'étape deux Souâfa venant de Ghadâmès avec un chameau; ils apportent la nouvelle que la plus grande partie des Touareg ont quitté les environs de la ville par suite de la petite vérole qui y règne et qui les décime. Si Othman me dit : « Dieu a créé la petite vérole ennemie des Touareg et aussi la craignent-ils très fort ». On me dit plus tard à Ghadâmès que si elle est si fatale pour les Touareg, c'est qu'ils sont sales, et que même quand ils ont de l'eau, ils font leurs ablutions en se frottant les mains sur une pierre.

Nous avons marché 14 h. 50 m. depuis la dernière étape. A notre départ, la végétation, presque nulle comme toujours, se

(1) « La cuvette du Sfar » (variété d'*Arthratherum*).
(2) Ce sont les longs cordons de sable signalés plus haut.
(3) Pluriel de *el haoudh*.

compose d'*álenda*, de *drîn* et de *hād*. A la nuit nous passons deux tombeaux d'individus assassinés par les Arabes, dont l'un nommé Midi de Ghadâmès a donné son nom à un ghourd voisin. Le vent a tourné à l'est. Nous marchons toute la nuit et ne nous arrêtons qu'à 6 h. 65 m. du chronomètre le 10 août pour faire la sieste. Cette deuxième étape a été de 13 h. 30 m. de marche.

10 août 1860.

Nous nous arrêtons pour la sieste épuisés de fatigue (1); je n'ose pas comparer celle de mes domestiques à la mienne tant j'aurais pitié d'eux. On verse dans le nez d'un chameau qui souffre de la soif une gamelle d'eau. Cela vaut beaucoup mieux que donner à boire, parce que le peu d'eau dont on peut disposer ne fait rien dans l'estomac de l'animal. Nous arrivons près du ghourd Mámmer, à une dépression où je reconnais la roche blanc d'argent dont j'ai parlé. Je trouve que c'est une terre très savonneuse et salissant les doigts, toute imprégnée de coquilles de *planorbis*, signe évident qu'il y avait là un petit lac autrefois. Tout à côté de cette terre se trouve sous le sable une poussière noire, qui m'intrigue beaucoup et dont je prends une petite quantité (2).

A la tombée de la nuit, le chameau sur lequel je suis monté, sur un lit formé de mon matelas jeté sur les caisses, prend peur et part au galop en sautant; je suis lancé en l'air et un peu plus loin tombent les cantines. Rien n'est cassé heureusement ni sur moi ni dans les caisses. J'aurais été tué ou estropié si j'étais tombé sous les cantines.

Les dunes diminuent notablement et rapidement de hauteur, elles reprennent la forme de *zemlat*. Nous traversons un petit *hamada*, nommé Hameida, et nous reprenons les dunes, redevenues simples ondulations de sables. Nous voyageons toute la nuit; de bonne heure nous entrons sur la hamada de Ghadāmès qui est d'abord recouverte de sable, puis apparaît comme la chebka des Beni Mezâb, semée de pierres de dolomies violettes, noires ou grises.

Peu après nous descendons dans une dépression profonde (3) de

(1) Le carnet porte ce jour-là : Végétation rare et maigre : *ézal, alenda, halma*.

(2) C'est le *torba* des Arabes. La poussière noire doit sa coloration à des éléments tourbeux.

(3) Le carnet de route dit : plus basse de dix mètres.

la chebka; c'est un chott à sol de *heicha,* tout semblable à celui de l'Oued-Righ; nous dépassons une grande dune située au milieu et enfin nous arrivons à l'autre extrémité à une petite *ghaba* (1), appartenant à la zaouiya de Sidi Maābed.

Marche de cette étape, 15 h. 36 m.

(1) Endroit planté d'arbres (O. H.).

CHAPITRE II

ARRIVÉE A GHADAMÈS

11 août.

Nous trouvâmes dans cette *ghaba* un jeune homme de la zaouiya, vêtu de pantalons blancs descendant jusqu'à la cheville, d'une sorte de blouse blanche et d'un turban blanc. Ce jeune homme ne me reconnut pas pour chrétien parce qu'il est rare de rencontrer un Français jambes, pieds et bras nus et en chemise. Il me salua, croyant probablement que j'étais Tunisien, et nous aida à débarrasser les chameaux. Je m'établis sur mon matelas, à l'ombre d'un palmier; la chaleur, le sirocco violent qui nous avait fouettés dans le chott, nous avaient épuisés et brûlés.

La nouvelle de l'arrivée d'Othman fut bientôt portée à Ghadamès et une foule de Touareg Ifoghas, à pied ou montés à méhara, vinrent au-devant de lui. Il leur expliqua loin de moi qui j'étais et pourquoi j'étais venu et plusieurs d'entre eux demandèrent s'ils pouvaient venir me saluer. Ils vinrent en effet, et je leur fis des compliments. Tout ceci est bien poli et n'aurait jamais lieu en pays arabe. La foule des Touareg augmenta beaucoup, et, quand nous partîmes, nous avions une nombreuse escorte en très beaux habits de parade. Tout ce monde se comporta bien et ne fit aucune remarque sur ce que je relevais le pays. Nous laissâmes d'abord le zaouiya de Sidi Maäbed à droite avec ses palmiers; c'est non seulement une zaouiya, mais encore un petit village. Plus loin, nous passons à une plus grande distance la zaouiya de Sidi Mohammed es Senoüsi, bâtie depuis trois ans par cet ennemi mortel des Français et des chrétiens. Dans le petit bassin dans lequel se trouve la zaouiya, les puits sont comme à El-Guettar (Tunisie). On creuse un puits près du bord élevé de la dépression; on y trouve de l'eau coulant légèrement; on creuse plus loin un autre puits dans la direction du courant, et ainsi de suite; de sorte que l'eau d'un puits passe dans l'autre. De la zaouiya nous marchons dans la chebka, dans un labyrinthe, et nous arrivons en vue de Ghadāmès, qui est située au haut du plateau. Nous laissons en même temps à gauche le commencement de la *ghaba* et à droite des ruines gigantesques que je crois romaines.

Nous arrivons à la porte de Ghadāmès, qui est tout entourée par les palmiers, sauf à cet endroit. Nous laissons en face de la porte plusieurs nezla de petites tentes de peau des Touareg. Arrivés en dedans des murs, on me dit que le moudir est dans les jardins; j'envoie un de mes domestiques, qui arrive avec la réponse qu'il faut que je vienne en personne ou que j'envoie mon firman.

Je me rends en personne dans le jardin où je trouve le moudir, un vieux turc abruti, en chemise et gilet de coton et une calotte idem, assis sur un tapis, par terre. Il a avec lui de petits serviteurs turcs mulâtres, un interprète assez bien et assez beau et un qawwas, qui est venu de Tripoli pour une affaire à part. Ce dernier, habillé à l'européenne, porte, entre autres, des pantalons blancs, des escarpins et des cheveux. Le moudir Hadj Ibrahim me reçoit sans daigner se lever, mais il est obligé de me souhaiter la bienvenue lorsqu'il a lu le firman du Pacha. Je reste là, il fait chercher une maison pour m'y loger et y fait conduire le bagage après m'avoir interrogé sur le contenu des cantines et des *gherair* (1). Je dîne avec lui; il mange à table le premier; je ne dis rien, mais je n'en pense pas moins. Ce vieux squelette à moustaches ne fait pas un changement de place de cinq pas sans traîner après lui ses immenses pistolets. La conversation roule sur le Iemen où il a vécu longtemps, et Saouakim où il a connu, il y a deux ans et demi, le voyageur Hadj Iskander (2) allant au Soudan.

Le soir, je vais à la maison qui m'est destinée, en attendant mieux, et qui se trouve près de la ghaba. Je suis heureux de me reposer. De la ghaba à Ghadāmès, 1 heure 2 minutes.

12 août.

Ce matin, de bonne heure, je suis encore dans mon lit, lorsque

(1) Pluriel de *gherâra*, sac en laine servant à contenir les objets chargés sur les chameaux. (O. H.)

(2) Nom pris par le baron de Krafft. Sur son séjour en Tripolitaine, voir *Mittheil. de Petermann*, 1861-1862, *passim*.

vient me trouver un des petits négroturcs frisés du moudir, armé d'un sac en toile et d'un billet très aimable, mais très inintelligible. Le petit négroturc est plus clair et m'exprime que son noble maître désire une bouteille d'araki. Or, en fait de liqueurs, je possède une bouteille entamée d'absinthe, et une d'eau de noix. Je remets au petit l'eau de noix et on l'emporte avec de grandes précautions.

Je vais ensuite chez le moudir pour lui parler de la maison que je dois habiter et que je veux louer; il me retient à déjeuner. Je vois la maison qu'on m'a destinée; elle ne peut pas me convenir; on m'en montre une seconde, qui est moins mal et que je prends.

Le moudir me retient à dîner et j'accepte, quoique je commence à avoir assez de sa société et de ses repas. Mais, pendant l'après-midi, je vois revenir le négroturc qui, après bien des caresses, me montre une damejeanne qu'il a apportée et que son maître voudrait avoir remplie d'araki, contre remboursement bien entendu. Ceci me paraît trop fort, et je renvoie le bonhomme avec le « non » le plus formel et le plus véridique. Je fais suivre Ahmed, qui va dire au moudir, qu'étant indisposé, je ne viendrai pas dîner chez lui. Le moudir cependant prétexte qu'il s'est mis en frais et qu'il faut que je fasse honneur à son repas.

A l'heure dite, je ne me rends à son habitation que lorsqu'on vient me chercher. Je trouve tout le monde en prières de l'air le plus contrit du monde. On sert plusieurs plats, parmi lesquels une poule pour cinq personnes; le moudir s'excuse sur ce « qu'il n'a pas pu trouver de viande en ville ». J'avais vu un mouton et plusieurs chèvres dans les rues. Le stupide homme me demande : « Y a-t-il de la viande dans votre pays? — Oui, nous autres Français, nous en mangeons deux fois par jour. — En France ou bien en Alger? — En France, à Alger et même à Ghadâmès. » Notez qu'au déjeuner nous n'avions eu que des légumes. Je n'ai lâché mot que de force à dîner, et, sans attendre le café, je suis revenu chez moi. Or le moudir avait dit qu'il se chargeait de mon dîner et de celui de mes gens. On apporte en effet ce dernier, et il se compose de deux assiettes, l'une contenant un peu de légumes qui ne dépassent pas le fond de l'assiette, l'autre contient la même quantité de vermicelle. Enfin quelques onces de pain. Je fais renvoyer le tout chez le donateur. Ahmed et

Brahim dans les rues sombres et couvertes de Ghadâmès manquent l'un de renverser une femme, l'autre de se casser la tête.

Je vois deux fois Othman; bonnes nouvelles de chez les Touareg. Il trouve le moudir ce que j'ai dit. Le moudir a des soldats sous ses ordres. Ce sont des Djebaliya, depuis l'âge le plus jeune jusqu'aux vieillards à barbe blanche. Ils ont pour se vêtir *un haouli*, de sorte qu'ils laissent leurs poitrines, y compris les tétons, nues, ce qui, je n'ai pas besoin de le dire, serait plus gracieux chez une belle femme que chez ces squelettes affamés.

C'est la nuit que les femmes des Ghadamsya sortent pour aller à la fontaine et à leurs affaires. Celles que j'ai vues sur les toits portaient un haïk bleu tourné comme chez les femmes des Beni-Mezab. J'ai vu dans les rues d'autres femmes sans voiles et portant un diadème de cuivre doré : ce sont ce qu'on appelle ici des 'Atriya, c'est-à-dire de la caste mélangée de sang noir. Ce sont les mulâtresses.

Les maisons de Ghadâmès sont hautes, ayant quelquefois un rez-de-chaussée et deux ou même trois étages (1); les murs, bâtis en briques de terre crue, sont blanchis à la chaux. L'architecture ressemble à celle des Beni-Mezab. Les rues sont couvertes et fort obscures en plein jour, à plus forte raison de nuit. La ville et les plantations sont entourées de murailles et l'on reconnaît en certains endroits que ces murailles ont été détruites deux fois avant celles qui existent aujourd'hui.

La ville possède un citronnier; il y a maintenant des pastèques en quantité, mais elles sont dures; les melons sont aussi en grand nombre; ce sont les meilleurs que j'aie trouvés dans le Sahara. Il y a des citrouilles, *gaurâa*, tomates, etc. Les dattes de la petite espèce noire sont mûres, mais on ne les a pas encore cueillies.

La ville est remplie de Touareg. Il paraît qu'ils m'ont tous très bien vu, d'après les discours d'introduction qu'a faits Othman. Ceux qui sont venus hier me voir dans la Ghaba avaient demandé à Othman : « Pouvons-nous venir le saluer? »

Le moudir fait donner la bastonnade devant moi à un nègre colossal qui avait commis le crime d'aller voir deux fois cette année une négresse dans une maison particulière.

(1) Ces dernières doivent être très peu nombreuses; Mircher ne parle que de maisons à rez-de-chaussée et un étage (*Mission de Ghadâmès*, p. 100).

13 août.

Le matin, je change de demeure; le pauvre cheikh Ali (1), qui bégaye tant qu'on ne peut pas se moquer de lui, est presque toute la journée chez moi; il va me chercher tout ce qui me manque.

Je fais la sieste et écris quelques lettres. A l'heure du Medjelès, qui a lieu toutes les semaines à pareil jour et une autre fois par semaine, le moudir fait envoyer chercher mon firman. Je trouve bon de donner aussi celui du Bey de Tunis et le décret des douanes, qui sont tous lus, et sont le sujet d'un commentaire de la part du moudir. Dans la soirée, on m'annonce sa venue; j'ai une explication avec lui, mais il est si bête, si borné, si entiché de son osmanlisme que l'on n'arrive à rien avec lui. Enfin, il dîne avec moi. Il vient ici avec un armement complet. Il me promet que, partout où j'irai, il me fera accompagner par deux de ses fameux soldats.

J'apprends aujourd'hui que les nobles Ghadâmsia (sang blanc) qui épousent une 'Atriya sont mal vus, que les 'Atriya mâles ne trouvent jamais à épouser une femme noble.

14 août.

De bonne heure, le cheikh Ali vient m'apporter un panier de légumes. Il m'apprend que chaque grande famille de nobles a ses 'Atriya nés depuis longtemps des négresses de ses aïeux, et doit les protéger, leur fournir du travail et de la nourriture s'ils sont dans le besoin. Il paraît que les femmes 'Atriya n'ont pas toujours des mœurs très chastes.

On m'apporte des dattes mûres; elles sont toutes petites et noirâtres, mais je ne les trouve pas mauvaises.

Des Touareg viennent à l'heure du déjeuner frapper à la porte pour me voir, mais je ne fais pas ouvrir. Le cheikh Othman m'approuve. Du reste, ils n'ont pas insisté. Dans l'après-midi, le petit Abyssin m'apporte un panier de légumes de la part du moudir. On sème en ce moment une graminée, céréale, appelée ici El-Gossob (2), et dans le nord *dra'*; on ne la récolte qu'à la fin de l'automne.

Visites de quelques grands de la ville.

(1) C'était le *cheikh el bled*, ou maire de la ville.

(2) Draa désigne au Sahara, suivant les régions, tantôt le sorgho à grains noirs, tantôt le millet blanc à chandelles. Il s'agit probablement du dernier. (Cf. Catalogue Foureau, p. 15.)

15 août.

Je sors accompagné de deux soldats et je vais voir d'abord les Esnām (1), ces restes de constructions que je crois être les ruines de la ville ancienne du temps des Romains. Ce sont des supports de vastes arcades, je le crois du moins; tout à l'entour, s'étendent des débris de pierres, et des fondations comme on en voit dans toutes les ruines romaines de ce pays. Les pierres ne sont pas taillées; quelquefois cependant elles sont dégrossies; elles sont unies par un ciment de plâtre. Au milieu des décombres sont quelques tentes touareg, mais leurs occupants n'étaient pas là et nous n'eûmes à disputer le chemin qu'à deux lévriers qui gardaient les tentes.

Je vais voir la source; elle forme un bassin profond d'une eau transparente et d'un bleu charmant; l'eau donne naissance à quelques mousses aquatiques qui paraissent au fond en plusieurs endroits. Des libellules rouge brique planent au-dessus de l'eau. Je ne vois pas de poissons. Le bassin a une forme inégale : il est garni de pierres. L'eau s'écoule d'une manière insensible à l'œil par un canal souterrain près de l'endroit où l'on vient puiser l'eau. Le kaïd el mā, chargé de distribuer l'eau, est loin de là dans une petite niche sur le marché.

Je passe la soirée couché sur un banc de la rue, où j'ai fait porter une couverture et des coussins. Je regarde le mouvement autour de moi. Il y a plusieurs négresses qui paraissent à poste fixe près d'ici; elles jacassent toute la journée. Quelques nobles Ghadamsia passent devant moi; les uns me saluent, les autres ne me disent rien. Je rends les saluts à ceux qui me parlent. Les noirs dépassent de beaucoup parmi les passants le nombre des blancs. Presque pas de Touareg.

Un de mes voisins possède une jument du Touat; c'est le seul cheval qu'il y ait en ce moment à Ghadāmès.

J'obtiens le soir la latitude de Ghadāmès par le passage de Mars au méridien : j'ai 30° 6′ 33″ N.

16 août.

Je vais me promener dans la ville. Il y a près d'ici, je crois dans

(1) « Les idoles. » On sait qu'après avoir visité Djerma au Fezzân, Duveyrier a rapporté les Esnamen aux Garamantes. (*Les Touareg du Nord*, p. 251.) Vatonne se borne à les qualifier « d'affreuses ruines sans caractère et sans intérêt ». (*Mission de Ghadāmès*, p. 268.)

le quartier d'El Aouina (1), un petit marché où l'on vend des liqueurs; il est remarquable aussi sous un autre point de vue. D'un côté il est bordé d'arcades, et je remarque un tronçon de colonne qui me paraît être évidemment romain. Du côté opposé coule sous terre une petite rigole auprès de laquelle est un abreuvoir et un lavoir. Plusieurs petites auges carrées, en pierres de différentes grandeurs, sont encore ici en souvenir de l'ancienne Ghadâmès. Mais j'étudierai tout cela systématiquement un peu plus tard.

Je rends une visite au moudir et je le trouve très bien. Cependant, j'apprends plus tard qu'il a eu une violente dispute avec sa femme turque à la suite de laquelle celle-ci a demandé du poison pour le tuer. De là rupture, et la femme répudiée s'en est allée à Dérdj. Le fils du moudir qui est à Sinaoun est parti pour Tripoli aussitôt qu'il a appris cette nouvelle. De sorte que le moudir est d'une humeur de chien pour tout le monde. Je donne de l'opium au moudir, qui est dérangé à état permanent. Il m'envoie le soir une excellente pastèque.

Il est curieux de voir les Ghadâmsia savoir presque tous le haoussa; rarement ils parlent à leurs esclaves dans une autre langue. Les enfants blancs et les esclaves apprennent d'abord le ghadâmsia (2), et ce n'est que plus tard qu'ils se mettent à l'arabe.

On a toutes les peines du monde à se procurer ici des légumes, des melons et de la viande. Tout est pris d'avance : les acheteurs vont chercher les fruitiers jusque dans leur ghaba, et le peu qui arrive au marché est de suite accaparé. Quant à de la viande, depuis que je suis ici, les Arabes n'ont pas apporté de moutons, il se passe quelquefois quinze jours sans qu'il en vienne. On est réduit aux poules, pigeons et à quelques chevreaux

Le soir, je fais porter mon lit sur la terrasse et j'y dors en compagnie de mon fusil chargé à balles. J'ai la distraction de voir les ombres de mes voisines, blanches et noires, se promener sur les terrasses d'alentour et d'entendre leur caquet à voix basse.

17 août.

Ihemma, le petit bandit targui qui accompagnait Si 'Othman,

(1) Ce quartier porte aussi un autre nom intéressant pour les origines : Beni-Mâzigh
(2) C'est-à-dire le dialecte berbère.

m'apporte quelques lignes de tefinagh que m'ont écrites ses sœurs auxquelles j'avais envoyé à chacune un miroir.

Je vais voir le marché qui a lieu toutes les semaines à pareil jour. Il a lieu immédiatement après la prière à la mosquée au dohor. On prend ses places d'avance; le moudir m'a envoyé deux soldats qui sont postés à côté de moi pour écarter les badauds. Je vois arriver le moudir, avec son page abyssin et ses longs pistolets, puis le qawwas; ils entrent dans la mosquée par une porte à part donnant sur le marché. La prière ne dure qu'un instant; je suis ensuite rejoint par le cheikh de la ville (Cheikh Ali) et il se rassemble autour de moi plusieurs Ghadāmsia, entre autres Abd el Aziz, bel homme à barbe grisonnante et à beaux vêtements, qui connaît de vue Tombouctou, Oualata, Tichit, le Soudan et le Touat, ainsi que les pays intermédiaires. C'est un homme intelligent et d'autant plus poli qu'il connaît Tunis et Tripoli. Nous nous tenons sous un corridor, près de la boutique du gomrekdji (1). Nous voyons passer beaucoup de Touareg, dont plusieurs sont d'une taille colossale. Quelques-uns me saluent; d'autres me regardent et passent; deux Sakomāren (2) seulement se permettent de dire : « Fi! c'est lui qui a amené Cheikh Othman ». Mais cette parole de la bouche d'Imrhad n'a pas beaucoup de poids.

Le marché n'est pas brillant; on y vend des cotonnades anglaises et maltaises, des étoffes de coton bleu à rayons rouges, du Soudan, dont les unes servent de couverture et les autres de vêtements de dessus aux femmes de Ghadāmès. On vend quelques fusils, des chameaux et un coffre. On me dit que d'ordinaire le marché est plus beau.

Les Sakomaren qui sont ici sont des chameliers qui doivent amener au Touat la grande caravane des Ghadāmsia dont les bagages sont déjà exposés hors de la ville en attendant que les affaires soient arrangées avec Ikhenoukhen.

18 août.

De bon matin, un Targui m'amène un enfant parent de Si 'Othman, qui est affecté d'un œdème très avancé provenant d'un anévrisme du cœur. Cet enfant, âgé de 12 ans, fait mal à voir; outre sa maladie qui l'a rendu presque impotent, et qui a répandu une couleur jaune uniforme sur ses chairs molles, il a eu encore der-

(1) *Isaqqamaren*, vassaux des Kel-Rhela

(2) « Douanier ». (O. H.)

nièrement la petite vérole, qui a laissé sur lui des traces profondes. Je déclare après l'examen que, lorsque Si 'Othman viendra, je lui dirai mon avis sur la maladie. Je crains toujours que les gens ignorants ne pensent que j'ai le remède de telle ou telle maladie et que je ne veux pas la guérir.

Quelque temps après, je reçois la visite bienvenue de trois dames targuies, l'une d'elles est jeune, assez grande et d'une blancheur rare; elle est de plus très bien peignée. Sa coiffure est, sur le devant, identique à nos bandeaux plats d'Europe, mais ces derniers se terminent derrière les oreilles par deux nattes courtes et épaisses. Les ornements de ces Targuiāt sont sobres; la belle porte trois légers bracelets à chaque bras; le tout est de bon goût et serait bien vu en Europe. Ainsi ce ne sont plus les ornements grossiers des Arabes.

La conversation roule sur très peu de choses parce que ces dames me font la malice de prétendre ne pas comprendre l'arabe, de sorte que je suis à m'éreinter à chercher de rares expressions dans le cinquième volume du Dr Barth. — Elles partent d'un éclat de rire formidable quand je parviens à leur désigner « ulhi » (1) et « teraouen » (2) comme étant le siège primitif de la maladie du jeune Targui qui est le frère de l'une d'elles. Lorsque nous étions ainsi aux prises, arrive Si 'Othman qui, en voyant les Targuiāt, s'écrie : « Bism Illah er Rahman er Rahim », expression que les Touareg emploient lorsqu'ils sont affectés d'une surprise pénible. Nous parlons de nos affaires et, pendant ce temps, les Targuiāt veulent s'en aller; l'une d'elles retrouve son arabe pour me demander du tabac. Je leur dis que je n'en ai pas, mais que, si elles veulent bien revenir, j'espère être plus riche.

Aujourd'hui, on vend au marché tous les moutons qui sont arrivés hier. Le cheikh Ali me dit qu'on en vend quelquefois 300 en un seul jour. Les occasions sont si rares que l'on fait ses provisions. Le même homme me raconte qu'à la dernière vente il acheta trois moutons, que cinq jours après il en vendit deux, et qu'il eut le troisième pour profit de sa spéculation. J'achète un mouton, hier j'en avais acheté un autre engraissé en ville. Les moutons se vendent, comme du reste tout ce qui passe sur le marché, par l'entremise de « dellāl », crieurs, et tout est cédé à l'enchère. Les principaux

(1) *Oulhi*, le cœur.
(2) *Touraouen*, le poumon.

marchands, et en général tous ceux qui ont besoin de quelques-uns des articles en vente, se tiennent assis autour du marché; et les crieurs passent en exposant la marchandise et en indiquant le dernier prix offert.

J'apprends qu'autrefois, les Ouled Hamed d'El-Ouad prélevaient un petit tribut, « ghefara », sur les marchands de Ghadâmès qui passaient par le Souf se rendant à Tunis; depuis l'occupation française, cela n'a plus lieu.

Autrefois, la route de Ghadâmès à Gabès était très fréquentée, maintenant personne ne fait plus ce voyage de crainte des Ourghemma. Je vois plusieurs Ghadâmsia qui ont fait chacun une demi-douzaine de fois cette route.

Les nouvelles d'Ikhenoukhen sont qu'il est arrivé à Mâsîn avec ses chameaux altérés (les puits de cette région sont presque tous à sec cette année). A Mâsîn, ils ont trouvé le puisard contenant très peu d'eau (le mot Mâsîn ne signifie pas autre chose); il faut qu'il séjourne là jusqu'à ce que les chameaux aient bu pour pouvoir franchir les dernières étapes jusqu'à Ghadâmès. Le puits d'Inguelzam (1) est aussi tari.

Toujours des difficultés pour trouver des légumes et des fruits. Santé parfaite.

19 août.

Je reçois dans la matinée la visite de Si 'Othman et d'un vieux Targui qui semble être de ses intimes; je leur fais voir les livres arabes que je destine à Cheikh el Bakkay de Tombouctou. Parmi ces livres est mon Coran doré sur tranche; Si 'Othman en est épris. Il commence à chanter la sourate de la vache et j'ai peine à l'arrêter. Voyant que ce livre faisait tant de plaisir à mon ami, je lui en fais présent. Si 'Othman ne peut contenir des démonstrations de joie enfantine. Là-dessus, il s'en va pour prévenir le crieur, qui est en train de lui procurer une « Neskha » manuscrite, qu'il n'en a pas besoin.

A peine Othman était-il sorti qu'au milieu de mon déjeuner arrive ma belle Targuie d'hier, accompagnée cette fois d'une belle jeune femme seulement. Elles me disent qu'Othman leur a défendu de venir et que c'est pour cela qu'elles ont attendu sa sortie. J'apprends aujourd'hui que Télengui, c'est le nom de la

(1) Inguelzam, Mâsîn, points d'eau de la route orientale de Ghât à Ghadâmès.

belle Targuie, est mariée, mais elle me dit que son mari part demain pour le Touat. Je leur fais cadeau à chacune d'un foulard de coton et d'un miroir, et d'un peu d'argent pour acheter du tabac, car toutes les Targuiät fument. En échange de mes présents, Télingui me demande du papier pour m'écrire du tefinagh. Télengui me distrait beaucoup; je l'engage à revenir. Son vêtement se compose d'une blouse bleu de ciel, à manches courtes, n'atteignant pas le coude, et d'une couverture de coton blanc dont elle s'enveloppe tout entière, sauf la figure.

Les moutons des Arabes d'ici ont tous la grosse queue; au Souf ils n'en ont pas de cette espèce, mais les Nemēmcha et les Hamamma en possèdent.

Dans la soirée, Ikhenoukhen envoie à Othman deux Targuis, pour lui dire de venir apporter de l'eau à une demi-journée de Ghadāmès. Ikhenoukhen, à ce qu'il paraît, veut avoir des nouvelles; il sait maintenant que je suis venu. Dans la soirée Othman vient me dire adieu; il part cette nuit. Il ne sera absent qu'un jour, deux au plus.

J'apprends que le district de Dérdj est très malsain, des fièvres très violentes y règnent. C'est une terre de labours avec des sources; on y cultive du blé et du guessob. Othman me dit qu'il y a des fièvres jusqu'à Ghadāmès, et me demande de la quinine pour deux femmes targuies qui sont fiévreuses.

20 août.

Ce matin, je prie le cheikh Ali de vouloir bien emporter chez lui les objets qu'il a encore ici et qui lui font faire par jour trois ou quatre ascensions chez moi. Cela ne peut pas durer. Le petit bègue, au lieu de s'exécuter, me fait dire, quelque temps après, qu'il a trouvé une autre maison et qu'il m'invite à venir la voir; je lui fais répondre que je me trouve bien ici et que les convenances m'obligent à ne pas changer de demeure comme de chemise. Cheikh Ali me fait dire là-dessus qu'il viendra me déranger vingt fois par jour; je sors alors et je trouve mon homme à la porte; il est chassé comme un chien, avec défense expresse de remettre les pieds ici.

Dans la chaleur du jour, je vais chez le moudir pour signaler la conduite du cheikh, et déclare que je ne sortirai que par la force d'une maison que j'avais acceptée à contre-cœur; mais le petit bègue est aux cent coups, et il jure, à qui veut l'entendre, qu'il me chassera de sa maison, et qu'il enverra, s'il le faut, cinq ou six esclaves armés pour me faire sortir; il menace mes domestiques de prêcher le Djehad, ou guerre sainte, et dit que, dans ce cas, toute la ville suivrait son avis. Il bégaye sa colère partout, dans la rue et chez le moudir.

Le moudir vient me trouver et tâche de m'apaiser : en me disant qu'il a vu la nouvelle maison, qu'elle est plus belle que celle que j'habite et que le loyer en est très bon marché. Mais toutes ces conditions ne me font pas changer d'avis, et je lui renouvelle ma déclaration que, si l'on voulait me faire changer de demeure, il fallait employer la force, et que, dans ce cas, je ne sortirais de ma maison que pour me rendre à Tripoli. Le moudir me fait entrevoir qu'il n'est pas tout à fait le maître ici, que les Touareg le sont plus que lui, et que, si le cheikh en venait aux extrémités, la seule chose qu'il pourrait faire serait de déclarer que tout ce qui m'adviendrait serait fait à lui et serait une injure pour le gouvernement turc. Pendant ce temps, il m'emporte le fond d'un petit flacon d'absinthe qui me reste, ma dernière goutte de spiritueux.

Enfin, après le coucher du soleil, le moudir revient accompagné d'El Mokhtar, l'un des membres du Medjelès. Ils me disent que le Medjelès a été assemblé extraordinairement pendant toute l'après-midi, que l'on a vivement blâmé la conduite du cheikh et que l'on a conclu que, s'il n'y avait pas moyen d'arranger les choses autrement, le cheikh serait obligé à me céder sa maison pour le temps de mon séjour. Là-dessus, ils me prient de pardonner la conduite de Cheikh Ali. Ceci est une autre question. Je déclare que, comme homme, je lui pardonne volontiers, mais, comme représentant de mon gouvernement, je ne puis le faire aussi facilement, et que je demande mûre réflexion à ce sujet. Là-dessus ces messieurs se retirent après avoir pris le café.

J'ai reçu la visite d'un marchand de Ghadamès, l'un de ceux qui prêtèrent de l'argent à Barth, à Kano, lors de son retour de Tombouctou et au joli taux de 100 % au bout de quatre mois. Je lui fais des compliments sur sa libéralité, d'autant plus que l'argent qu'il prêtait était de l'argent anglais; mais il me dit *qu'il avait calculé le profit que lui aurait rapporté cet argent mis en ivoire dans le même espace de temps* et prêté son argent avec le même profit.

Les Targuiat (les deux mêmes qu'hier) sont venues me voir, mais ne sont restées qu'un instant, elles m'ont apporté quelques lignes de Tefinagh.

J'ai tellement cru aujourd'hui qu'il allait se passer quelque chose, que j'ai fondu des balles de revolver.

CHAPITRE III

IKHENOUKHEN

21 août.

Dans la matinée vient me voir le petit brigand Ihemma; il me raconte encore qu'il veut assommer un Targui qui s'est servi d'un de ses chameaux sans sa permission. Il m'annonce le premier qu'Ikhenoukhen est arrivé, avec très peu de monde et deux chameaux seulement.

Ikhenoukhen est arrivé d'un côté et Othman est parti de l'autre, de sorte qu'ils se sont croisés; cependant Othman revient lui-même dans l'après-midi, et me dit que les nouvelles sont bonnes. Ikhenoukhen est très occupé; il est encombré de visites; le moudir va le voir et une foule de Ghadāmsia; on traite l'affaire du vol des chameaux et puis celle du départ de la caravane du Touat. Il paraît qu'il n'est pas bien disposé pour les Hogar, et qu'il défend aux Ghadāmsia de prendre des chameliers Sakomaren qui sont ici (ils sont imrhad des Hogar); il veut que les chameliers soient Azgar ou Ifoghas (1); les Hogar sont ennemis. Il déclare qu'il brûlerait les charges des chameaux de la caravane si elle partait avec les Sakomaren. La nouvelle arrive de Rhat, que l'Aïr a envoyé deux députés à Rhat pour dire que la route du Soudan était de nouveau ouverte, ce qui cause grande joie aux Ghadāmsia, et fait espérer qu'il y aura cette année un marché à Rhat, ce dont on commençait à désespérer. On apporte en même temps la nouvelle que le Hadj Ahmed, frère de Si 'Othman et chef des Touareg Hogar, va arriver ici sous peu.

(1) Ceci indique que les tribus maraboutiques des Ifoghas ne font partie ni des Azdjer ni des Hoggar, mais sont en quelque sorte leurs intermédiaires.

Othman vient me prier, de la part du cheikh Ali, de lui pardonner ce qu'il a fait avant-hier.

22 août.

Othman vient me prendre dans la matinée et me mène chez Ikhenoukhen. Le sultan des Azgar est campé au loin, hors des plantations, tant il craint la petite vérole qui règne à Ghadāmès. quoiqu'elle ait beaucoup diminué). Je trouve Ikhenoukhen entouré de quelques Touareg, de deux Ouled Hamed, et de deux Ghadāmsia. Il me fait asseoir d'un geste imperceptible et, sans se mouvoir, me fait, ainsi qu'à Othman, les questions de politesse targuie : « Mattoullid? Māni ouinnek? » — Comment vous portez-vous par cette chaleur? Grâce à Dieu vous êtes venu ici, et les circonstances m'y ont aussi amené, etc., etc.

Ensuite, Othman fait lire les lettres adressées au cheikh Ikhenoukhen lui-même, et les firmans de Tripoli et de Tunis que j'ai. On est obligé de traduire les passages importants, car Ikhenoukhen comprend à peine l'arabe et ne le parle pas. Après cette cérémonie, Ikhenoukhen, qui a montré tout le temps la plus grande réserve, me souhaite froidement la bienvenue, puis nous prenons congé de lui. Othman trouve que l'accueil qu'il m'a fait est bon, quoique j'aie presque été tenté d'abord de croire le contraire. Il me dit que l'habitude des Touareg est de paraître fuir d'abord une nouvelle connaissance, mais que les autres Touareg qui assistent à notre entrevue ont certainement dit en eux-mêmes : Ikhenoukhen se réjouit déjà du cadeau qu'il obtiendra de ce Français.

J'ai ensuite une très longue conversation avec Othman au sujet de mes projets; je leur donne une plus grande extension et pense aller de Rhat à Insalah. Il me dit que cela se décidera à l'arrivée de son frère Hadj Ahmed (1).

Je demande à deux des Hamed d'El-Ouad, qui ont été trois fois d'El-Ouad à Rhat, ce qu'ils ont emporté. C'est des douros. Ils en ont rapporté des ânes touareg ; prix à Rhat, 6 1/2, 7 et 8 douros, et à El-Ouad 60, 61, 80 fr. Des chameaux (petites chamelles) achetés

(1) Duveyrier songeait encore à explorer l'Ahaggar. Il l'avait écrit à Barth, qui l'encourageait en ces termes : « Votre lettre me remplit de joie; elle me prouve que nous pouvons encore espérer vous voir explorer le massif si intéressant des Hoggar et combler cette lacune capitale de notre connaissance de l'Afrique du Nord... Mes vœux les plus sincères vous accompagnent dans cette tentative grosse de difficultés et de périls. » (Lettre du 11 juin 1860, retrouvée dans les papiers de Duveyrier.)

100, 105, 110 francs et vendus à El-Ouad 150, 160 francs. — Zebed (civette), achetée l'once 26 fr. 50 et vendue 33 francs. Outres du Soudan achetées 3 fr. 40 à 4 francs et vendues 6 fr. Peaux de buffles (kelābo), achetées 10 fr. les grandes, vendues 11 fr. 40 et 15 fr.

23 août.

Aujourd'hui, pas d'événements; je cause avec un Ghadamsi, Mohammed ben Mohammed, qui connaît très bien Rhat. Il m'explique plusieurs des particularités du commerce de Ghadāmès.

L'ivoire, et les principales autres denrées du Soudan qui viennent ici, ne sont jamais vendues sur place, mais sont dirigées sur Tripoli. Elles ne pourraient être obtenues ici que pour un prix très approché de celui de Tripoli, comme par exemple 2 % en moins. L'or est quelquefois vendu en petites quantités sur le marché, par des individus qui ont besoin d'argent immédiatement. Les peaux de panthères et les autres petits articles se trouvent aussi de temps en temps.

Les Ghadāmsia qui vont à Rhat donnent un cadeau de 10 douros (1) à Ikhenoukhen, et ils peuvent alors commercer comme bon leur semble. A Rhat même, les charges d'ivoire ne font que passer; sauf dans de rares cas, par exemple quand un marchand du Soudan a besoin de quelques objets qui se trouvent sur le marché de Rhat, il envoie un peu d'ivoire qui se vend là et dont le prix sert à acheter ce dont il a besoin. La plupart des marchands Ghadāmsia du Soudan envoient leurs caravanes à des correspondants à Rhat et à Ghadāmès et leurs produits ne sont vendus qu'à Tripoli même. A Rhat, les maisons se louent 6 douros pour le temps qu'on y reste à la foire, soit 15 jours, soit un an.

Les Ghadāmsia ne prennent pas de commission entre eux, ils se rendent de petits services commerciaux sans exiger de rétribution.

Aujourd'hui, il est arrivé une petite caravane de Rhat avec un chargement d'ivoire. Les nouvelles qu'elle apporte sont bonnes, l'Aïr a fait la paix avec Rhat, et l'on espère avoir un marché cette année, ce dont on avait d'abord douté. Les Ghadāmsia confient

(1) Le mot douro, en Tripolitaine, s'appliquait indifféremment à notre pièce de 5 francs, au douro d'Espagne (appelé aussi bou-medfa), et au thaler Marie-Thérèse (appelé aussi bou-tir). Le cours de ces monnaies variait d'ailleurs beaucoup par rapport à la monnaie de compte légale (le mahboub = 20 piastres turques).

leurs marchandises aux chameliers touareg, qui les transportent à destination avec le plus grand scrupule.

24 août.

Dans la matinée, je suis encore obligé de me fâcher « tout rouge » contre mes domestiques.

Je reçois la visite de quelques Touareg. Dans la soirée, je vais voir Ikhenoukhen. Il sort de sa tente seul et vient nous rejoindre dans la dépression où il campe, à part de toute oreille indiscrète, et nous nous asseyons. Il me salue, cette fois comme une vieille connaissance, et commence, en bon Targui, par des questions de politesse. « Comment allez-vous? Comment trouvez-vous le temps? Supportez-vous bien cette chaleur? Êtes-vous rétabli de votre voyage dans l'Erg? C'est là que nous voyions du merveilleux lorsque nous allions sur nos méhara piller les Chaanba et les Souâfa, etc. Puis, après avoir rendu ces politesses, je commençai à parler; Si 'Othman traduisait mes paroles en Temâhaght (1).

Je dis à Ikhenoukhen que le sultan d'Alger qui lui avait envoyé Si Ismail (2) était rentré en France, mais que son successeur, qui était mû par les mêmes idées, m'avait envoyé à lui comme gage de son amitié et de son grand désir de lier des relations amicales avec les chefs touareg et en particulier lui Ikhenoukhen. Je lui expliquai nos intentions de commerce avec le Soudan, et notre désir de le voir l'intermédiaire entre nous et les noirs. Je l'assurai que tous les Touareg qui viendraient chez nous seraient reçus avec honneur et empressement; qu'on les traiterait selon leur rang et qu'on leur ferait de beaux cadeaux; que, si lui-même Ikhenoukhen voulait se décider à faire le voyage d'Alger, il pouvait compter sur toute la sincérité, tous les égards et toutes les marques d'amitié qu'il pourrait désirer.

Ikhenoukhen me répondit qu'il était devenu vieux et qu'il ne pouvait s'absenter du milieu des siens, qu'il avait déjà tant de peines à les tenir d'accord et à apaiser leurs querelles naissantes, qu'il ne pouvait pas penser à s'éloigner d'eux. Puis, passant à un autre sujet, il causa pendant quelque temps à Othman en temahaght et je les vis rire ensemble. Ils ne voulurent pas me

(1) Temahaght ou temahaq (*Les Touareg du Nord*, p. 317).
(2) Ismaïl Bou-Derba.

dire de quoi il s'agissait; mais, plus tard, je le sus par Othman et j'en parlerai à l'occasion.

Se retournant vers moi, il me fit la question insidieuse : « Pourquoi les Anglais sont-ils bien reçus partout et pourquoi les Français, quand ils envoient même leurs domestiques, sont-ils en butte à toutes sortes de difficultés et toujours mal reçus? Je lui répondis : « Cette demande m'étonne, car j'aurais cru que vous saviez cette raison mieux que moi-même. Mais je vais vous l'expliquer brièvement. Vous ne connaissez les Anglais que comme marchands et voyageurs riches et prodigues; vous ne les avez donc rencontrés que vous offrant des profits et des gains considérables; il est naturel que l'accueil qu'on leur fait soit bon. Mais nous, Dieu nous a mis maîtres d'Alger, nous avons été sans cesse forcés de combattre, toujours malgré nous, et ce que vous savez de nous, la connaissance que vous avez de notre administration et de nos vues, vous l'avez reçue à travers une digue d'ennemis. Sans vous parler du chérif, la digue ennemie nous l'avons au milieu de nous, ce sont les Chaanba, ce sont les Souäfa, les Beni-Mezab et enfin tous ceux qui sont nos voisins. Moi-même, à El-Goléa, j'ai été menacé de la mort par des Chaanba qui avaient été faire leur soumission à Alger. Je crains plus les Chaanba que les Iboguelan (1).

Ikhenoukhen approuva énergiquement mon avis par un « hakk » significatif. Il me dit que c'était précisément là la différence, mais que pour lui il n'ouvrait pas son oreille à ces mauvais bruits, et qu'il s'était fait une ligne de conduite, dans toute sa vie, de ne faire que le bien, de ne jamais léser le faible et de redresser les torts; que, puisque j'étais venu à lui, il me mènerait partout où je voudrais dans l'étendue de son commandement.

Pour persuader encore plus le chef de notre « non-ogrerie », je lui fis la remarque que le sultan de Constantinople, celui du Caire, celui de Tripoli, de Tunis et de Fez étaient nos amis, comme aussi celui des Anglais, qu'ils avaient la plupart des officiers et des industriels français chez eux, et que nous étions sur le meilleur pied; que si réellement nous étions si mauvais, ces hommes puissants et éclairés ne manqueraient pas de se tenir éloignés de nous. Ikhenoukhen fit alors une allusion aux

(1) Tribu traitée de brigands par les Touareg eux-mêmes.

événements de Syrie qui me désappointa; il me donna la nouvelle d'une intervention anglaise et française, mais je lui objectai que je n'avais pas de nouvelles aussi neuves. Il mentionna aussi l'entreprise du canal de Suez dont il ne comprenait pas le but. Je le lui expliquai en particulier au point de vue du pèlerinage de la Mekke et lui dis que le chef de l'entreprise était un Français et l'ami intime de mon père.

Passant à mon voyage, je dis à Ikhenoukhen que mon but était de voir le marché de Rhat et de revenir par In-Salah. Rhat, me répondit-il, c'est très facile, mais In-Salah, je ne peux pas mentir, ma puissance ne s'étend pas jusque-là; les gens du pays même ne sont pas mes amis. Mais, ajouta-t-il : « Voilà le sultan d'In-Salah », et il me montra Si 'Othman. Othman se défendit de toutes ses forces, mais Ikhenoukhen revint au moins trente fois à la charge pour me faire comprendre que c'était lui qui pouvait me mener à In-Salah. Othman tint ferme.

En terminant, Ikhenoukhen me dit qu'il voudrait bien me voir recevoir de Tripoli un firman qui recommanderait qu'on me traitât bien et que le pacha y fît la remarque que ce qui serait fait pour moi serait fait pour lui. Je dis au chef targui : « Bien, je vais demander ce firman, mais je dois te dire, en toute franchise, notre amour-propre est blessé de voir que tu nous aimes pour un autre et non pas pour nous-mêmes ». Ikhenoukhen, prenant quelques pierres et les lançant négligemment de côté, dit : « Les Turcs, voilà le cas que nous en faisons, nous savons que ce sont vos esclaves; partout où vient un conseil de vous, c'est lui qui gouverne réellement le pays et le gouvernement turc ne peut plus rien d'arbitraire; nous autres, nous n'avons pas besoin du firman, mais nous serons bien aises de le montrer à d'autres.

Je terminai en priant Ikhenoukhen de consentir à échanger un traité d'amitié. Il me répondit que cela ne pressait pas et que nous nous retrouverions encore souvent. Puis, je lui fis dire par Othman que je n'avais pas apporté de présents en nature, craignant de ne pas tomber sur ce qui lui plairait, mais que je lui destinais 100 douros et une bague, avec une pierre précieuse, que je lui laissais en souvenir. Il répondit que le profit n'était rien pour lui et qu'il agissait ainsi envers moi parce qu'il le trouvait bon (je compris plus tard que la somme offerte lui paraissait peut-être un peu faible (1) en comparaison des présents anglais), que du reste rien ne pressait et que ce que je remettrais à Othman lui parviendrait. Là-dessus, nous nous saluâmes amicalement et nous revînmes chacun de notre côté.

Dans la nuit, je prends des renseignements sur les exactions du kaïd Ali Bey (2) et de son cousin le khalifa.

25 août.

Hier au soir, en allant voir Ikhenoukhen, j'ai remarqué que le sol de la grande dépression où il est campé est composé, sauf une légère couche superficielle, de cette roche terreuse, blanche et savonneuse déjà notée dans les dunes, et j'y trouvai des planorbes et des limnées, ces dernières un peu plus fortes que celles rencontrées au puits de Zouait.

Visite de Telingui, qui vient avec son brigand de frère et sa vieille sœur. Telingui est toujours aussi belle et aussi gaie; elle ne reste pas longtemps. Je lui donne une feuille de papier pour qu'elle me la remplisse de mots targuis en Tefînagh.

J'ai été obligé de rosser deux de mes serviteurs à coups de bâton; ce sont de vrais sauvages et ils ont la tête dure! J'ai été forcé de les menacer de mort dans le cas où ils s'en iraient. Ils trouvent le voyage dur et s'imaginent qu'ils peuvent me planter là et s'en retourner chez eux. Ahmed a repris la fièvre.

Les melons ont fini; les pastèques sont à leur fin. J'achète aujourd'hui des citrons verts pour faire de la limonade. J'ai déjà dit qu'il y a un seul citronnier à Ghadâmès.

J'apprends que les pauvres Touareg, principalement les femmes, se retirent à Ghadâmès; dans chaque maison où ils se présentent et demandent, on leur donne des vivres, de sorte qu'ils peuvent vivre sans rien faire. C'est une coutume très ancienne, et une obligation des Ghadâmsia qui rappelle les conditions de vie des habitants du Djérid.

L'eau d'ici est très lourde, les indigènes l'ont pesée comparativement à celle des endroits voisins. Le moudir, moi et mes domestiques, nous sommes à l'état permanent au *nec plus ultra* de la diarrhée (3). Mes domestiques trouvent aussi l'air lourd.

(1) Duveyrier dut finalement payer quatre fois autant (2.000 fr.).

(2) Ali Bey, kaïd de Tougourt.

(3) L'eau de la source de Ghadâmès renferme 2 gr. 54 de sels par litre, dont 0,38 de

26 août.

Voici la raison pour laquelle, pendant ma conférence avec Ikhenoukhen, ce chef s'est entretenu avec Othman, à part, en targui et en riant. Ikhenoukhen a reçu la nouvelle qu'une lettre était arrivée ici, engageant la personne, à qui elle est adressée, à me *tuer, moi et Si 'Othman* ou, au moins, à chercher quelqu'un qui exécutât la commission. Or, on a dit à Ikhenoukhen que la lettre vient de Sidi Hamza, ce qui déroute un peu Othman parce qu'il serait étonnant qu'il eût déjà reçu avis de notre départ *ensemble*. Othman, en homme fin, me fait part d'un soupçon que cela pourrait bien venir de Sidi Ali Bey qui aurait mis le nom de Sidi Hamza en avant pour cacher le sien. Cela me paraît aussi possible parce qu'Ali Bey doit savoir que j'ai donné avis à l'autorité de ses exactions dans le Souf. Mais alors pourquoi vouloir la mort de Si 'Othman? Je noterai ici un fait qui m'apparaît significatif aujourd'hui : M. Margueritte, alors commandant supérieur de Laghouât, me dit à mon retour d'El Goléa (1), lorsqu'il eut connaissance de tous les détails de cette entreprise : « Écoutez, autant que je connais l'homme (Sidi Hamza), je ne trouverais pas impossible qu'il vous eût envoyé une lettre de recommandation pressante pour les gens d'El Goléa tout en les prévenant directement de vous traiter le plus mal possible afin d'ôter l'envie à tout autre de revenir. » En effet, il est très connu que Sidi Hamza voudrait que nous ne vissions le Sud que par ses yeux (2). J'ai voulu écrire cette nouvelle, avant que son authenticité fût tout à fait établie, afin que, dans le cas où elle serait vraie et que je dusse succomber, l'on pût trouver dans mes papiers des indications pour tomber sur la vraie trace du crime. Toutefois, je le déclare, cette nouvelle m'a peu ému, et m'amuse plutôt qu'elle ne me chagrine.

sulfate de magnésie et 0,90 de sulfate de chaux. Les indigènes y sont accoutumés, mais tous les étrangers en subissent les effets. (*Mission de Ghadâmès, Rapports officiels*, Paris, 1863, in-8, p. 260, 326.)

(1) Voir entre autres, sur ce séjour, *Excursion à El-Golea'a, Nouv. Annales des voyages*, novembre 1859, p. 180-197 et *Bulletin Soc. de Géogr.* Paris, 1859, XVIII, p. 217.

(2) De très intéressantes lettres du maréchal Randon et du général Durrieu (juin-juillet 1858) ont été publiées depuis par MM. Augustin Bernard et le commandant Lacroix (*Historique de la pénétration saharienne*. Alger, 1900, in-8, p. 34-37). Elles montrent quelle était alors l'opinion dominante à Alger. Dans une lettre adressée à Duveyrier le 27 mai 1861, le Dr Warnier donne la même note : « On sait ici à quoi s'en tenir. Dans votre mission, me disait-on hier après lecture de votre lettre, vous trouverez comme premier obstacle nos grands chefs indigènes... » (Papiers de Duveyrier.)

On me raconte qu'Ikhenoukhen reste quelquefois deux jours sans manger par fantazia; il affecte de se faire apporter de bons repas et invite ceux qui sont présents à s'attabler, refusant lui-même de rien prendre. De même, lorsqu'il alla chez les Hoggar, il resta deux jours et une nuit, accroupi à l'arabe, à recevoir des visites et sans demander le temps de se reposer. Toujours par fantazia.

Si 'Abd el Aziz, qui alla à Tombouctou avec le major Laing, me dit qu'ils prirent la route d'Inzize (partis d'Aqàbli) et que, de là, ils coupèrent le Tanezrouft obliquement sur Am Rannân où ils prirent de l'eau.

CHAPITRE IV

GHADAMÉSIENS ET TOUAREG

27 août.

Voici quelques renseignements sur la soie de tsámia (1). L'insecte qui la produit vit sur le tamarinier dont le fruit est

(1) Ceci est une réponse aux instructions du Dr Warnier. Elles sont contenues dans une volumineuse correspondance. embrassant toute la durée du voyage, pendant lequel Warnier n'a cessé de jouer le rôle de Mentor. Mentor systématique et autoritaire parfois, et qui n'abdiqua pas lors de la rédaction des *Touareg du Nord*, dont le brouillon renferme plus d'une page entièrement raturée et modifiée de sa main. Duveyrier souffrit de cette tutelle, et certaines de ses lettres (1867-1870) en parlent d'un ton amer. Plus tard, il ne voulut se rappeler que les soins dévoués du médecin, et le zèle enthousiaste de l'initiateur scientifique que Warnier avait été. « La mort, écrivait Duveyrier en 1875, efface certains souvenirs et en ravive d'autres. Je n'ai pas besoin de vous dire que ceux-là sont les meilleurs. » (Lettre au commandant Warnier, frère du Docteur.) Il avait raison. Qu'on en juge par cette lettre de Warnier (27 décembre 1859). reçue par Duveyrier à Biskra le 8 janvier 1860, et qu'on voudrait pouvoir citer tout entière :

« ... Dans un voyage comme celui que vous entreprenez, un explorateur doit se rattacher à tout ce qu'il y a de forces vives dans son pays. La Société d'acclimatation de Paris est aujourd'hui à la tête d'un mouvement important. Elle a créé à Alger un comité dont le domaine embrasse l'Afrique entière. Ce comité sera heureux d'entrer en relations avec vous, pour tout ce que le pays que vous allez explorer peut donner et recevoir. Vous êtes sur un des points du globe les moins connus, et si pauvre qu'il soit, il peut donner en végétaux, en minéraux, en animaux, des choses nouvelles, utilisées ou non par les indigènes. Parmi les choses sur lesquelles j'appelle surtout votre attention, est celle-ci : Déterminer la limite botanique des végétaux qui appartiennent au bassin méditerranéen, et entre autres l'olivier... Là où finissent ces espèces, doit commencer une région botanique nouvelle, la région désertique, entre lesquelles peut se trouver une région intermédiaire, la région saharienne, donnant à la fois l'hospitalité à des végétaux méditerranéens et désertiques. Il importe à la science que ces limites soient bien précisées... J'appelle surtout votre attention sur les acacias producteurs de gomme... On en trouve en Tunisie, en Marokie, à peu de distance du littoral. Où commencent-ils au sud de l'Algérie? Où pourrait-on les introduire? L'Argan, commun au Maroc, se montre-t-il dans notre Sud?... Je vous serais infiniment reconnaissant, *personnellement*, si vous vouliez bien m'envoyer la liste des arbres, arbustes, avec leurs noms indigènes et lieux de station... Il y a de nombreux tamarix, espèces nouvelles pour la plupart. Ces espèces produisent des galles (Takaout) employées comme succédanés des galles du chêne. — Quid?... Avez-vous étudié avec soin le système d'aménagement des eaux des Beni Mzab? D'après ce que j'en sais,

appelé aussi tsámia en haoussa. Il émigre tous les deux ou trois ans, d'une province du Haoussa à l'autre, pour reparaître au bout de quelque temps dans celle d'où il est sorti. Ce ver n'est pas cultivé. Il vit sauvage et les gens du pays attendent l'époque où il devient chrysalide pour aller faire la récolte dans la campagne. On détache les cocons pêle-mêle avec les chrysalides et on les jette dans de l'eau bouillante pour tuer les insectes. C'est dans cet état que la soie est vendue à Kanō. On la vend à Kanō par petites portions appelées nōnō de quatre ou cinq fois la quantité que j'en possède (7 gr. 65), c'est-à-dire 34 gr. 5 et au prix de 15-20 oud'a (1), lorsqu'elle est bon marché, ou de 50 oud'a lorsqu'elle est chère. Les acheteurs secouent alors la soie et en font tomber les chrysalides, et cette soie est filée à la main comme bourre; on ne dévide pas les cocons. Cette soie a le défaut, me dit-on, de ne pas prendre les couleurs, cependant je vois ici des tissus du Soudan, coton et tsámia, où cette dernière est teinte en rose. On ne fait pas de vêtements de tsámia pure, mais de petites bandes alternatives coton et tsámia. Les chry-

c'est merveilleux. Sans aucun doute, le général Desvaux vous aura recommandé d'étudier les lignes de fond sous lesquelles on peut espérer trouver des eaux artésiennes; c'est avec la sonde que la civilisation doit pénétrer dans le Sud... J'appelle aussi votre attention sur l'action du climat relativement à la coloration de la peau... Déterminez la limite méridionale des civilisations qui ont pénétré dans ce continent; vous les trouverez indiquées par des ruines... Ne négligez pas de recueillir des renseignements précis sur les poids, les mesures et les monnaies... Si des règlements relatifs à l'usage des eaux tombent sous votre main, rapportez-nous-les, soit en original, soit en copie. Recueillez ce qui est tradition orale. La teinture et la tannerie ont atteint un certain degré de développement : sachez nous dire quels sont les procédés de fabrication... On a signalé dans le Sud des gisements de combustible minéral. Tâchez de savoir ce qu'il en est... Notez également toute rencontre d'oiseaux ou d'insectes migrateurs. Les sauterelles qui ravagent périodiquement le Nord de l'Afrique prennent naissance dans le Sud. Quels sont les foyers de production?... Notez aussi la limite où parviennent d'un côté les produits manufacturés ou les matières premières du Nord, et de l'autre côté ceux venant du Soudan... J'ai remarqué que la race nègre, dans ses migrations vers le Nord, rencontrait des obstacles hygiéniques analogues à ceux de l'Européen venant en Algérie. Enregistrez tout ce que vous apprendrez à ce sujet... Du foyer soudanien ont dû sortir, en plantes et animaux, des espèces originaires de ce foyer. Quelles sont-elles et quelles modifications ont-elles éprouvées?... Quel est l'arbre appelé en arabe tsámia, qui produit la soie végétale du Soudan, avec laquelle on brode les turbans?... L'Angleterre n'a fait de si grands sacrifices pour l'exploration de l'Afrique que pour savoir si, en cas de rupture avec les États-Unis, ses manufactures pourraient trouver un foyer d'origine du coton. La France aussi a intérêt à voir accroître le champ de cette culture... Il importe donc de recueillir tous les renseignements... Informez-vous des lieux d'où l'on tire le nitre ou azotate de potasse, de l'importance de la production... Le soufre doit exister dans certaines parties : — attention spéciale. » (Papiers de Duveyrier.)

(1) Ouda, cauri.

salides, pilées et infusées dans de l'eau, sont un remède contre les douleurs d'oreille; on verse la décoction dans l'oreille du malade. On n'apporte pas de tsámia brute à Rhat ni à Ghadāmès.

La « nila » ou teinture bleue qui sert à teindre les cotonnades du Soudan est estimée par les Touareg comme ornement et comme hygiénique. Ils l'achètent ici à la livre aux Ghadāmsia et s'en frottent les bras et les mains; les femmes, les lèvres, les joues et le front. C'est, comme je le dis, un ornement sans lequel un homme n'est pas considéré et une femme n'est pas belle et, de plus, un préservatif contre le froid et un émollient ou lénitif pour la peau.

Aujourd'hui, Othman va à Tābia où Ikhenoukhen s'est rendu de son côté, ils ont une longue discussion avec Eg ech Cheikh (1) qui est campé là. On discute les moyens de faire la paix avec les Hoggār; naturellement, il n'y aurait qu'un moyen, c'est de rendre de chaque côté les chameaux qui auraient été volés.

28 août.

Après ma leçon de targui, Ihemma me raconte qu'à Tabia il y a une inscription qu'un Ghadāmsi a copiée et apportée en ville que, l'ayant montrée aux Touareg, ils n'ont pas pu la lire parce que *nos* Tefinaghen ne sont pas tout à fait pareils aux leurs. Ce serait donc une inscription latine? Ihemma a été chargé par moi de faire des recherches.

Il me raconte qu'il y a aux environs des tombeaux des Djohāla (2) où les Touareg vont dormir lorsqu'ils veulent avoir une inspiration, comme, par exemple, savoir où un voleur s'est enfui, et que le lendemain, à leur réveil, les maîtres des tombeaux leur ont dit ce qu'ils cherchaient.

Aujourd'hui part une petite compagnie de gens du Souf qui emportent des lettres de moi; je crois aussi que mes lettres au Consul de Tripoli partent aujourd'hui.

29 août.

Les Touareg ont presque tous leur amie. Ils la prônent comme

(1) Chef de la tribu des Imanghasaten, rivale de celle des Oraghen dans la confédération des Azdjer.

(2) Païens. On trouve la même superstition attribuée par Pomponius Mela aux anciens habitants d'Augile (cf. les remarques de Duv. *Les Touareg du Nord*, p. 415) et chez les habitants actuels de l'Aïr (*Journ. de voyage* d'Erwin de Bary, trad. Schirmer, Paris, 1898, p. 187).

les chevaliers prônaient leur dame, et ils inscrivent sur les rochers ou sur les murs à Ghadāmès des louanges à leur adresse en Tefinaghen. Si je dois les croire, l'amie n'est que pour les yeux et non pas pour le lit, comme chez les Arabes. Ils se vêtissent de leur mieux et vont causer avec elle et là se bornent leurs relations. La nuit les Touareg veillent longtemps; j'entends toujours un son semblable au violon, et j'apprends que ce sont les Targuiat qui jouent du rebāb en s'accompagnant de la voix; lorsqu'une femme chante, les hommes s'accroupissent en cercle autour d'elle et écoutent. Presque tous et toutes savent improviser.

Il y a au Dhâhara (endroit où campent les Touareg) des prostituées qui vivent sous la tente; je sais cela parce que j'ai aujourd'hui un malade syphilitique et que je le questionne sur la manière dont sa maladie lui est venue.

Je reste à la maison, prends ma leçon de targui. Ihemma me dit que sa sœur Télingui ne pourra plus venir parce que son mari l'a beaucoup grondée de venir me voir.

Mon cordonnier qui me fait une belle paire de souliers brodés en soie, est situé dans le quartier des Beni-Ouazit et nous, nous sommes dans celui des Beni-Oulid; c'est le marché qui fait la limite entre les deux tribus, et il n'y a jamais eu de mur entre eux, pas de سور, mais un سوق, ce qui a pu causer l'erreur de C. Ritter (1). Or, je désire avoir des bottes molles, et j'envoie à mon cordonnier pour le prier de venir prendre mesure; il me fait répondre qu'il ne sortira pas pour 100.000 rials de son quartier pour venir dans le mien. J'apprends que les hommes nobles « harār » ne sortent de leur quartier pour aller dans l'autre qu'à de rares exceptions et qu'il y en a qui n'ont jamais vu l'autre quartier. Ils envoient les nègres et les mulâtres en commissions. Autrefois les deux tribus étaient ennemies, mais maintenant, quoiqu'elles aient fait la paix, l'ancienne retenue respective existe très forte. Les Beni Oulid ont deux chará ou rues voûtées; les Beni Ouazit en ont quatre.

(1) Ritter (*Géogr. gén. comparée*, III, p. 316) avait dit qu'un mur très large sépare diamétralement la ville, et que les deux tribus ne communiquent que par une porte fermée à la première apparence de trouble. Richardson (1845) et la *Relation du voyage de M. le capitaine de Bonnemain*, publiée par Cherbonneau en 1857 dans les *Nouv. Annales des voyages*, n'avaient ni infirmé ni confirmé cette information.

30 août.

Les retards qu'éprouve la caravane du Touät sont des suites de la razzia des Oulad Ba Hammou sur les Azgar, laquelle razzia fut rattrapée à deux jours du Touät par Ikhenoukhen et à la suite de laquelle on parla de rendre les chameaux enlevés de part et d'autre. Il y a ici des Sakomaren (1), imrad des Hoggar et des Oulad Ba Hammou ainsi que des gens d'In-Salah, mais en petit nombre. Tous ces gens craignent de se mettre en route avant d'avoir été autorisés par Ikhenoukhen, sans cela ils pourraient bien être attrapés en route et dévalisés. D'un autre côté, la caravane des Ghadāmsia, conduite par les Ifoghas ne veut pas aller au Touät avant de voir les affaires arrangées ici, de crainte qu'on use de représailles sur eux à In-Salah.

La nouvelle arrive que les Ourghamma sont montés à cheval pour aller en expédition et on ne sait pas où. Ikhenoukhen part à cheval pour aller voir où sont ses chameaux, qu'il trouve au Tabia; tout le monde se tient sur le qui-vive. On envoie une vigie à Mézezzem.

Ihemma a été au Tabia ce matin et a cherché partout l'inscription en question, mais ne l'a pas trouvée. L'individu qui l'a apportée est fou actuellement (il a plus de 150 ans, disent les Touareg).

31 août.

Aujourd'hui, dans l'après-midi, part une caravane pour le Touät; il arrive depuis quelques jours des nouvelles de Tripoli.

Il paraît que chez les Touareg une femme, pour être « comme il faut », doit avoir beaucoup d'amis et n'en préférer aucun. Elle leur donne des témoignages d'amitié comme, par exemple, d'écrire sur leurs voiles rouges en broderie ou sur leurs boucliers et anneaux de bras des inscriptions Tefinagh. Si une femme n'a qu'un ami, on se moque d'elle et on lui dit que c'est son mari et qu'elle est pervertie. Cependant les maris sont jaloux de la préférence et ils tueraient leur femme si celle-ci leur disait : « Un tel est mieux que toi », à plus forte raison s'ils apprenaient qu'elle commet des infidélités. De son côté, la femme ne peut pas supporter de rivale, et elle divorce, car elle a ce droit, quand

(1) Ou mieux Isaqqamaren.

elle apprend que son mari en courtise une autre. Les Touareg ne prennent jamais une nouvelle femme sans divorcer avec l'ancienne. Quoique la femme donne souvent son avis dans les conseils, dans le ménage le mari est tout à fait le maître et il peut tuer sa femme, si elle le mérite, sans que ses parents lui demandent compte de son action. Mais d'un autre côté les parents de la femme exigent qu'elle soit bien habillée, bien nourrie et pas délaissée.

Un Ghadâmsi estime à 3.000 le nombre des habitants de la ville y compris les femmes; ce nombre est bien trop faible (1).

L'impôt de Ghadâmès est de 2.500 mitcals d'or, ou bien, au taux moyen de 16 1/2 rials tounsi le mitcal, 30.937 fr. 50. Je prends des renseignements sur la douane; en moyenne, elle prélève ici ou à Tripoli 13 % de la valeur des objets importés du Soudan. La poudre d'or seule ne paie rien. Les Ghadâmsia dansent dans les rues les jours de fête; les Touareg ne dansent jamais, ni les hommes, ni les femmes; les tribus assujetties des Imrad seules ont cette coutume en commun avec les nègres.

1er septembre 1860.

Je vais de bonne heure chez un commerçant nommé Brahim ben Ahmed, qui est revenu du Soudan au mois de Ramadhan dernier. Je m'y rends avec le cheikh Ali. Nous sommes reçus dans une chambre haute entourée de petits réduits à portes en bois peint en rouge et à tapisseries. La chambre est blanchie, le parquet est couvert de nattes et de coussins touareg; les murs sont presque cachés par des grands plats en métal doré, cloués au mur, et par des multitudes de petites corbeilles rondes sans anses de toutes grandeurs. En somme, cette chambre est très jolie, et j'étais loin de m'imaginer que les Ghadâmsia avaient un intérieur aussi attrayant.

Nous trouvons ici rassemblées les principales marchandises du Soudan; j'examine chacune d'elles en détail et je prends note de sa nature et du prix qu'elle atteint ici. Par la même occasion j'apprends que le tarif de la douane pour les objets du Soudan n'est que de 9 % ; cependant je dois m'informer de cela auprès de l'amine. Après le travail en question on nous sert du thé, qu'on apporte dans une théière anglaise, et que nous buvons avec des trempa-

(1) Mircher (1862) dit 6 à 7.000 (ouv. cité, p. 98); Rohlfs (1865) dit 5.000 (*Quer durch Afrika*, Leipzig, 1874, I, p. 81).

des de « biscuit ». Je m'amuse beaucoup du jeune fils mulâtre que mon hôte a ramené du Soudan et qui ne sait pas encore un mot d'arabe. Il y a aussi de nombreux esclaves.

'Aissa, le petit Targui malade d'un œdème, meurt tranquillement. On ne manque pas de remarquer que j'avais prédit qu'il ne vivrait pas longtemps.

Les caravanes qui sont parties aujourd'hui et hier peuvent avoir 300 chameaux; ce nombre n'est pas normal; il est causé par l'insécurité de la route, qui régnait depuis trois mois et qu'Othman vient de faire cesser. Les gens d'In-Salāh qui étaient ici avaient attendu trois mois sans pouvoir partir.

2 septembre.

Je m'amuse à recueillir des notes sur les coutumes intimes des Ghadāmsia et des Touareg.

Les Ghadāmsia ne mangent pas devant leurs femmes. Celles-ci font la cuisine, leur apprêtent la viande et la leur servent. Les Ghadāmsia mangent à leur gré et ne laissent que les os à leurs femmes. Ceci est littéral; il est même considéré comme inconvenant à une femme de manger de la viande. Les Touareg, au contraire, mangent en compagnie de leur épouse; s'ils mangeaient à part, ce serait la mépriser. Ils lui donnent même la meilleure part. Dans la viande, il y a certaines parties que les femmes Targuiāt considéreraient comme inconvenant de manger, ce sont le cœur, l'intestin gras; le café aussi et le thé sont dans cette catégorie d'aliments. Les Targuiāt, au contraire, se réservent le foie et les reins qu'aucun Targui ne mangerait.

Quand quelqu'un meurt, on ne pleure pas chez les Touareg, on ne vient pas comme chez les Arabes faire des visites de condoléances et des singeries. Les Touareg disent à ceux qui pleurent dans ces occasions : « Réserve tes larmes pour toi ». Comme aujourd'hui meurt une des proches parentes d'Othman, vieille femme malade de la petite vérole, je puis me convaincre qu'ils supportent très bien les pertes de leurs proches. Les Ghadāmsia, au contraire, font le deuil à l'arabe. Les « Atrìyat » surtout se montrent dans ces occasions. Elles courent à la maison du mort et pleurent en disant « Ya Sidi » ! Manaaraf chey » ! etc., puis viennent rire à la porte du mort. Elles sont de véritables pleureuses et n'accourent que pour recevoir un peu d'argent.

Je reçois la visite de deux Targuiāt, dont l'une est Tekiddout qui doit être ma maîtresse de Tefinagh. Elle emporte le papier et viendra demain me donner ma première leçon. Ces deux dames sont très dégourdies et je suis de plus en plus frappé des rapports qu'il y a entre l'esprit des Targuiāt, leurs relations avec les hommes, leurs idées de convenance et celles qu'ont mes concitoyennes. Tekiddout ramène si habilement son voile (haïk) sur sa figure, que je ne puis voir ses traits, j'ai beau user de tous les moyens possibles, je ne puis l'amener à se découvrir. Elle donne pour prétexte que je suis jeune et beau! Chez les Touareg, c'est du reste une manière de montrer le respect ou la timidité que de se couvrir la bouche, la figure entière, même de tourner le dos à la personne à qui l'on parle.

Le soir, je reçois la visite d'Othman et d'un Arabe Kounta, de la suite du parent du cheikh el Bakkay qui est ici et qui a épousé la fille de Ikhenoukhen. Je suis frappé des manières polies de cet Arabe qui n'est cependant pas de la première classe. En s'en allant et emportant le petit présent que je lui fais, il me prie de rester assis.

3 septembre.

Aujourd'hui vient un express de Rhat qui donne de bonnes nouvelles. Le Hadj Ahmed est retourné au Hoggar. La paix règne partout. On attend à Rhat de grandes caravanes du Soudan.

D'un autre côté, arrive une ambassade des Ghorīb et des Merazig à Ikhenoukhen. J'apprends à cette occasion que les Ghorīb paient à ce chef chaque année un tribut de haoulis pour prévenir les razzias que les Touāreg faisaient sur eux autrefois. Les Merāzig paient de même un tribut à mon ami Othman. Or, cette fois, les deux tribus ont envoyé leurs députés à Ikhenoukhen, et Othman en est jaloux. Nous allons voir comment se passera cette aventure.

Je reçois la visite de Tekiddout et peu après celle d'Othman qui reproche à cette Targuie de venir ici, mais elle paraît se moquer pas mal de son avis. Après le départ de Tekiddout, Othman reste longtemps avec moi et me raconte plusieurs chansons qu'il a faites ou qu'on a faites à son sujet. J'en écris une avec sa traduction.

Les Touareg, surtout les chefs et les amateurs de femmes, considèrent comme mal de manger d'une bête plumée; ils ont raison en parlant de l'autruche qui a une mauvaise odeur, mais ils n'ont pas d'excuses pour les autres oiseaux. Les marabouts et Othman, par conséquent, mangent de tout ce que les Arabes mangent.

Les Ghadāmsia prennent presque tous le thé, même les plus pauvres; le café est peu estimé d'eux.

Les Touareg ne se lavent presque jamais; je suis fâché de le dire; et, comme ils ne changent pas de vêtements, la plupart exhalent une odeur écœurante de sueur concentrée. Il y a cependant des exceptions. Ils prétendent que l'eau ne leur va pas et leur donne des maladies. Les Touareg prétendent, avec raison, que les villes ne leur vont pas; en effet, ici à Ghadāmès, il règne parmi eux des maladies nombreuses dont les principales sont la dysenterie, diarrhée, fièvres et petite vérole. Quant aux fièvres, il paraît que ce pays n'en est pas exempt, ainsi les soldats qui gardent la porte sont en ce moment tous pris de la fièvre, et ils grelottent toute la journée; les Touareg en souffrent aussi, et Ahmed, mon premier domestique, en a encore des attaques, surtout ces jours derniers. Maintenant, je vais le mettre à un traitement régulier jusqu'à parfaite guérison.

4 septembre.

Aujourd'hui partent encore environ 55 chameaux pour In-Salah. La plupart des charges sont des cotonnades anglaises.

J'ai probablement négligé de noter une coutume des Touareg qui est de ne jamais coucher en ville. Cela est encore considéré A'ïb ou péché, tant pour les hommes que pour les femmes. Jamais ils ne manquent à cette règle. Quand les Touareg arrivent à Ghadāmès, ils vont trouver leur ami Ghadāmsi, c'est-à-dire le marchand qui leur confie ses charges de marchandises, etc. Celui-ci sort une tente de toile ronde pour son ami targui et la lui prête pendant tout le temps de son séjour.

Othman se moque chez moi des Merazig et des Ghorib; les Arabes, me dit-il, sont si avares du bien de ce monde, que l'ambassade du Nefzaoua, composée de sept hommes, est arrivée sur trois chameaux! Ils ont apporté un présent de haoulis, mais tous les parents et amis d'Ikhenoukhen viennent lui demander leur part du tribut, de sorte qu'il n'en conservera probablement rien pour lui.

Je vais voir le moudir dans son jardin; comme il est là, seul avec le cheikh, il est très aimable et m'explique qu'il a des dettes occasionnées par ses longs voyages dans les dernières années, que c'est pour cela qu'il désire rester à Ghadāmès quelques années pour se refaire. — Ce Turc est à crever de rire avec ses airs d'importance. Je ne vais pas le voir qu'il ne me répète plusieurs fois avec une grimace dégoûtée : « Mon cœur est fatigué des affaires de ce monde ».

5 septembre.

Je vais de bon matin voir Ikhenoukhen. J'ai une longue conversation avec lui et son frère 'Omar el Hadj, au sujet de mon départ pour le Djebel. Ils sont d'avis que je m'abstienne d'y aller, tant à cause des nouvelles d'une expédition des Ourghamma, qu'à cause de la longueur de la route. Ils semblent être près de leur départ. Ikhenoukhen, avec qui je parle ensuite des affaires politiques, accepte de faire un traité avec l'Algérie; il conseille de ne s'adresser qu'à lui et à ses deux frères, les autres chefs des Azgar, les Imarasāten (1), amis des Anglais en particulier, étant en quelque sorte sous ses ordres.

Je vais ensuite voir Hadj Mohammed ou Ahmed, le plus grand commerçant de la ville et l'homme le plus considéré, qui vient d'arriver, il y a peu de jours, de Tripoli; il me conseille de partir pour le Djebel, m'assurant que j'aurai toujours le temps de trouver Ikhenoukhen ici. Là-dessus, après être entré un instant au Medjélès, je vais faire part à Si 'Othman de ma décision et le prie d'aller trouver Ikhenoukhen pour lui en parler.

J'apprends que Sid el Bakkay, qui a épousé une fille d'Ikhenoukhen (il est parent de Sidi Ahmed el Bakkay de Tombouctou), est en ce moment un peu en querelle avec son beau-père, parce qu'il voudrait que les Azgar fissent la guerre aux Hoggar qui sont les ennemis de sa propre famille; or, depuis trois ans et plus qu'il est auprès d'Ikhenoukhen, il ne fait que l'exciter à cette rupture. Ikhenoukhen a trop de bon sens pour ne pas voir que ce serait la perte des Touareg que de suivre ce conseil; de là petite bouderie de la part du marabout.

(1) Imanghasaten. Sur leur rivalité avec les chefs des Oraghen, voir *Les Touareg du Nord*, p. 355-6; voir aussi Schirmer, *Pourquoi Flatters et ses compagnons sont morts*. Paris, 1896, p. 15-20.

J'apprends qu'un Rahti, qui est parti pour son pays il y a peu de jours, a déclaré que jamais un Français n'entrerait à Rhat, et, comme il parlait un peu haut dans le marché, Si 'Othman a été obligé de le mettre au silence. Il va porter de mauvaises nouvelles à Rhat, et certainement nous allons trouver tout le monde prévenu à notre arrivée. Ikhenoukhen ne veut partir qu'avec tout son monde.

CHAPITRE V

A GHADAMÈS (*suite*)

6 septembre.

Autrefois, les Beni Oulid et les Beni Ouazit étaient ennemis; aujourd'hui encore, ils sont loin d'être amis, et leur inimitié s'est seulement transformée en jalousie. Encore aujourd'hui, les Beni Oulid ont l'ouest, c'est-à-dire voyagent à Tunis et au Souf; les gens de ces contrées viennent aussi à eux. Ils ont aussi Douirat et Nalout. Les Beni Ouazit, au contraire, vont à Tripoli et dans l'est et les gens de ces contrées viennent descendre dans leur quartier.

On prétend maintenant que les seuls individus atteints de fièvres à Ghadâmès les ont emportées soit de Derdj (les soldats), soit de Ouargla et du Fezzan. Ceci expliquerait ce phénomène qui est singulier vu l'élévation de Ghadâmès et la nature de son terrain (1).

On m'apporte une inscription latine. Elle est gravée sur une plaque de grès assez tendre, rougeâtre; le fac-similé que j'en ai fait est exact; elle ne présente, du reste, guère de difficultés pour la lecture des lettres, même de celles des deux mots qui ont été martelés. L'endroit d'où provient cette inscription, et que j'ai été voir aujourd'hui, contient les fondations d'un édifice, sûrement l'un des « castrorum » indiqués dans le texte de l'inscription (2). Cet endroit peut être déterminé de la manière suivante :

(1) Rohlfs y mentionne cependant des moustiques (*Quer durch Afrika*, I, p. 74).

(2) Duveyrier donne ici au mot *castrorum* un sens trop précis. Cf. au sujet de cette inscription la lettre suivante de Tissot, à qui Duveyrier avait communiqué son estampage : « ... Grâce à l'estampage, j'ai pu corriger quelques incertitudes qui se sont glissées dans le fac-similé (ceci pour votre seconde édition). Le P de la 2e ligne est certainement un D. L'antépénultième lettre de la 6e ligne est un P. (J'ai obtenu une image très exacte et directe de l'estampage en la posant sur un lit de farine : les

En tirant une droite d'El-Esnâm à la pointe des jardins que j'ai relevés sur la gauche en venant de Sidi Maabed, les fondations

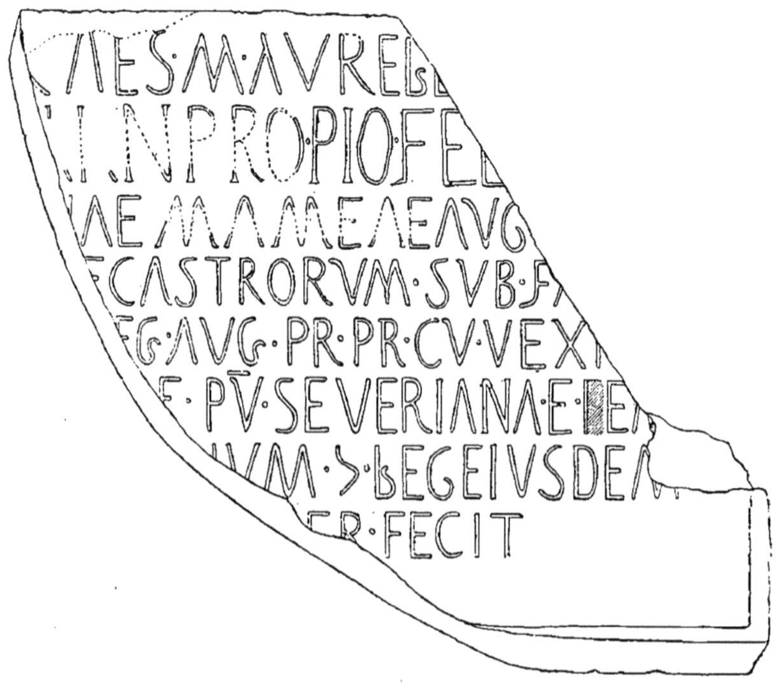

INSCRIPTION ROMAINE TROUVÉE A GHADAMÈS.
Hauteur de la pierre, 0m,52. — Largeur, 0m,26.
Les lettres des deux premières lignes ont 1 centimètre de plus que les autres.
Le trait de la gravure est brisé partout où il y a eu martelage.

dans lesquelles on a déterré l'inscription sont à peu près au milieu des deux points. Malheureusement, cette inscription est

moindres détails sont alors moulés comme certains lézards le sont dans le sable du Sahara). En cherchant à restituer l'inscription tout entière et en calculant le nombre de lettres absentes, j'arrive à la lecture suivante :

Imp. CAES. M. AVRELio Severo
AleXANDRO. PIO. FELici Aug.
et iuliAE MAMMEAE. AVG. matri
aug. et CASTRORUM. SVB cura M. ul
pii Maximi ? LEG. AVG. PR. PR. CV. VEX illatio
leg. iii Aug. SEVERIANÆ PER. .
. . . . VM] LEG. EIVSDEM
. . . . PERFECIT.

A l'Empereur César M. Aurélius Severus Alexander Pieux, Heureux, Auguste, et à Julia Mammaea Auguste, mère d'Auguste et des Camps. Par l'ordre de M. Ulpius Maximus (?) Légat Propréteur d'Auguste, personnage clarissime, le détachement de la Légion Troisième Auguste Pieuse, Vengeresse, commandé par..., Centurion de ladite Légion, a achevé [ce monument].

¹ Nous connaissons trois légats propréteurs d'Afrique sous Alexandre Sévère : le nom

incomplète. Je n'en ai sous les yeux qu'une moitié, c'est-à-dire le milieu, auquel il manque les deux côtés. Les côtés cassés, surtout celui de gauche, ont été polis et travaillés, comme si on s'était servi de cette pierre pour une bâtisse plus récente.

Je dessine les chapiteaux des colonnes de la place d'El-Aouïna (1). J'apprends que, dans la mosquée, il y en a beaucoup de semblables, mais, quoique ce soit un sujet curieux d'études que ce monument qui a peut-être eu autrefois une autre destination, je ne crois pas pouvoir demander de les voir (2).

J'ai été faire une longue promenade aux Esnām et de là aux tentes des Touareg du Dhahara. J'ai passé auprès de la cabane de paille proprette de Tekiddout; elle était là, par terre; quand elle m'a vu, elle m'a salué en riant et en mettant ses mains sur sa figure. Je vois là des charges de chameaux arrangées par terre et je vois venir des chameaux chargés, qui sortent de la ville. Tout cela est encore pour In-Salāh, et, tous les jours, partent de petits partis de Touareg.

Du Dhahara, ce plateau où sont les Touareg, on a une vue très étendue sur la Hamada vers l'est; on voit là se dérouler cette surface déserte et nue, avec ses différentes teintes; des blancs éclatant au rouge pâle, et les nombreuses « goūr » ou témoins qui la surmontent. Ghadāmès pointe à travers les palmiers et l'on n'en aperçoit que les sommets curieux des maisons, blanchies à la chaux; ces coquettes terrasses blanches ressortent d'une manière très agréable à l'œil de la verdure foncée des palmiers.

Je rentre en ville et vais à la source où je me baigne. L'eau

qui m'a paru convenir le mieux, eu égard à la place disponible, est celui que j'ai fait figurer à titre purement hypothétique dans la restitution. » (Lettre du 7 avril 1879). Voir aussi le texte définitivement adopté par MM. R. Cagnat et J. Schmidt (*C. I. L*, VIII, Suppl. Pars I, 10990).

Quant à la nature de ces ruines, Duveyrier a été plus tard beaucoup moins affirmatif. On lit sur un brouillon de lettre à M. Cagnat : « Dans *Les Touareg du Nord*, p. 252-3, j'ai eu tort de m'exprimer comme si le camp de Ghadāmès était une réalité vue; j'ai supposé que Cidamus devait avoir possédé un camp. Voilà tout. » Comme l'a établi M. Cagnat (*L'Armée romaine d'Afrique*, Paris, 1892, p. 555), on ne peut douter de l'existence de la forteresse romaine. Mais son emplacement reste incertain.

(1) Cf. *Les Touareg du Nord*, pl. X.

(2) En 1864, Rohlfs, voyageant comme mokaddem de l'ordre de Mouley-Taïeb d'Ouezzan, a pu pénétrer dans les mosquées de Ghadāmès. « Toutes, comme j'ai pu m'en assurer moi-même, reposent intérieurement sur des colonnes romaines, qui toutefois sont disposées pêle-mêle, sans ordre aucun : ici une colonne dorique à côté d'une colonne corinthienne, là une colonne ionique à côté d'une colonne dorique, etc. » (*Reise durch Marokko und Reise durch die grosse Wüste*, 4e édit., Norden, 1884, in-8°, p. 245-6.)

est tiède; en hiver elle fume. La source qui alimente le bassin est très forte, car, les Ghadämsia ayant vidé il y a quelque temps l'immense bassin qu'elle remplit, il ne fallut à la source que trois demi-heures pour rétablir le niveau ordinaire. Ces trois demi-heures représentent 70 qila ou mesures du petit entonnoir en līf qui, rempli d'eau et jusqu'à ce qu'il soit vide, représente un qīla. Plus tard, je mesurerai approximativement la capacité du bassin de la source, et obtiendrai ainsi le jaugeage approché de la source. Des négrillons se baignaient en même temps que moi ; ils nagent comme des chiens, refoulant l'eau derrière eux, alternativement d'un bras et de l'autre. Ils nagent du reste comme des poissons. La source ne renferme pas de poissons, ni de coquillages. On y voit quelques plantes aquatiques cryptogames et des libellules rasent la surface de l'eau. Othman vient le soir et me dit que Ikhenoukhen ne s'oppose pas à ce que j'aille à Tripoli.

Quand les Touareg ici perdent quelqu'un, ils changent de suite l'emplacement de leur tente.

Le 7 septembre.

Je vais voir Sid el Bakkay, le parent de Sidi Ahmed de Tombouctou; je lui fais présent d'un haouli de fabrique et d'une tabatière d'argent, deux des objets que j'ai reçus du gouvernement pour faire des présents. Je trouve un homme civilisé, qui cause de Barth (dont je lui montre le billet) (1) et qui m'invite à aller à Tombouctou, m'assurant que Sidi Ahmed me préserverait du mal, comme il en avait défendu mon ami. Je suis très content de la connaissance de ce marabout; il est très intelligent et très convenable.

Je reçois dans la gaïla des visites de Tekiddout et de sa sœur Chaddy; cette dernière finit par m'avouer qu'elle a une maladie dont je lui donne le remède. Tekiddout m'écrit sur une feuille de papier ses pensées qui n'étaient pas tout à fait orthodoxes; nous restons un bon moment à blaguer, tout à fait en petit comité.

Je vais voir Hadj Ahmed ou Mohammed, et lui dis que je vais partir; il m'encourage à aller à Tripoli et me dit que la route est sûre.

Le 8 septembre.

Le matin, je vais voir Ikhenoukhen que j'exhorte de plus en plus à se rendre à Alger; il me fait entrevoir qu'il me donnera, à

(1) Recommandation de Barth pour le cheikh el Bakkay de Tombouctou.

mon départ, un de ses frères ; lui, ne peut pas quitter son pays à cause de l'état des esprits.

Je reviens chez moi et reste à écrire plusieurs lettres. Dans la gaïla, je reçois la visite d'une négresse très jolie et très richement habillée; elle est de Ghadâmès. Je n'ai jamais vu une personne aussi pleine de fantazia: elle est près de mettre la maison sens dessus dessous, mais cela m'amuse beaucoup. Comme elle était venue en compagnie d'une voisine de traits moins délicats, elle s'en va avec elle, mais dit à Ahmed qu'elle reviendra et qu'elle veut venir habiter près de nous. La manière dont elle s'est introduite est curieuse. Elle dit à Ahmed dans la rue : « Je veux voir le consul. » — « Que lui veux-tu? » — C'est lui qui m'a dit de venir.

Vers l'aser (1), Si 'Othman se présente et j'envoie Ahmed avec lui remettre à Ikhenoukhen le présent que je lui destine et dont je lui ai parlé depuis longtemps. Ce présent se compose de 100 douros (500 francs) pour lui et de 50 douros (250 francs) pour son frère Omar el Hadj.

Ahmed revient seul. Il est resté longtemps et me raconte ce qui s'est passé. Ikhenoukhen n'accepte pas cette somme; elle ne lui suffit pas, prétend-il, à nourrir sa jument un mois. Il est ici, à Ghadâmès, mal vu par tout le monde, mal vu par les Turcs, mal vu par ses frères les Touareg, et tout cela à cause de sa prédilection pour les Français. Il ne mange ici que sur la ville et il a du « nif (2) » avec elle. Pourquoi les Anglais sont-ils préférés? C'est parce qu'ils jettent les douros à droite et à gauche. Ils lui ont donné à lui et à ses frères 900 douros (4.500 francs) et des effets (expédition de Richardson, etc.). Partout où les Anglais ont passé, ils ont rempli le ventre du monde. Ce n'est qu'en les imitant que nous pourrons nous faire un parti. Lui, doit m'accompagner à Rhat avec tous ses parents et ses amis; il faut avancer en forces et la somme que je lui donne ne suffit pas de loin à cette expédition. Enfin ses compagnons sont tous venus lui demander leur part de mon présent et il ne lui restera rien. Si nous étions venus pour avancer avec de tels moyens, nous n'avions qu'à nous en retourner en paix; il nous donnerait une ou deux fois autant que cela. Les Ghadâmsia étaient prêts à faire de grands sacrifices pour

(1) Deux à trois heures avant le coucher du soleil.

(2) Avoir du nif avec quelqu'un signifie « être en délicatesse avec lui ». Au propre, *fin* veut dire *nez* et, métaphoriquement, *amour-propre*, *susceptibilité*. (O. H.)

empêcher que je réussisse. Cette nouvelle me bouleverse, et Si 'Othman ne vient pas le soir. J'annule mon départ demain pour Tripoli.

Le moudir vient; je le reçois comme un chien dans un jeu de quilles, tant je suis de mauvaise humeur; du reste, il vient pour me recommander de lui apporter 20 litres de liqueurs, ce qui est peu délicat de sa part. Je le force à se lever et à s'en aller.

Ikhenoukhen m'a affirmé que la nouvelle de la lettre de Sidi Hamza est vraie. Elle a été apportée au chef des Oulād Messāoud, qui est parti d'ici hier; il est certain que cet homme a la lettre parce qu'il a juré que c'est vrai. Sidi Hamza recommande de me tuer, moi et Si 'Othman ou bien les Oulād Messāoud ne valent rien. Nous ne savons pas d'où la lettre est arrivée, mais à coup sûr, c'est Ouled el Ghediyyēr qui l'a apportée ou un autre Chaanbi qui nous a précédés ici de quelques jours seulement.

Le 9 septembre.

Othman vient de très bonne heure, je l'envoie à Ikhenoukhen lui demander quelle est la somme qu'il juge nécessaire que je lui donne. Ikhenoukhen se refuse à parler dans ce sens et me fait prier de me rendre auprès de lui dans la soirée. Je passe une journée très monotone; tout le monde me croit parti.

Le soir, je vais au camp du chef des Azgar. Il vient au-devant de nous avec son frère Omar el Hadj. Je vois qu'Ahmed a exagéré la valeur du discours d'Ikhenoukhen hier; ce chef est fâché de l'impression que j'en ai reçue. Il me dit que la somme que je lui ai donnée ne compte pour rien chez lui, que de tels cadeaux sont ceux qu'il peut faire, lui. Tous ses compagnons vont lui demander leur part du présent que je lui ai fait et il ne lui en restera plus rien. Je lui répondis que, s'il en était ainsi, je préférais ne rien décider de moi-même, et demander avis au général gouverneur; qu'une occasion se présentait aujourd'hui tout à propos. Ikhenoukhen approuva cette décision; il me demanda de faire connaître au général l'état des choses et les services qu'il était disposé à nous rendre, ajoutant que la réponse, quelle qu'elle soit, serait la bienvenue. Quant à moi, il me demanda de ne pas me tracasser, d'aller tranquillement à Tripoli et qu'à mon retour, je le trouverais ici, et que j'atteindrais mon but de toutes façons, même sans présent. Il insista pour me faire bien sentir que la chose qu'il craindrait la plus au monde serait d'entendre dire qu'il eût imposé des conditions de force à son hôte.

Je quittai Ikhenoukhen, réconcilié avec lui, et même impressionné par la noble tournure avec laquelle il envisageait l'affaire.

Je passai la soirée à écrire des lettres qui partiront demain.

10 septembre.

Dans la matinée, je me rendis avec le Ghadâmsi, ami de ma nation, qui m'a donné l'inscription latine, pour examiner une pierre sculptée qui avait été déterrée l'an dernier dans des constructions souterraines tout près d'une maison nommée Taskô (1), un très ancien bordj qui appartenait autrefois au gouvernement, mais que Hadj Mohammed Heika a acheté (2).

Le moudir m'envoie un billet en me priant de lui rapporter de Tripoli 28 bouteilles de liqueurs; je m'empresserai de ne pas exécuter cette modeste commission.

Il arrive une nombreuse caravane de Tripoli; je ne note pas tous les arrivages de ce côté, j'aurais trop à faire.

Nous avons une nouvelle curieuse. Les Ourghamma sont réellement allés en expédition. Ils ont attaqué près de Sinaoun la caravane qui avait amené Hadj Ahmed ou Mohammed, et qui retournait vers Tripoli. Ils ont emmené les chameaux, mais les gens de Sinaoun sont partis à mehara et ont rattrapé le *rhezi* près de son pays; ils sont tombés sur six cavaliers, pendant que les autres étaient allés faire boire leurs chevaux, et ont enlevé tout le butin et, je crois, les selles des cavaliers.

11 septembre.

Je reprends l'étude de la langue targuie. Tekiddout me trouve trop peu généreux, au moins le prétend-elle, et prétexte toutes sortes d'occupations pour ne pas se charger de m'écrire de nouveaux papiers. Ihemma m'a trouvé une autre femme jeune, jolie, blanche

(1) Taskô est le nom d'une des rues de Ghadâmès. (Voir *Les Touareg du Nord*, p. 262; *Mission de Ghadâmès*, p. 99.)

(2) Voir le dessin et la mention de ce bas-relief dans *Les Touareg du Nord*, pl. X, p. 250-251. Le journal donne quelques détails complémentaires : « La hauteur de la pierre est d'un peu moins de 55 centimètres et la largeur de 50 centimètres à peu près. Les accidents ont rendu incertains plusieurs des contours, principalement la figure des deux personnages. »

et modeste qui vient avec lui; elle a, de plus, la qualité de ne pas comprendre un mot d'arabe. Elle me promet de revenir et de m'apporter de l'écriture tefīnagh. Elle l'écrit avec de l'ocre rouge et de l'encre.

Othman vient me demander des médicaments pour la femme d'Ikhenoukhen; ce chef la répudie, mais elle vit toujours à ses côtés avec ses enfants. Elle me demande un collyre pour les yeux et de la quinine.

Le *qadhi,* qui est un gros homme bien modeste et assez bon, je crois, m'envoie un bout de papier sur lequel est copié ce passage d'un livre musulman, passage relatif à Ghadāmès (1).

« Ghadāmès est dans le Sahara à sept journées (de marche) du Djebel Nefousa. C'est une jolie ville, ancienne et antérieure à l'islamisme. Les peaux dites *ghadamsi* tirent leur nom de cette ville. On y trouve des souterrains et des grottes (2) qui servirent de prisons à la reine Kahina qui régna en Ifriqiya. Ces souterrains ont été édifiés par les anciens. Ce sont de merveilleuses constructions et leurs voûtes, établies au-dessous du sol, font l'étonnement du spectateur. En les examinant, on voit qu'elles sont l'œuvre de souverains anciens et de nations aujourd'hui disparues.

« Le pays n'a pas toujours été désertique et il a été autrefois fertile et peuplé. Le comestible qu'il produit en plus grande abondance est la truffe, appelée par les habitants *terfâs.* Elles deviennent si grosses dans ces régions que les gerboises et les lièvres y creusent leurs gîtes.

« Ghadāmès est le point d'où on se rend à Tadmekka et autres localités du Soudan qui en est située à quarante jours de marche. Les habitants sont des Berbères musulmans; ils portent le voile à la façon des autres Berbères du Sahara, tels que les Lemtouna et les Messoufa. »

Ici se termine le passage extrait du livre intitulé : *Erraudh el-miʿ-ṭâr fi akhbâr el-aqṭâr* dont l'auteur est Abd-Ennour el Ḥimyari el Tounsi. Ce passage a été transcrit par Mohalhil el Ghadāmsi dans son ouvrage intitulé : *Menâqib Ech-cheikh Sidi Abdallah-ben-Abou-Bakr El-ghadamsi.*

(1) Ce passage, traduit par M. le professeur Houdas, est en arabe dans le manuscrit de Duveyrier.

(2) Ce mot doit être entendu dans le sens de cavité souterraine artificielle; il sert à expliquer le synonyme précédent d'un usage moins courant (O. H.).

Autant que ma mémoire est fidèle, ce passage est le même que celui de l'anonyme du sixième siècle de l'hégire publié à Vienne, par M. Alfred de Kremer. S'il en était ainsi, nous aurions le nom de l'auteur de ce livre, lequel nom est jusqu'à présent inconnu.

12 septembre.

Je vais faire une longue promenade ce matin. Je m'enquiers d'abord de la santé de Sid el Bakkay auquel j'enverrai des médicaments ce soir. De là, je me rends aux tentes des Targuiât; j'en trouve une couchée, malade d'un anévrisme (cette affection serait-elle commune chez les Touareg?) et ayant des hémorragies par le nez. De là, je me rends à la zériba de Tekiddout, j'y trouve le moutard malade, qui va un peu mieux, avec son père Kel es Soûki (1) qui a été à Alger; mais les dames sont absentes et je n'ai pas ce que je désirais le plus. J'examine leur intérieur; il y a une natte assez proprement arrangée dans un coin et formant chambre, où l'on doit être à peu près chez soi. Je vois là la rebaza que la célèbre courtisane sait si bien manier. Le corps du violon et l'archet sont couverts d'inscriptions tefinag qui viennent de la main de ses auditeurs. Un certain nombre de vases, en gourdes et en nattes, complète l'ameublement; la cuisine est dans un coin à l'extérieur et elle est garantie par un mur.

Là commence le cimetière des Beni Ouazit. C'est quelque chose d'effrayant que l'immense espace couvert des tombeaux de cette moitié de la population de la ville. Il y en a de tous les âges, depuis la période païenne jusqu'à nos jours. Les plus récents sont indiqués par deux pierres droites peu élevées, situées à la tête et aux pieds du mort. L'espace qui sépare ces pierres est limité par une petite ligne de gros cailloux de chaque côté du corps, les deux lignes sont très resserrées. Puis viennent des tombeaux plus anciens; les pierres à la tête et aux pieds deviennent très grandes, elles atteignent, en certains endroits, hauteur d'homme. J'ai cherché en vain sur leur surface des signes ou des dessins : je n'y ai rien trouvé; ces tombeaux datent, selon la tradition, d'avant l'islamisme. Puis viennent enfin les plus anciennes sépultures, beaucoup plus vastes que les précédentes; elles affectent des formes ovales, rondes ou carrées (quadrilatères

(1) De la tribu des Kel es Soûk.

allongés) ; on n'y remarque plus des pierres droites, mais des enceintes très bien déterminées et des fondations solides et soignées. Quelques-uns de ces tombeaux ronds sont indiqués par une bosse de terrain avec des débris de constructions et forment ainsi des tumulus (1). Les tombeaux portent le cachet d'une haute antiquité et sont très intéressants ; je reviendrai les étudier. Ils m'ont vivement rappelé les petites enceintes que Mac-Carthy et moi avons rencontrées en 1857 sur la route de Taguin à Boghar. Mais ces dernières n'avaient pas l'air aussi soigné que celles de Ghadâmès.

Nous traversons les routes de Tripoli et des endroits entourés de murs en démolition qui indiquent la place d'anciens jardins, aujourd'hui tout à fait détruits et abandonnés. Nous laissons à droite El Bir, construction de pierre assez remarquable, et entrons dans la *ghaba*. Je remarque un amandier. Nous rentrons en ville après avoir traversé une partie des rues qui m'étaient inconnues et où je rencontre des chapiteaux de colonnes et des colonnes carrées, des pierres plates, etc., toutes de constructions et de travail anciens.

Mâla, ma gentille amie targuie, m'apporte de l'écriture tefinagh et me l'explique avec Ihemma. J'envoie à Moussa, frère de Kelâla, un des jeunes champions les plus puissants d'Ikhenoukhen, un cadeau consistant en un haouli de fabrique, rouge, pour femme (acheté d'Othman) et un haïk de fabrique, blanc, pour homme.

13 septembre.

Je retourne aux tombeaux. En passant, je vois Sid el Bakkay, mais le trouvant très occupé, je le laisse avec son entourage, Omar el Hadj, etc., et je continue mon chemin. Je lui laisse des médicaments pour lui et pour son domestique ; entre autres, de l'aloès enveloppé de papier de plomb. J'apprends ensuite qu'il a mangé le médicament et son enveloppe.

Je remarque sur le rebord de la hamada, en haut de l'immense cimetière, des marques très anciennes creusées dans le roc ; ce sont des trous ronds très régulièrement creusés, en nombre inégal, sur les pierres plates ; ces trous forment autant de petits

(1) Cf. E. de Bary, *Senams et tumuli de la chaîne de montagnes de la Tripolitaine*, trad. du Dr Dargaud, *Revue d'Ethnographie*, II, 1883, p. 426-437 ; — Foureau, *Mission chez les Touareg*. Paris, 1895, p. 8, 34-35, 102, etc. ; G. Mercier, *Les mégalithes du Sahara*, Rec. des Notices et Mém. Soc. d'archéol. de Constantine, 1900, p. 247, etc.

réservoirs ou bols dans lesquels les moutards Touareg s'amusent à pisser, mais qui n'ont pas dû avoir toujours la même destination. Je remarquai ensuite des tracés de contours de sandales ou de souliers, plutôt les premières. Si je me souviens bien, la pointe était dirigée vers la ville, c'est-à-dire vers l'est et, ces contours de sandales rapprochées, telles que celles d'un homme debout, et ces petits réservoirs, pourraient bien indiquer la place où se tenait un homme et celle où il sacrifiait aux mânes des morts du cimetière.

Je remarque en examinant de plus près les tombes que celles qui sont indiquées par une pierre à la tête et une aux pieds du mort, quelque grandes et pointues que soient ces pierres, sont toutes musulmanes; en les regardant bien, je découvre quelques fragments d'inscriptions arabes indiquant les noms des principaux personnages, nous remarquons ceux de femmes maraboutes, et celui d'un Es Soûqi, ancêtre de Si 'Othman. Les grandes tombes carrées et celles qui sont arrondies surtout doivent seules avoir une antiquité antérieure à l'Islam.

En sortant de cet amas de tombes, nous arrivons, toujours dans la dépression où la ville est bâtie et où se trouvent aussi les cimetières, à un endroit où le sol se compose d'une pâte cristalline légère de plâtre (1). C'est là un des endroits où on l'exploite, c'est-à-dire où l'on en extrait. Cette roche est identique à celle qui se retrouve partout dans l'Oued Righ, et principalement au puits d'El Hachchâna près de Chegga du Sud.

Nous montons la hamada qui ne domine Ghadâmès que de 3, 4 mètres de ce côté. Le sol est composé de pierres très grosses et d'autres plus petites semées sans ordre et s'appuyant sur le plateau. La couleur du calcaire varie du blanc au brun et au gris de rouille. Je découvre des empreintes de différents bivalves, notamment d'une coquille à côtes (*griphus*) (2).

D'ici, nous plongeons directement sur El-Esnâm, laissant à droite assez loin, le Dhahara avec les tentes des Touareg. Nous rencontrons des tombeaux d'un autre ordre et d'une antiquité moins incertaine; ils ressemblent en tout à ceux des environs de Djelfa que je visitai en 1857 avec Mac Carthy et le Dr Reboud. Ce

(1) Voir l'analyse, *Touareg du Nord*, p. 47.
(2) Cf. *Les Touareg du Nord*, p. 47; Vatonne, *Mission de Ghadâmès*, p. 268-269. Ces bivalves n'ont pu être déterminés.

sont de petites enceintes en grandes pierres plates, ouvertes par une des petites extrémités et qui devaient être autrefois recouvertes par d'autres pierres plates. Ces tombeaux ne me paraissent pas devoir renfermer un homme étendu, mais bien dans une position repliée, assis, accroupi ou autrement. La plupart de ces sépultures ont été fouillées ; nous-mêmes en creusons une et sortons quelques ossements et un petit morceau de cuivre qui devait faire partie d'une parure indigène. Les tombeaux de ce genre, de différentes grandeurs, sont fréquents ; et on les trouve dans différents degrés de conservation. Ihemma m'assure qu'à Rhat, il y en a et que l'on en rencontre quelquefois en plein Sahara (1).

En approchant d'El-Esnâm, les hautes constructions du plateau, Ihemma me raconte que, près des piliers immenses, se trouvent des tombeaux en forme de buttes sur lesquels les femmes des Touareg allaient se coucher lorsque les Touareg étaient en expédition et où elles obtenaient des nouvelles. Elles se paraient de leur mieux et allaient se coucher sur le tombeau ; alors venait « idébni », esprit, sous la forme d'un homme, qui leur racontait ce qui s'était passé dans l'expédition. Si elles n'étaient pas bien parées, il les étranglait. Ces révélations ont lieu en plein jour et on me dit qu'elles sont toujours vérifiées (2). Les Touareg, du reste, sont très superstitieux ; ils n'osent pas se présenter seuls à la tombe d'un de leurs amis de peur qu'il ne revienne.

Dans la soirée, j'ai un exemple de la liberté des relations qu'il y a entre les Touareg. Ihemma, qui a à peine vingt ans, conseille à Othman qui en a près de soixante, de ne pas sentir du camphre que je lui offrais de crainte qu'il ne perdît ses forces sexuelles en lui disant que Tekiddout prétendait qu'il était l'amant d'une femme qu'il nomma. Othman assura que ce n'était pas vrai et ne fit aucun reproche à Ihemma de son observation.

Les Ifoghas, qui écoutent les conseils d'Othman, et lui obéissent en quelque sorte, sont exaspérés de la conduite des Mérazig (3) qui devaient apporter leur tribut à Othman ; ils parlent d'aller les razzier.

(1) Voir Tissot, I, p. 499-501 ; Erwin de Bary, trad. Schirmer, p. 41-42 ; Rabourdin, *Documents relatifs à la mission Flatters*, Paris, 1885, p. 256.

(2) Cf. Erwin de Bary, trad. citée, p. 187-188.

(3) Tribu du Nefzaoua, ayant pour centre l'oasis de Negga et fréquentant le marché de Ghadâmès.

La rebazā, cette espèce de violon ou de violoncelle des dames targuies, forme un point important de la vie de ces gens. Tous les soirs, j'entends jouer de cet instrument; hier des Imrhad chantaient. Lorsque les Touareg se battent entre eux et qu'un parti est mis en déroute, les vainqueurs crient avec ces cris sauvages qui sont particuliers aux Touareg : « Hé! Hé! Il n'y a donc pas de rebazā? » Alors il est rare que les vaincus ne reviennent pas à la charge avec fureur. La crainte du qu'en-dira-t-on des femmes a une grande influence sur les Touareg.

14 septembre.

Aujourd'hui, je ne fais pas de promenade; j'ai une longue leçon de tefinagh avec Mala et Ihemma. Mala est toute jeune, sans méchanceté ni préventions et très jolie. Pendant la leçon, je m'amuse avec son petit pied et, après la leçon, quand Ihemma s'en va, j'échange plusieurs baisers avec elle. Nous sommes donc très bons amis. Elle m'a promis de revenir à mon retour et de me jouer ici de la rebazā.

Dans l'après-midi, je travaille à emballer; j'arrange dans ma chambre les objets que je laisse et je mets dans les cantines le peu de bagages que j'emporte.

Je vais, le soir, avec Othman voir Ikhenoukhen, qui vient avec son frère; j'apprends que j'ai maigri depuis mon arrivée. C'est le chef des Azgar qui me fait cette remarque. Je décide Ikhenoukhen à écrire au général gouverneur de l'Algérie. Ikhenoukhen me dit adieu et me dit que tout sera facile, faisant allusion probablement à mon voyage à Rhat. Je dis à Si 'Othman ce qu'il faudrait écrire dans la lettre.

15 septembre.

Emballage et départ pour Tripoli.

ERRATA

Page		au lieu de :		lisez :
Page 11,		*dhomran,*		*dhomrân.*
— 18,	—	سبـش	—	سجشي (O. H.).
— — ligne 11,	—	*soufar,*	—	*sefâr.*
— 20, ligne 4,	—	El Benib,	—	El Bouïb (O. H.).
— 22,	—	نصر صن الله	—	نصر من !الله (O. H.).
— —	—	اله لا اله	—	لا اله !الا الله (O. H.).
— 26, ligne 13,	—	Insalah,	—	In-Salah.
— 26, dern. ligne,	—	en Arabes,	—	en arabe.
— 34, ligne 18,	—	*lebīn,*	—	*lebbîn.*
— 40, note (2),	—	Entonnoir,	—	Dépression (O. H.).
— 42, ligne 15,	—	Hamamma,	—	Hammama.
— 43, note,	—	ذصان	—	ذمران (O. H.).
— 48, note,	—	*Zegzeg,*	—	*Zefzef* (O. H.).
— 57, av.-dern. l.	—	Oumel,	—	Oumm el (O. H.).
— 58, ligne 37,	—	Si Ali Sari,	—	Si Ali Saci.
— 101, ligne 1,	—	La tribu,	—	Le tribut.
— 111, ligne 8,	—	lecrīma,	—	berima (O. H.).
— 111, ligne 10,	—	صبل	—	طبل (O. H.).
— 112, ligne 33,	—	احنقم	—	احناقم (O. H.).
— 120, ligne 13,	—	غكلن	—	غدران (O. H.).
— 127, note,	—	Duocyries,	—	Duveyrier.
— 128, lignes 6 et 19,	—	Merd-jadja,	—	Merdjadja (O. H.)
— 131, note,	—	بادج	—	حلاج (O. H.).
— 137, ligne 20,	—	Ia chĭfā,	—	Ya chĭfā (O. H.).
— 140, note (2),	—	Toile de bât,	—	{ (tellis) sac pour mulet ou cheval. (gherara) sac pour chameaux (O. H.).
— 141, ligne 8,	—	Abed el Qader,	—	Abd el Qader (O. H.).
— 146,	—	*ouran,*	—	*ourân.*
— 150, lignes 1 et 9,	—	Roubaaya,	—	Roubayaa.

ADDENDA

P. 53, 81 : travaux hydrauliques dans le Sud tunisien : Cf. les études du Dr Carton dans *Bull. archéol. du Comité des Travaux hist.* 1888 et *Rev. tunisienne*, III, 1896, p. 281; Gauckler, *Enquête sur les installations hydrauliques romaines en Tunisie*, II, Tunis, 1903.

P. 56 : ruines de l'Oued Zitouna : M. le capitaine Privé qui a étudié cette région de 1881 à 1884, a signalé les restes de trois *oppida* au débouché des gorges du Zitouna. (Cf. pour l'extension progressive de la colonisation romaine vers le Sud, J. Toutain, *Note sur une inscription trouvée dans le Djebel Asker au Sud de Gafsa* (*Bull. Archéol. Comité Trav. hist.* 1903, p. 202-205).

P. 57, note 2 : Dans un mémoire très important (*Notes et documents sur les voies stratégiques et sur l'occupation militaire du Sud tunisien à l'époque romaine, par MM. les capitaines Donau et Le Bœuf, les lieutenants de Pontbriand, Goulon et Tardy, Bull. archéol. Comité Trav. hist.*, 1903, p. 272-409), M. J. Toutain a groupé tous les renseignements recueillis depuis sur les routes de la région des chotts (routes de Tacape au Nefzaoua, p. 289-303, 336). Voir aussi Gauckler, *Rapport sur l'exploration du Sud tunisien en* 1903, *ibid.*, 1904, p. 149-150 : route de Capsa à Turris Tamalleni.

P. 65 : El Hamma : il y a en réalité dans l'oasis deux bourgs : El Ksar et Dabdaba, et deux villages : Zaouïet el Mehadjba et Sombat (ce dernier tout récent). Sur El Hamma et le caractère de ses habitants, voir la notice anonyme parue dans la *Revue tunisienne*, X, 1903, p. 424-436 : *Les Beni-Zid et l'oasis d'El Hamma.*

P. 66 : El Hamma : P. Blanchet (*Mission archéologique dans le centre et le sud de la Tunisie, Archives des missions scient. et litt.*, IX, 1899, p. 145-146) a donné des détails sur les sources et les restes de construction romaine.

P. 72-3 : Hareïga et Sagui : Cf. Toutain, art. cités, *Bull. archéol. Comité* 1903, p. 205-7, 287-8; *ibid.*, 1904, p. 129, 142, 146; Gauckler, *ibid.*, 1904, p. 146-149 : route de Tacapes à Capsa; 149-150 : route de Tuzurus à la côte par le Sagui.

P. 74 : milliaire d'Asprenas : voir sur un autre milliaire du même proconsul, capitaine Hilaire, *Reconnaissance du segment Tacape-Thasarte de la voie romaine*, etc. *Bull. archéol. Comité* 1899, p. 542-555.

P. 75 : Henchir Somâa : Cf. Tissot, II, p. 657-8, et capitaine Donau, *Note sur une voie de Turris Tamalleni à Capsa et sur quelques ruines romaines situées dans le Blad Segui, Bull. Archéol. Comité*, 1904, p. 356-359.

P. 80 : inscr. de Gafsa : ces textes n'ont pas été retrouvés dans le manuscrit.

P. 96 : inscr. I : voir pour la suite de cette inscr. (dédicace à Trajan par L. Minicius Natalis, légat de la légion IIIe Auguste), Tissot, II, p. 532 ; *C. I. L.*, VIII, 2478=17969.

P. 103, 107 : Oued el Arab : Cf. *Enquête administrative sur les travaux hydrauliques anciens en Algérie, publiée par les soins de M. S. Gsell, Bibl. d'archéologie africaine*, fasc. VII, Paris, 1902, in-8, *Rapport de M. le Lt Touchard*, p. 104-114 et croquis.

P. 194 : ligne 4 : Le manuscrit porte ici la mention suivante : « Cette inscription, que je vais envoyer à Tougourt, est très importante, étant la seule qui ait été trouvée à Ghadāmès jusqu'à ce jour. (Faux!) » Duveyrier fait évidemment allusion à Richardson ou à l'inscription publiée en 1847 par Letronne et reproduite depuis dans le *Corpus I. L.* (VIII, 2). Letronne la tenait de M. de Bourville, chancelier du consulat de France à Tripoli, qui l'avait reçue lui-même d'un Arabe. Cette copie était si défectueuse, qu'on n'en pouvait lire que les deux premiers mots : *Diis Manibus* (*Revue archéol.*, 1847, p. 301-302.)

Le *Corpus* (VIII, 2) cite en outre ce passage de Letronne : « Je tiens de M. de Bourville qu'un M Richardson, agent, disait-on, de la Société pour l'abolition de l'esclavage, se rendit à Ghadāmès vers la fin de juin 1845. Après y avoir séjourné peu de temps, il en revint et remit au consul général d'Angleterre à Tripoli un marbre portant une inscription latine et une figure d'homme en bas-relief, probablement un monument funéraire, qui est peut-être encore à présent au consulat : M. Richardson déclara qu'il existe à Ghadāmès plusieurs monuments analogues. »

Voici comment s'exprime Richardson lui-même : « This Kesar En Ensara (les Esnam), together with the bas-relief, and the latin inscription, copied by a Moor from a tomb-stone, beginning with the words *Diis Manibus*, are more than sufficiant evidence to prove that Ghadāmès was colonized. The same Moorish prince who blew up the ruins, carried away also to Tripolis the tomb-stone, from which a Moor copied the inscription, and which transcript I brought with me from Ghadāmès ». (*Travels in the Great Desert of Sahara*, I, Londres, 1848, p. 356.) — On lit d'autre part dans un rapport de Richardson au Foreign Office (*An Account of the Oasis and City of Ghadames*), p. 18 : « I have however in my possession a copy of a Latin inscription, said to have been found in a tomb, but so badly copied as to be almost illegible. The tablet of stone was taken away some thirty years ago by an officer of Yousef Bashaw. Also I have a slab, on which there is a very rudely sculptured relief of a Greek or Roman soldier, holding, apparently, a horse; but only the forepart or the animal remains, the rest is broken off. I will send you this the first opportunity, and if of any value, it may be presented to the British Museum. » Ces deux textes prouvent que Richardson n'a connu et rapporté de Ghadāmès qu'une seule copie d'inscription latine, copie illisible, à part *Diis Manibus*, tout comme celle de Letronne, et que Richardson ne s'est pas donné la peine de reproduire dans son ouvrage. On peut se demander s'il ne faut pas rapporter les deux copies susdites à un seul et même modèle, qui serait à chercher à Tripoli. En tout cas, la note de Letronne pourrait disparaître d'une nouvelle édition du *Corpus*, sans que ce magistral recueil risque de paraître moins complet.

INDEX

DES NOMS GÉOGRAPHIQUES ET DES PRINCIPALES MATIÈRES

INDEX DES NOMS PROPRES

INDEX DES PLANTES CITÉES

Avec la synonymie arabe-latine d'après :

Ascherson, *Pflanzen des mittlern Nord-Afrika*. Append. VII, à Rohlfs, *Kufra*. Leipzig, 1881, in-8, p. 386-559.

Le Pays du mouton. Ouvrage publié par ordre de M. Jules Cambon, gouverneur gén. de l'Algérie (par MM. Turlin, F. Accardo, G. B. M. Flamand). Alger, 1893, in-fol., Append. : Table alphabétique des noms arabes des principaux végétaux des Hauts Plateaux et du Sahara algérien, CXXI pages.

Foureau, *Essai de catalogue des noms arabes et berbères de quelques plantes, arbustes et arbres algériens et sahariens*, Paris, 1896, in-4, 48 pages.

Foureau, *Mon neuvième voyage au Sahara*, Paris, 1898, in-8, Append. V, p. 142-144.

En cas de divergences, Ascherson est désigné par la lettre (A), *Le Pays du mouton*, par (P. M.), Foureau par (F1) et (F2), *Les Touareg du Nord*, par T. du N. Les chiffres indiquent la page correspondante du *Journal* de Duveyrier.

INDEX DES ANIMAUX CITÉS

TABLE DES MATIÈRES

EN VENTE A LA MÊME LIBRAIRIE

Les Touareg du Nord

PAR

Henry DUVEYRIER

Grande médaille d'Or de la société de Géographie de Paris

Paris 1864

1 VOLUME IN-8° AVEC 31 PLANCHES ET UNE CARTE

Prix : **25** francs.

Typographie Firmin-Didot et Cie. — Mesnil (Eure).

www.ingramcontent.com/pod-product-compliance
Ingram Content Group UK Ltd.
Pitfield, Milton Keynes, MK11 3LW, UK
UKHW012021240726
13965UKWH00002B/506

9 782012 930056